KOLLEG POLITIK UND WIRTSCHAFT

Politik in Deutschland

Teilhabe, Herrschaft und Kontrolle

Unterrichtswerk für die Oberstufe

bearbeitet von:
Dörthe Hecht
Erik Müller
Kersten Ringe
Martina Tschirner

C. C. Buchner Verlag · Bamberg

Kolleg Politik und Wirtschaft

Politik in Deutschland

Teilhabe, Herrschaft und Kontrolle

Bearbeitet von Dörthe Hecht, Erik Müller, Kersten Ringe und Martina Tschirner

1. Auflage 1 ³ ² ¹ 2016 2015 2014
Die letzte Zahl bedeutet das Jahr des Drucks.

Alle Drucke dieser Auflage sind, weil untereinander unverändert, nebeneinander benutzbar.
Dieses Werk folgt der reformierten Rechtschreibung und Zeichensetzung. Ausnahmen bilden Texte, bei denen künstlerische, philologische oder lizenzrechtliche Gründe und Änderung entgegenstehen.

Redaktion: Meike Rademacher
Gestaltung und Satz: creo Druck & Medienservice GmbH, Bamberg / Julia Weismantel, Bamberg
Druck und Bindung: creo Druck & Medienservice GmbH, Bamberg

www.ccbuchner.de

ISBN 978-3-661-73001-1

ZUR BENUTZUNG DER LEHR- UND ARBEITSBÜCHER

Unsere Oberstufenreihe **Kolleg Politik und Wirtschaft** mit Grundlagenbänden zu den wichtigsten Lehrplanthemen aus Politik, Wirtschaft und Gesellschaft geht in die nächste Generation. In den neu bearbeiteten Titeln tragen wir verstärkt der sich durchsetzenden **Kompetenzorientierung** Rechnung. Ziel der Bände bleibt es, den Schülerinnen und Schülern Anregungen zur selbstständigen Arbeit zu geben und den Unterrichtenden Hilfen für einen methoden- und handlungsorientierten Unterricht anzubieten.

Zum Aufbau der Kapitel

Der Kapitelaufbau folgt dem Doppelseiten- bzw. 4-Seiten-Prinzip. Dieser Aufbau erleichtert die Strukturierung der Unterrichtsstunden.

Einführung	Jedes Kapitel beginnt mit einem Problemaufriss, einer Lernstandserhebung und der Formulierung der im Kapitelverlauf zu erwerbenden Kompetenzen.
Materialien	Die Materialienseiten sind multiperspektivisch angelegt und vertiefen zentrale Themenaspekte. Sie ermöglichen einen vielseitigen und kompetenzorientierten Unterricht. In Infokästen und in der Randspalte werden zentrale Begriffe und wichtige Zusatzinformationen knapp erklärt, um eine genaue fachwissenschaftliche Verwendung zu erleichtern. Die Darstellung aktueller Kontroversen fördert die Urteilskompetenz der Schüler.
Aufgaben	Jede Themeneinheit schließt mit Aufgaben ab, die gezielt auf die Probleme und Zusammenhänge vorangegangener Lernsequenzen eingehen. Angebote in der Randspalte zum Helfen (H) und Fordern (F) unterstützen die Binnendifferenzierung des Unterrichts.
Methoden	Methodenseiten nehmen für das jeweilige Thema zentrale Fachmethoden und Arbeitsweisen auf und stärken so die Methodenkompetenz.
Zusammenfassungen	Orientierungswissen am Ende der Unterkapitel sichert das erworbene Wissen und ermöglicht eine Wiederholung zentraler Inhalte.
Kompetenzen anwenden	Kompetenzseiten runden die Kapitel ab und wenden die am Kapitelbeginn formulierten Kompetenzen mit komplexen Aufgabenstellungen an.

Das **Register** dient dem Auffinden zentraler **Begriffe** und ermöglicht **Querverbindungen** innerhalb der einzelnen Themengebiete.
Aufgrund der besseren Lesbarkeit wird im Folgenden darauf verzichtet, immer beide Geschlechter anzusprechen („Bürgerinnen und Bürger"...), auch wenn selbstverständlich beide gemeint sind.

INHALT

Die Europäische Union und der Deutsche Bundestag

Die Ebene der Europäisierung stellen wir Ihnen als online-Angebot zur Verfügung. Sie können darauf direkt über den QR-Code oder nach Eingabe des Mediencodes im Suchfeld auf www.ccbuchner.de zugreifen. Mediencode 73001-73.

Alle Staatsgewalt geht vom Volke aus. Sie wird vom Volke in Wahlen und Abstimmungen und durch besondere Organe der Gesetzgebung, der vollziehenden Gewalt und der Rechtsprechung ausgeübt.

Artikel 20 (2), Grundgesetz
der Bundesrepublik Deutschland

Institution	Beteiligungsmöglichkeit
Europäisches Parlament	
Bundestag	Bundestagswahlen
	Landtagswahlen, Volksentscheide
Kommunalparlamente	
Bundesrat	
	Verfassungsklage
Massenmedien	
Bürgerinitiative	
Verbände (z. B. Gewerkschaften)	
Parteien	
	Petitionen
	Beteiligung an Demonstrationen und Protestveranstaltungen

1 Lebt die Demokratie vom Mitmachen?

80 Millionen Menschen wie in Deutschland können nur schwer alle politischen Entscheidungen selbst fällen. Die Bürgerinnen und Bürger müssen sich vertreten lassen, obwohl „alle Staatsgewalt vom Volk" ausgeht. Dazu wählen sie Vertreter (Abgeordnete) auf Zeit, die dann im „Namen des Volkes" entscheiden und handeln. Die Bundesrepublik Deutschland ist also eine repräsentative Demokratie. Mit den Wahlen entscheiden die Bürgerinnen und Bürger über die Verteilung der politischen Macht und legitimieren diese. Gibt es außer der Wahl auch andere Möglichkeiten, sich politisch zu beteiligen und Einfluss auf politische Entscheidungen zu nehmen? Was heißt überhaupt politische Beteiligung?

Aufgabe

Welche politischen Beteiligungsmöglichkeiten kennen Sie bereits? Vervollständigen Sie die Tabelle.

M 1 Sich einmischen – engagieren oder partizipieren?

a)

b)

Die Polizei löst das Occupy-Camp vor der EZB in Frankfurt auf

c)

d)

Greenpeace-Jugend

e)

Münchner Stadtschülervertretung 2010

f)

g)

Freiwillige Helfer zählen die Briefwahl-Stimmen vom Referendum über „Stuttgart 21" aus, 27.11. 2011.

h)

i)

„Guerilla-Gardening" in London

j)

M 2 ● Wo sich Bürgerinnen und Bürger engagieren

Bevölkerung ab 14 Jahren; Angaben in Prozent; Mehrfachnennungen möglich

Bundesministerium für Familie, Senioren, Frauen und Jugend (Hg.), Freiwilligensurveys, Berlin 1999 - 2010

M 3 ● Formen politischer Beteiligung

Dimension politischer Beteiligung	Formen politischer Beteiligung	Konkrete Akte politischer Beteiligung
Konventionell bzw. verfasst	– Staatsbürgerrolle	– sich an Wahlen beteiligen
	– parteienorientierte Partizipation	– in eine Partei eintreten, aktiv mitarbeiten
Unkonventionell bzw. unverfasst a) legal	– problemorientierte Partizipation	– Mitarbeit in einer Bürgerinitiative, Teilnahme an einer genehmigten Demonstration, Unterschriften sammeln, sich in Versammlungen beteiligen
b) illegal – gewaltlos	– ziviler Ungehorsam	– Teilnahme an einer verbotenen Demonstration, Beteiligung an wilden Streiks, Hausbesetzungen, Blockaden
– gewaltsam	– politische Gewalt	– Gewalt gegen Personen und Sachen

Beate Hoecker, Politische Partizipation: systematische Einführung, in: Dies. (Hg.), Politische Partizipation zwischen Konvention und Protest, Opladen 2006, S. 11

Partizipation

kommt aus dem Lateinischen und leitet sich ab von „pars" (Teil) und „capere" (Geben / Nehmen), also: „Teil-Habe"

Engagement

kommt aus dem Französischen, in der Grundbedeutung heißt es Verpflichtung oder Einsatz

M 4 Beteiligungsrechte im Grundgesetz

Das Grundgesetz verankert die rechtlichen und politischen Voraussetzungen für die Beteiligung der Bürger an der Politik als Bestandteil der Grundrechte in Art. 4 GG (Glaubens-, Gewissens- und Bekenntnisfreiheit und Prinzip der freien Religionsausübung), in Art. 5 GG (Meinungs-, Informations- und Pressefreiheit), in Art. 8 GG (Versammlungsfreiheit) und in Art. 17 GG (Petitionsrecht).

Damit werden Rechte und Chancen bestimmt, die die einzelnen Bürger oder Gruppen von Bürgern nutzen oder auch ausschlagen können. [...] Den institutionellen Rahmen für politische Beteiligung normiert das Grundgesetz in drei Bereichen: [...]

1. Die Formulierung in Art. 20 Abs. 2 GG, dass alle staatliche Gewalt vom Volke ausgehe und vom Volk in Wahlen und Abstimmungen und durch besondere Organe der Gesetzgebung, der vollziehenden Gewalt und der Rechtsprechung ausgeübt werde, bedeutet nach der übereinstimmenden Interpretation der Verfassungsrichter, dass neben den Wahlen auch andere Formen der Beteiligung an der Staatsgewalt wie Volksinitiativen, Volksbegehren und Volksentscheide durch das Grundgesetz gedeckt sind. Einigkeit besteht auch darüber, dass die Schöpfer des Grundgesetzes einem eindeutig repräsentativen System den Vorzug gegeben haben. In den Länderverfassungen, vor allem denen jüngeren Datums, sind plebiszitäre Elemente eingebaut.

2. Die herausragende Rolle der Parteien in Art. 21 GG als politische Organisationen, die „bei der politischen Willensbildung mitwirken" und daher in ihrer Binnenstruktur demokratischen Grundsätzen entsprechen müssen, etabliert sie als Mittler zwischen der Herrschaftsstruktur des Staates und den Bürgern.

3. Die Sicherung der Vereinigungs- und Koalitionsfreiheit in Art. 9 GG stellt die freien Vereinigungen der Bürger unter Grundrechtsschutz und betont zusätzlich im Abs. 3 die besondere Bedeutung von Vereinigungen „zur Wahrung und Förderung der Arbeits- und Wirtschaftsbedingungen". [...]

Gert Joachim Glaeßner, Politik in Deutschland, 2., aktualisierte Auflage, Wiesbaden 2006, S. 499 f.

Info

Politik

Nach dem „engen Politikbegriff" umfasst Politik all die Faktoren, die man im Alltagsverständnis als „politisch" bezeichnet: das politische System, das aus Staaten, Parlamenten, Parteien, Politikern usw. besteht und wo Meinungsbildungs- und Entscheidungsprozesse stattfinden.
Der „weite Politikbegriff" holt weiter aus und bezeichnet „Politik" als etwas, das immer und überall dort geschieht, wo Menschen ihr gesellschaftliches Leben organisieren: In Bürgerinitiativen, Demonstrationen, aber auch in scheinbar unpolitischen Bereichen, wie zum Beispiel dem Zusammenleben von Mann und Frau. Danach kann auch das Private politisch sein.

Autorentext

Aufgaben

1. Erläutern Sie (arbeitsteilig) die jeweilige Situation, die auf den Fotos (M 1) dargestellt wird. Recherchieren Sie, wenn nötig, die jeweiligen politischen und gesellschaftlichen Zusammenhänge.
2. Werten Sie die Tabelle (M 2) im Hinblick auf die Aktionen in M 1 aus.
3. Ordnen Sie die Aktionen (M 1) soweit wie möglich den Formen politischer Beteiligung (M 3) zu.
4. a) Diskutieren und entscheiden Sie, ob es sich in M 1 um eine Form des bürgerschaftlichen Engagements oder der politischen Partizipation im Sinne des Grundgesetzes handelt (M 4).
   b) Formulieren Sie eine vorläufige Definition der Begriffe „bürgerschaftliches Engagement" und „politische Partizipation".

H zu Aufgabe 1
Sie können sich an den folgenden Fragen orientieren: Wer ist beteiligt? Welche Absichten verfolgen die Beteiligten? Handelt es sich um eine einmalige Aktion?

H zu Aufgabe 4
Arbeiten Sie mit dem engen und dem weiten Politikbegriff.

M 5 ● Wer engagiert sich?

Nicht alle Bürgerinnen und Bürger engagieren sich in gleichem Maß. Zu beobachten sind Differenzen abhängig von den sozialstrukturellen Merkmalen, das heißt vom Bildungsstand, Beruf, der Höhe des Einkommens, dem Alter und Geschlecht. Die sozialstrukturellen Unterschiede spiegeln sich auch in verschiedenen Engagementformen wider, beispielsweise in der Übernahme von Leitungsfunktionen oder dem Spendenverhalten. Die eigene wirtschaftliche Lage, die Einbindung in gesellschaftliche Belange sowie Werthaltungen beeinflussen insbesondere die Spendenbereitschaft. [...] Befunde aktueller Untersuchungen belegen: Besonders engagiert sind Personen, die auch aufgrund anderer Merkmale gut in die Gesellschaft integriert sind, die über einen höheren Bildungsstand und ein höheres Einkommen verfügen, Erwerbstätige sind die am stärksten engagierte Gruppe. [...] Das Engagement ist bei männlichen Erwerbstätigen und Menschen mit behobenem Berufsprofil besonders ausgeprägt. Arbeitslose und Menschen mit niedrigem Sozial- und Bildungsstatus sind stark unterrepräsentiert. [...] Die engagierteste Altersgruppe bilden die mittleren Jahrgänge. Familien mit Kindern gehören zu den „Hauptakteuren“ bürgerschaftlichen Engagements. Allerdings sind auch ältere Menschen heute zunehmend engagiert.

Bundesministerium für Familie, Senioren, Frauen und Jugend (Hg.), Erster Engagementbericht 2012, Berlin 2012, S. 13

Freiwillig Engagierte nach 13 Altersgruppen: Männer und Frauen (2009)
Bevölkerung ab 14 Jahren (Angaben in %)

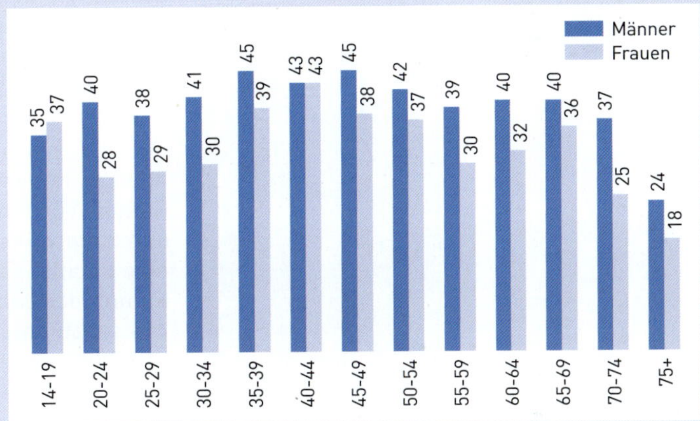

Quelle: Freiwilligensurvey, BMFSFJ

M 6 ● Was ist politisches Handeln?

Bevor es zu einer politischen Handlung kommt, müssen sowohl die Möglichkeiten als auch der Wille zu dieser Handlung gegeben sein. Betrachtet man die Verfassung [...], so steht meist die Bereitstellung von Möglichkeiten zur Partizipation und deren Schutz im Vordergrund. Dies betrifft das Recht zu partizipieren. Auf der Seite der Bürger/-innen steht die politische Teilhabe. Sie kann als prinzipielle Bereitschaft definiert werden, der jedoch keine Handlung folgen muss. Voraussetzung für die Teilhabe ist ein Minimum an Interesse an und Wissen über Politik, um Einstellungen zu bestimmten Partizipationsformen entwickeln zu können. Sie stellt den Grundstock für die konkrete Beteiligung dar und repräsentiert den Willen zur politischen Partizipation, der dann noch auf entsprechende Gelegenheitsstrukturen treffen muss, die die Handlungen auslösen.

Allerdings ist zwischen diesen Einstellungen und realer politischer Partizipation zu unterscheiden. Erst die Handlung selbst lässt die politische Partizipation entstehen. Damit ist eine zweite Unterscheidung [...] bedeutsam, passives politisches Verhalten (Wahrnehmung politischer Nachrichten, politisches Interesse) ist eben nur Verhalten und nicht Handeln. Politische Partizipation ist somit ein zielgerichtetes Verhalten der Bürger/-innen mit Bezug auf Politik und

Entscheidungen. Ziele können der Ausdruck von Zufriedenheit wie Unzufriedenheit mit politischen Entscheidungen sein. Politische Partizipation ist auf die Beeinflussung des politischen Prozesses angelegt. [...] Inwieweit kollektive Interessen, das Gemeinwohl oder ganz spezifische Interessen als Gründe dienen, bleibt offen [...].

Susanne Pickel, Das politische Handeln der Bürgerinnen und Bürger, in: Georg Weißeno, Hubertus Buchstein (Hg.), Politisch Handeln, Bonn 2012, S. 40 f.

M 7 ● Elemente direkter Demokratie

Gemeinde	- In allen Gemeinden in Deutschland können die Bürger mitentscheiden. In Baden-Württemberg z. B. kann ein Bürgerentscheid zu einem bestimmten Sachthema durch Beschluss des Gemeinderats oder auf Antrag der Bürger (Bürgerbegehren) herbeigeführt werden. Seit Ende 1996 gibt es in Niedersachsen das Recht auf Bürgerbegehren und Bürgerentscheid. Die gesetzlichen Grundlagen sind in Artikel 22b der niedersächsischen Gemeindeordnung zu finden.
Land	- Alle Landesverfassungen kennen den Volksentscheid. In Baden-Württemberg können die Bürgerinnen und Bürger durch ein Volksbegehren die Auflösung des Landtags oder eine Rechtsänderung (Verfassung oder Gesetz) beantragen. Stimmt der Landtag einem Volksbegehren zu, findet keine Volksabstimmung statt (Art. 59, 60 Abs. 1). Seit 1993 gibt es in der niedersächsischen Verfassung Volksbegehren und Volksentscheid. Die Volksinitiative führt „nur" zur Befassung des Landtages. - Außerdem gibt es das Petitionsrecht bei den Landtagen.
Bund	- Den Volksentscheid auf Bundesebene gibt es nur bei einer Neugliederung des Bundesgebiets in den betroffenen Ländern. Ein Gesetzentwurf der rot-grünen Bundesregierung zur Einführung von Volksentscheiden auf Bundesebene scheiterte. - Beim Deutschen Bundestag können Petitionen eingebracht werden.
EU	- Mithilfe der Europäischen Bürgerinitiative können EU-Bürger die Europäische Kommission auffordern, einen Vorschlag zur Änderung des europäischen Rechts vorzulegen – Vorraussetzung ist, dass das Anliegen von mindestens einer Million Bürgern per Unterschrift unterstützt wird. - Der Europäische Bürgerbeauftragte untersucht Beschwerden über Missstände in der Verwaltungstätigkeit der Organe und Institutionen der Europäischen Union. - Auch das Europäische Parlament kennt das Petitionsrecht.

Autorentext

M 8 ● Wie engagieren sich junge Menschen?

	Kommt in Frage	Bereits gemacht
Sich an Wahlen beteiligen	94	87
Beteiligung an einer Unterschriftensammlung	87	75
Teilnahme an einer genehmigten Demonstration	65	43
Sich in Versammlungen an öffentlichen Diskussionen beteiligen	53	34
Aus politischen, ethischen oder Umweltgründen Waren boykottieren oder kaufen	51	37
Sich an einer Online-Protestaktion beteiligen	50	25
Mitarbeit in einer Bürgerinitiative	39	5
In einer Partei aktiv mitarbeiten	22	4
Teilnahme an einer nicht genehmigten Demonstration	20	7

Für die genannten Bereitschaften erfolgte dann die Nachfrage: „Welche der genannten Möglichkeiten haben Sie schon einmal gemacht bzw. waren Sie schon einmal beteiligt?"

Wolfgang Gaiser, Martina Gille, Politische Partizipation junger Menschen, in: POLIS Heft 1/ 2012, S. 15

> Wenn Sie politisch in einer Sache, die Ihnen wichtig ist, Einfluss nehmen, Ihren Standpunkt zur Geltung bringen wollen: Welche der Möglichkeiten käme für Sie in Frage und welche nicht?

Aufgaben

1. Überprüfen Sie Ihre Definitionen zu bürgerschaftlichem Engagement und politischer Partizipation (M 5, M 6).
2. Werten Sie die Tabelle aus (M 8).
3. Nennen Sie Faktoren, die Ihrer Meinung nach die Bereitschaft zur Beteiligung beeinflussen. Berücksichtigen Sie dazu auch M 5 und M 6.
4. a) Formulieren Sie in Gruppen politische Forderungen zum Bereich Bildung und Ausbildung.

   b) Erläutern Sie, ob und ggf. welche direktdemokratischen Elemente Sie hierfür sinnvoll nutzen könnten (M 7).
5. Stellen Sie dar, welche Mitwirkungs- und Einflussmöglichkeiten Sie zur Durchsetzung Ihrer Forderungen ergreifen könnten und welche Sie ergreifen würden (M 3, M 7).
6. Das Maß der politischen Beteiligung gilt allgemein als „Gradmesser für eine starke Demokratie". Diskutieren Sie, inwiefern dies für alle Formen der Beteiligung gleichermaßen zutrifft.

Voraussetzungen für das Funktionieren der Demokratie

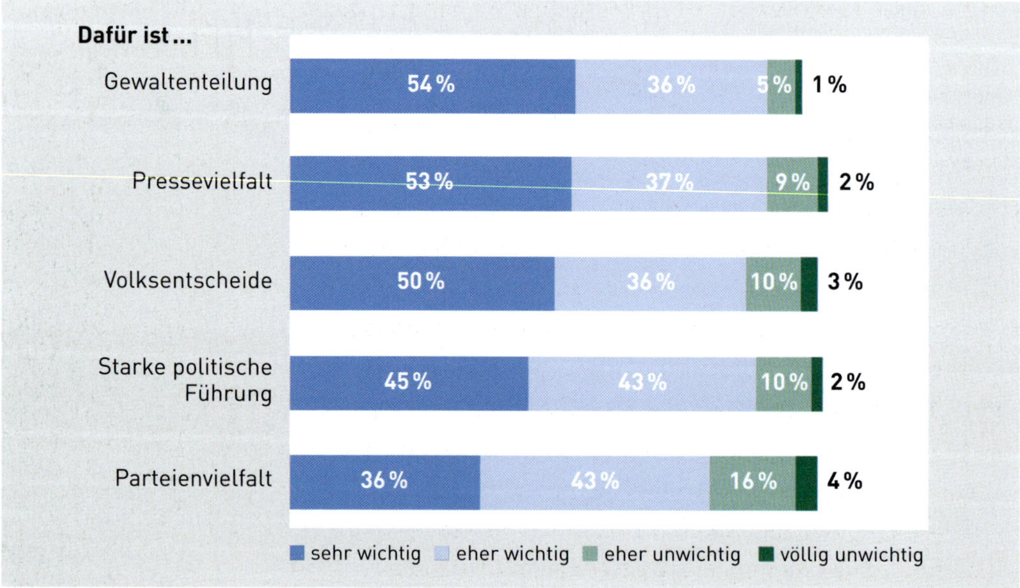

Deutschland; ab 18 Jahre; Wahlberechtigte; 3.007 Befragte; dimap communications; 10. 10. 2008 bis 31. 10. 2008

Aus: Die Welt, 30. 3. 2009

Kernelemente des Grundgesetzes

2

Der Staat besteht für seine Bürger! Dieser so selbstverständlich klingende Satz ist keineswegs eine Selbstverständlichkeit, sondern spiegelt eher eine historische Ausnahme. Doch welche Besonderheiten jenseits dieser Bestimmung zeichnen das Wesen und die Struktur des bundesdeutschen Verfassungsstaates aus? In Kapitel 2.1 können Sie – an ein Beispiel angebunden – den umfassenden Begriff der Menschenwürde nach dem Grundgesetz für die Bundesrepublik Deutschland erschließen. In welchem (Spannungs- oder gegenseitigen Bedingungs-)Verhältnis die Grundwerte Freiheit und Sicherheit stehen, in welchem Maße also Bürgerrechte für das Sicherheitsbedürfnis eingeschränkt werden sollten, ist in diesem Zusammenhang eine ebenso relevante Frage. Menschenwürde und bürgerliche Freiheitsrechte können nur dann verteidigt werden, wenn auch die Mittel dazu zur Verfügung stehen. Über welche Instrumente die Bundesrepublik Deutschland gegen die Gegner des demokratischen Systems verfügt (Wehrhaftigkeit) und warum Parteien unter besonderem Schutz stehen, erarbeiten Sie im Anschluss.
Die wesentlichen Staatsstrukturprinzipien Deutschlands hält Kapitel 2.2 bereit. Zu welchem Zweck und auf welche spezifische Art und Weise ist die Staatsgewalt in Deutschland verteilt? Welche Rechte stehen den deutschen Bürgern gegen staatliches Handeln zu und wie ergänzt oder vervollständigt der Sozial- den Rechtsstaat? Und warum ist die Republik noch immer in Bundesländer unterteilt, wo doch seit Jahren massive Kritik z. B. am Bildungsföderalismus geübt wird?

Aufgaben

1. Führen Sie in Ihrem Kurs eine analoge Umfrage zu der abgebildeten durch. Ergänzen Sie sie auch um die Punkte Rechtsstaat, Sozialstaat, Föderalismus/Bundesstaat.
2. Erklären Sie die zentralen Ergebnisse Ihrer Umfrage.
3. Vergleichen Sie Ihre Ergebnisse mit denen der Umfrage.

KOMPETENZEN

Am Ende dieses Kapitels sollten Sie Folgendes wissen und können:

... mit der Menschenwürde, der Wehrhaftigkeit, dem Demokratieprinzip, den Staatsstrukturprinzipien und der Ewigkeitsgarantie wesentliche Bestimmungen des Grundgesetzes für die Bundesrepublik Deutschland kennen.

... die genannten Grundgesetzbestimmungen (insbesondere an Fragen des Parteiverbots, der Umgestaltung von Gewaltenteilung und Föderalismus sowie an Sozialrechtsfällen) anwenden.

... die Verletzung einer Fundamentalnorm des Grundgesetzes (nach Art und Schwere) bewerten.

... in Grundzügen eigene Reformkonzepte zur angepassten Umsetzung von Staatsstrukturprinzipien entwickeln und in geeigneter Form visualisieren.

2.1 Muss Demokratie der Freiheit Grenzen setzen? Menschenwürde und wehrhafte Demokratie

2.1.1 Präventive Rasterfahndung – Schutz oder Verletzung der Menschenwürde?

M 1 ● Studenten werden „gerastert“

M 2 ● Vorbeugendes Datensammeln gegen Terrorismus

Bei der Suche nach islamistischen Terroristen in Deutschland kommt [seit 2001] eine Methode zum Einsatz, die bereits in den siebziger Jahren entwickelt wurde: die so genannte Rasterfahndung. […] Mit der […] bundesweit ausgedehnten Rasterfahndung zogen die Innenminister aus Bund und Ländern die Konsequenz aus den Anschlägen in den USA [am 11. September 2001]. Die Ermittlungsbehörden wollen damit in Deutschland lebende islamistische Terroristen aufspüren. Ziel sind vor allem so genannte Schläfer, die sich völlig unauffällig verhalten und auf ihren Terroreinsatz warten. Nach den bisherigen Erkenntnissen wird die Bundesrepublik von einigen Terroristen als

„Ruhe- und Rastraum“ genutzt. In einzelnen Bundesländern begann die Rasterfahndung schon früher. So wurden etwa in Berlin die Namen von knapp 900 Studenten aus 15 islamischen Ländern an das Landeskriminalamt gegeben.* [...]
Bei den Ermittlungen werden unter anderem Hochschul-Datenbanken durchforstet. Die Länder-Innenminister hatten [hierzu] einheitliche Kriterien festgelegt [männlich, Alter 18 bis 40 Jahre, Student oder ehemaliger Student, islamische Religionszugehörigkeit, Geburtsland oder Nationalität bestimmter Länder mit überwiegend islamischer Bevölkerung].

N.N., www.spiegel.de, 1.10.2001

* *Insgesamt wurden bis 2006 8,3 Millionen Datensätze bei Universitäten, Einwohnermeldeämtern, dem Ausländerzentralregister und anderen Behörden herangezogen und 32.000 Datensätze an die Kriminalämter zur Überprüfung weitergeleitet.*

M 3 ● Die Entscheidung des Bundesverfassungsgerichts zur Rasterfahndung

Eine präventive polizeiliche Rasterfahndung ist mit dem Grundrecht auf informationelle Selbstbestimmung nur vereinbar, wenn zumindest eine *konkrete* Gefahr für hochrangige Rechtsgüter wie den Bestand oder die Sicherheit des Bundes oder eines Landes oder für Leib, Leben oder Freiheit einer Person gegeben ist. Als bloße Vorfeldmaßnahme entspricht eine solche Rasterfahndung verfassungsrechtlichen Anforderungen nicht. Daher reichen eine allgemeine Bedrohungslage, wie sie in Hinblick auf terroristische Anschläge seit dem 11. September 2001 durchgehend bestanden hat [...] für die Anordnung der Rasterfahndung nicht aus. [...]
Die von der Befugnis erfassten Daten sind nach Art und Inhalt nicht eingegrenzt. [...] Hinzu kommt, dass sich aus der Zusammenführung und Kombination der übermittelten und sonstigen Datenbestände und ihrem wechselseitigen Abgleich vielfältige neue Informationen gewinnen lassen. Sie können nach Art und Inhalt eine besonders starke Persönlichkeitsrelevanz besitzen und Persönlichkeitsbilder ermöglichen. [...]
Die Intensität des Eingriffs ergibt sich auch mit dem Blick auf etwaige aus der Rasterfahndung resultierende weitere Folgen für die Betroffenen. Die Rasterfahndung begründet für die betroffenen Personen ein erhöhtes Risiko, Ziel weiterer behördlicher Ermittlungsmaßnahmen zu werden. [...] Auch kann die Tatsache einer nach bestimmten Kriterien durchgeführten polizeilichen Rasterfahndung als solche [...] die betroffenen Bevölkerungsgruppen in der öffentlichen Wahrnehmung stigmatisieren. [...]
Angesichts des Gewichts der mit der Durchführung einer Rasterfahndung einhergehenden Grundrechtseingriffe ist diese nur dann angemessen, wenn der Gesetzgeber rechtsstaatliche Anforderungen dadurch wahrt, dass er den Eingriff erst von der Schwelle einer hinreichend konkreten Gefahr für die bedrohten Rechtsgüter an vorsieht. Im Vorfeld einer konkreten Gefahr scheidet eine Rasterfahndung aus.

Bundesverfassungsgericht, Pressemitteilung Nr. 40/2006 vom 23. Mai 2006. Zum Beschluss vom 4. April 2006 – 1 BvR 518/02.

Sondervotum

Am Bundesverfassungsgericht haben Richter das Recht, eine abweichende Meinung zum Urteil zu Protokoll zu geben. Entweder kann die Meinung das Ergebnis der Mehrheit nicht mittragen *(dissenting vote)* oder im Ergebnis übereinstimmen aber mit einer anderen Begründung *(consenting/concurring vote)*. Ein Sondervotum ist bedeutsam, da es einen späteren Wandel der Rechtsprechung andeuten bzw. diesen vorbereiten kann.

M 4 ● Sondervotum zum Rasterfahndungs-Urteil

Ungeachtet dessen, dass weder die einzelnen von der Senatsmehrheit herangezogenen Umstände des Eingriffs noch die Gesamtheit aller dieser einen Eingriff von hoher Intensität überzeugend zu begründen vermögen, gerät der Mehrheitsmeinung ein meines Erachtens ganz entscheidender Aspekt der [...] Rasterfahndung aus dem Blick. Indem nämlich der Staat einzelne bereits erhobene und damit ihm ohne weiteres zugängliche Daten lediglich nochmals erfasst und in der dargestellten Weise auswertet, sichert und fördert er die Freiheit gerade auch der von diesem Datenabgleich Betroffenen. Es geht damit primär um Freiheitserhalt oder -förderung.

Das Grundrecht auf Freiheit fordert die Gewährleistung der Sicherheit durch den Staat. Ohne Sicherheit kann die Freiheitsgewährleistung des Grundgesetzes nicht mit Leben erfüllt werden. Sicherheit ist die Grundlage, auf der Freiheit sich erst vollends entfalten kann. Zwischen Freiheit und Sicherheit besteht damit ein untrennbarer Sach- und Sinnzusammenhang. Deshalb sind alle die Sicherheit gewährleistenden Maßnahmen gleichzeitig auch als Maßnahmen zu begreifen, die Freiheitsentfaltung gewährleisten und fördern. Ein Gewinn an Sicherheit stärkt im demokratischen Rechtsstaat die Freiheit, ist demgemäß ein Freiheitszugewinn. Und zwar auch desjenigen Bürgers, der durch staatliche präventive Schutzmaßnahmen in seiner Freiheit, seinem Recht, über die Nutzung und die Verwendung der ihn betreffenden Daten entscheiden zu dürfen, tangiert wird, ohne selbst Veranlassung zu der Annahme gegeben zu haben, die Lebensgrundlagen seiner Mitbürger beeinträchtigen oder vernichten zu wollen. Auch er hat teil am Freiheitszugewinn wie alle anderen nicht von den Maßnahmen der Rasterfahndung betroffenen Mitbürger auch. Für die Stärkung seines Freiheitsrechts, seines Rechts sich ungehindert bewegen zu können, ohne zugleich Angst vor Angriffen anderer Personen auf sein Leben oder auf seine Gesundheit haben zu müssen, muss der Einzelne im Vergleich dazu geringfügige Beeinträchtigungen hinnehmen. [...]

Aus der Freiheit von Furcht erwächst dem Einzelnen die Freiheit zu selbstbestimmtem Tun, zur Entfaltung seiner Persönlichkeit und damit seiner Fähigkeiten. [...] Eingeschüchtert hingegen und in seinem Verhalten beeinflusst wird der Einzelne durch die Furcht, die durch die Bedrohung von weltweit agierenden Terroristen verursacht wird und die auch ernst zu nehmen ist. [...]

Aus: Abweichende Meinung der Richterin Haas zum Beschluss des Ersten Senats vom 4. April 2006; 1 BvR 518/02

M 5 ● Die Menschenwürde als oberster Verfassungswert

- Die Würde des Menschen ist in unserer Rechts- und Wertordnung oberster Verfassungsgrundsatz, an dem sich alles staatliche Handeln zu orientieren hat. Folglich hat der Mensch im Mittelpunkt staatlichen Geschehens zu stehen. Der Grundsatz lautet: Der Staat ist für den Menschen da, und nicht umgekehrt.
- Träger der Menschenwürde ist jeder Mensch von der Geburt bis zum Tode, wobei es unerheblich ist, ob sich der Einzelne seiner Würde bewusst ist oder dieses Bewusstsein nicht hat (etwa der Geisteskranke).
- Die Würde kommt dem Menschen deshalb zu, weil er als einziges Wesen die Fähigkeit besitzt, sich in Freiheit zu entscheiden und sich selbst zu bestimmen.
- Die Menschenwürde ist Ursprung und Quelle aller weiteren Freiheits-, Gleichheits- und Unverletzlichkeitsrechte. Demnach sind es Ansprüche und Be-

rechtigungen, die die Einmaligkeit des Mensch-Seins kennzeichnen und die Würde des Menschen verkörpern.
Aus der absoluten Verpflichtung der gesamten Staatsgewalt, die Würde des Menschen zu achten und zu schützen, folgt,

- dass jeder Träger staatlicher Gewalt bei der Begegnung mit dem Einzelnen dessen Würde nicht antasten oder gar verletzen darf (achten) und
- dass er (z. B. der Polizeibeamte) gleichermaßen abwehrend eingreifen muss, wenn die Würde des Menschen von dritter Seite verletzt zu werden droht bzw. verletzt wird (schützen). [...]

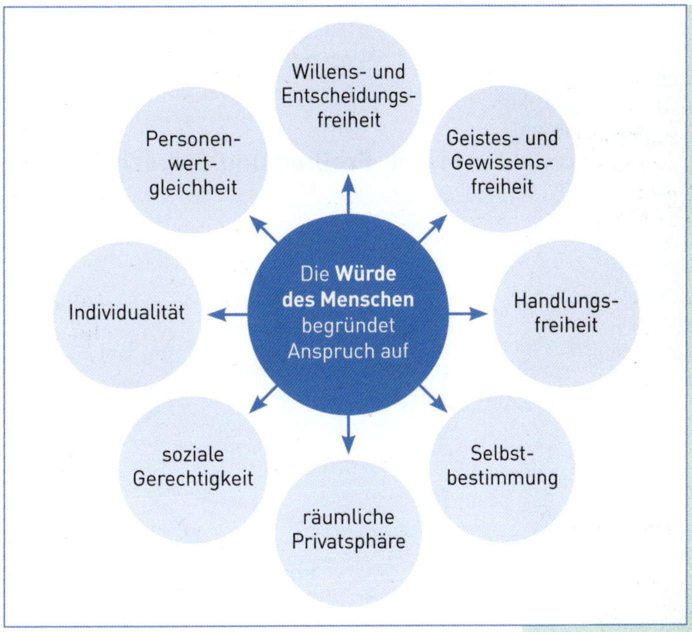

Wann ist die Menschenwürde verletzt?
Die Würde des Menschen ist allgemein immer dann verletzt, wenn

- er zum reinen Objekt staatlicher Maßnahmen gemacht,
- die innere Freiheit des Menschen angetastet oder
- seine Personenwertgleichheit geleugnet wird.

Die Rechtsprechung hat z. B. in folgenden Fällen auf eine Verletzung der Menschenwürde erkannt:

- Vorgänge, die den Menschen auf die Ebene des Tieres erniedrigen, wie Massenaustreibung, Ausrottung rassischer oder religiöser Gruppen durch Tötung, Geburtenverhinderung oder Kindesverschleppung (BVerfGE 1, 104).
- Beeinträchtigung der Willens- und Entschließungsfreiheit durch Misshandlung, um ein Zwangsgeständnis herbeizuführen.
- Verletzung der Privatsphäre (Geheimnisbruch) wie unberechtigte Ton- und Bildaufnahmen, widerrechtliches Abhören von Telefongesprächen oder das öffentliche Verlesen persönlicher Briefe.

Hans-Joachim Hitschold, Staatskunde. Grundlagen für die politische Bildung, 13. Auflage, Stuttgart 2007, S. 139 ff.

Aufgaben

1. Stellen Sie die Vorgehensweise bei und die Begründung für den Einsatz der Rasterfahndung dar (M 2).
2. a) Stellen Sie sich vor, Personen mit Ihren Merkmalen würden per Rasterfahndung gesucht, Ihre Daten würden weitergeleitet und zentral ausgewertet. Nehmen Sie spontan Stellung zu dieser Fahndungsmaßnahme und begründen Sie Ihre Haltung (M 1).
   b) Überprüfen Sie die Verfassungsmäßigkeit der Rasterfahndung (M 2, Grundgesetz).
   c) Vergleichen Sie das Ergebnis Ihrer Überprüfung mit dem Urteil des Bundesverfassungsgerichts von 2006 sowie des Sondervotums der Richterin Haas (M 3, M 4).
3. Arbeiten Sie heraus, inwieweit sich die Urteilsbegründung des Bundesverfassungsgerichts auf den Erhalt der Menschenwürde bezieht (M 3, M 5).

F zu Aufgabe 2 b)
Beurteilen Sie die Rasterfahndung zusätzlich nach dem Rechtsgrundsatz der Verhältnismäßigkeit der Mittel.

2.1.2 Sicherheit und Freiheit – Spannungs- oder Bedingungsverhältnis?

Gesetze zur inneren Sicherheit seit dem 11.9.2001

2001
- Telefonüberwachung bereits nach Anfangsverdacht
- Sky Marshalls (Bundespolizei) in Flugzeugen möglich
- Rasterfahndung (2006 vom BVerfG mit hohen Hürden versehen)

2002
- Einreiseverbote Verdächtiger möglich ohne konkrete Straftat

2004
- US-Behörden erhalten Zugang zu Fluggastdaten

2005
- Luftsicherheitsgesetz (Abschuss entführter Passagierflugzeuge) (vom BVerfG aufgehoben)

2006
- Einrichtung einer „Anti-Terror-Datei" zwischen 38 Behörden

2008
- biometrische Daten in Personalausweisen
- anlasslose Vorratsdatenspeicherung (2010 vom BVerfG aufgehoben)
- Online-Durchsuchungen („Bundestrojaner") (durch BVerfG mit hohen Hürden versehen, als neues „Grundrecht auf Gewährleistung der Vertraulichkeit und Integrität informationstechnischer Systeme")

M 6 ● Freiheit und Sicherheit – zwei Ansichten

„Wer die Freiheit aufgibt, um Sicherheit zu gewinnen, der wird am Ende beides verlieren."
Benjamin Franklin (1706–1790), einer der Gründerväter der Vereinigten Staaten von Amerika

„Mehr Sicherheit bedeutet auch mehr Freiheit."
Franz Josef Jung (CDU), von 2005 bis 2009 Bundesverteidigungsminister

M 7 ● Wie weit darf der Staat gehen?

Der ehemalige Verfassungsrichter Dieter Grimm setzt sich kritisch mit den Forderungen des Bundesinnenministers Wolfgang Schäuble (CDU) nach einer Ausweitung staatlicher Befugnisse im Kampf gegen den Terrorismus auseinander.

Wer die Freiheit für den Preis der Sicherheit hält, hat schlecht gerechnet. Zwar stimmt es, dass die Freiheit wenig nutzt, wenn man unausgesetzt um Leib und Leben fürchten muss. Seinen Bürgern Sicherheit zu gewährleisten ist die erste Aufgabe des Staates. Wenn er sie nicht mehr erfüllt, verliert er seine Legitimation. Aber stimmt es auch, dass jemand, der seine grundrechtlich geschützte Freiheit gegenüber der Staatsgewalt aufgibt, sich sicher fühlen kann? Oder hat er nur eine Gefahrenquelle gegen die andere ausgewechselt? [...]

Freiheit und Sicherheit sind keine Gegensätze. Sie sind aber auch nicht notwendig in Harmonie. Freiheit produziert Sicherheitsrisiken, die sich nur durch Freiheitsbeschränkungen eindämmen lassen. Dabei darf aber das Ziel nicht aus den Augen verloren werden [...]

In Deutschland zieht sich dieser Streit mitten durch die Regierung. Dem Bundesinnenminister fallen ständig neue Sicherheitslücken auf, die er mit freiheitsbeschränkenden Gesetzen stopfen will. Die Bundesjustizministerin verweist darauf, dass sich nicht alle Vorschläge mit dem Grundgesetz vereinbaren lassen. In der Tat hat das Bundesverfassungsgericht zwei von drei nach den Anschlägen vom 11. September 2001 verabschiedeten Antiterrorgesetzen des Bundes und der Länder für verfassungswidrig erklärt und für das dritte eine einschränkende Interpretation vorgeschrieben. [...]

Mit Ausnahme des Luftsicherheitsgesetzes, das den Einsatz der Luftwaffe im Innern vorsah, betrafen die Gesetze allesamt die heimliche Informationsgewinnung. Das ist charakteristisch für die Bekämpfung neuartiger Gefahren wie organisierte Kriminalität, Waffenschmuggel und eben Terrorismus. Der Staat setzt in diesem Kampf auf Prävention. Er sucht der Straftat zuvorzukommen und die Gefahr schon im Keim zu ersticken. [...]

Damit wächst der Informationshunger des Staates erheblich. Er lässt sich freilich nur heimlich stillen. Deswegen wachsen auch die Geheimdienste und ihre Befugnisse. Die Vorteile der vorverlagerten Prävention sind allerdings nicht kostenlos zu haben. Wo erst Verdachtsmomente gesammelt werden sollen, trifft sie potenziell jeden und alles, weil bei der Verdachtssuche nichts unverdächtig ist, nicht das Buch aus der Bibliothek, nicht der Wecker auf dem Nachttisch, nicht der Ort, an dem man seine Freunde trifft.

Deswegen darf man auch nicht der Beschwichtigung trauen, wer sich nichts vorzuwerfen habe, habe auch nichts zu befürchten. Jeder muss befürchten, dass seine Kommunikation überwacht wird. Niemand kann sicher sein, dass ihm daraus keine unangenehmen Folgen erwachsen. Ist man einmal im Verdachtsraster hängen geblieben, sind Beschattung und Ausforschung der Nachbarn, Beförderungsverweigerungen im Flugzeug, der Verlust des Arbeitsplatzes wegen Sicherheitsbedenken nicht mehr völlig fern.

Daher muss man dem staatlichen Informationshunger Grenzen ziehen. Je geringfügiger die Straftat, je kleiner der mögliche Schaden, je schwächer die Anhaltspunkte dafür, dass er eintreten könnte, je einschneidender die möglichen Folgen der Informationserlangung für den Einzelnen, desto höher müssen die Schwellen für Überwachungsmaßnahmen sein. Umgekehrt: Je schwerer die Straftat, je stärker die Anhaltspunkte, dass sie vorbereitet wird, je größer der mögliche Schaden, desto niedriger darf die Schwelle ausfallen. [...]

Indessen setzt das Grundgesetz auch der Verfassungsänderung Grenzen. Die Grundsätze der Demokratie, des Rechtsstaats und des Bundesstaats sind ebenso unabänderlich wie die Garantie der Menschenwürde, die Existenz unveräußerlicher Menschenrechte und die Grundrechtsbindung der gesamten Staatsgewalt. Die Rechtlosstellung feindlicher Kombattanten wie in den USA könnte in Deutschland auch mit einer Verfassungsänderung nicht erreicht werden.

Gerhard Mester, Baaske Cartoons

Erhöhte Terrorismusgefahren verlangen erhöhte Sicherheitsvorkehrungen. Darüber darf aber nicht vergessen werden, dass es die Sicherheit einer freiheitlichen Gesellschaft ist, die erhöht werden soll. Wenn man im Kampf gegen den Terrorismus zu denselben Mitteln greift, welche die Terroristen anwenden, gibt man den grundlegenden Unterschied zu ihnen auf. Es ist dieser Widerspruch zu den eigenen obersten Prinzipien, der es verbietet, sie gegenüber ihren Verächtern zu missachten.

Dieter Grimm, Die Zeit Nr. 49, 29.11.2007, S. 14

2011
- Verlängerung der Anti-Terror-Gesetze von 2001 um weitere vier Jahre

2013
- CDU/CSU und SPD sehen in ihrem Koalitionsvertrag eine anlasslose Vorratsdatenspeicherung von Telekommunikationsdaten (vgl. 2008) von 6 Monaten vor.

Ansehen

Projekt WissensWerte „Menschenrechte im Fokus“: Erklärfilm zur Geschichte der Menschenrechte

Info

Bürgerliche Freiheitsrechte

Bürgerliche Freiheitsrechte, wie sie auch in den ersten 20 Artikeln des Grundgesetzes für die Bundesrepublik Deutschland verbrieft werden, sind vornehmlich als Abwehrrechte der Bürger gegen staatlichen Zugriff zu verstehen. Zum Kernbestand dieser Rechte gehören u.a. die allgemeine Handlungs- (Art. 2 GG), die Versammlungs- (Art. 8 GG), die Vereinigungs- und Koalitionsfreiheit (Art. 9 GG) sowie die Freiheit des Eigentums (Art. 14 GG), der Meinung (Art. 5 GG) und die Glaubens-, Gewissens- und Bekenntnisfreiheit (Art. 4 GG). Freiheitsrechte sind nicht statisch, sondern müssen den kulturellen und technischen Entwicklungen angepasst werden. So formulierte das Bundesverfassungsgericht angesichts der Bedeutung der elektronischen Datenverarbeitung die Grundrechte auf informationelle Selbstbestimmung (personenbezogener Daten) sowie auf „digitale Intimsphäre“ (also der Schutz der auf Computern u.Ä. gespeicherten, persönlichen Daten). In Bürgerrechte darf nach dem Grundsatz der Verhältnismäßigkeit nur durch ein Gesetz eingegriffen werden.

Autorentext

M 8 ● Rasterfahndung war einfacher

Bernd Zeller (10. 12. 2007)

Aufgaben

1. Ordnen Sie die Zitate in die Diskussion um die Rasterfahndung ein (M 6, Kap. 2.1.1).
2. Arbeiten Sie die zentralen Aussagen Dieter Grimms zum Verhältnis von Staat und Bürgern heraus (M 7).
3. a) Analysiern Sie die Karikatur (M 8).
   b) Erörtern Sie die Aussagen Benjamin Franklins und Franz Josef Jungs (M 6) vor dem Hintergrund Ihrer Ergebnisse der Karikaturanalyse.

2.1.3 Was verteidigt „die Demokratie" gegen wen? Zweck und Instrumente der Wehrhaftigkeit

M 9 ● Der Staat verbietet Vereinigungen

a) Bundesinnenminister verbietet radikal-islamische Vereinigung

Im nordrhein-westfälischen Solingen ist die Vereinigung Millatu Ibrahim ansässig. Erst im vergangenen Herbst [...] gegründet, wurde die Gruppe nun mit Wirkung vom 29. Mai 2012 verboten. In der 31-seitigen Verbotsverfügung heißt es, Millatu Ibrahim (MI) wende sich gegen die verfassungsmäßige Ordnung, verstoße gegen den Gedanken der Völkerverständigung und zeige eine aggressiv-kämpferische Grundhaltung. Als Beleg führt das Innenministerium eine Reihe von Videobotschaften und Reden auf, die MI im Internet publiziert hat. Der Verfassungsschutz hatte bereits seit einigen Wochen vor der Gruppe gewarnt, weil sie besonders radikal agitiere und zum bewaffneten Kampf gegen Demokratie und Grundgesetz aufrufe. Mit dem Verbot wird Millatu Ibrahim aufgelöst und das Vereinsvermögen beschlagnahmt. Der Besitz geht in Staatseigentum über. [...]

Die Gefährdung, die von den [...] Gruppen ausgeht, besteht nach Ansicht der Sicherheitsbehörden gerade in solchen Botschaften, die Anhänger radikalisieren sollen. Über Videobotschaften, Predigten im Internet und Auftritten in Moscheen würden die Salafisten ihr Gedankengut verbreiten und damit den geistigen Nährboden für Übergriffe in Deutschland schaffen. Konkrete Anschlagspläne unterstellt man [...] hingegen nicht.

Stefan Hebestreit, Großrazzia gegen Salafisten, in: Frankfurter Rundschau, 15.6.2012

b) Niedersächsischer Innenminister verbietet rechtsextreme Gruppierung

Niedersachsens [damaliger] Innenminister Uwe Schünemann (CDU) hat mit sofortiger Wirkung die rechtsextreme Gruppierung „Besseres Hannover" verboten. [...] [Bei einer Razzia beschlagnahmten Polizeibeamte] zahlreiche Computer und Handys, Stichwaffen, Schreckschusspistolen, NPD-Propagandamaterial und eine Hakenkreuzfahne.

Den rund 40 Mitgliedern von „Besseres Hannover" ist es ab sofort untersagt, ihre Internetseite weiter zu betreiben. Auch dürfen sie den sogenannten „Abschiebär", eine von den Neonazis geschaffene Figur zur Verunglimpfung von Migranten, nicht mehr in der Öffentlichkeit verwenden. Zudem ist es ihnen verboten, die von den Rechtsextremen herausgegebenen Zeitschriften „Bock" und „Anschlag" zu verteilen. Ein Verstoß gegen das Verbot stellt eine Straftat dar. Das Verbot gilt auch für eventuelle Nachfolgeorganisationen. [...] Schünemann führte drei Gründe an, die letztlich zu dem Verbot der Vereinigung geführt hätten. Die Aktivitäten von „Besseres Hannover" hätten sich gegen die verfassungsmäßige Ordnung gerichtet. Die Gruppierung habe außerdem gegen den Gedanken der Völkerverständigung verstoßen. „Zudem läuft gegen 22 Mitglieder der Vereinigung ein Ermittlungsverfahren wegen des Verdachts der Bildung einer kriminellen Vereinigung." [...] „Besseres Hannover" hatte Niedersachsens [damaliger türkischstämmiger] Sozialministerin [Aygül Özkan] im Dezember 2011 ein Video zugeschickt, in dem der „Abschiebär" vor einem türkischen Imbiss den Arm zum sogenannten „Hitlergruß" reckte.

Tobias Morchner, Schünemann verbietet „Besseres Hannover", in: Hannoversche Allgemeine Zeitung, 25.9.2012

Islamismus, Salafismus

Islamistische Ideologien haben gemeinsam, dass sie ihre (oft rigide) Auslegung des islamischen Glaubens sowohl als Lebens- als auch als Staatsordnung absolut setzen. Einzige Legitimationsbasis für menschliches und staatliches Handeln sei die Religion. Islamisten sind nicht zwingend gewaltbereit.
Salafisten stellen eine ultrakonservative, radikale Strömung innerhalb der sunnitisch-islamistischen Ideologien dar. (Politische) Vision ist die Errichtung eines Kalifats, also eines alle arabischen Staaten umfassenden islamistischen Gottesstaates. In Deutschland leben nach Schätzungen ca. 3.000–5.000 Salafisten.
Autorentext

Carlo Schmid über wehrhafte Demokratie

„Demokratie ist nur dort mehr als ein Produkt einer bloßen Zweckmäßigkeitsentscheidung, wo man den Mut hat, an sie als etwas für die Würde des Menschen Notwendiges zu glauben. Wenn man aber diesen Mut hat, muss man auch den Mut zur Intoleranz denen gegenüber aufbringen, die die Demokratie gebrauchen wollen, um sie umzubringen."
Carlo Schmid (SPD), 2. Sitzung des Parlamentarischen Rates vom 8.9.1948, in: Studien von Zeitfragen 1988, H. 1, S. 31

Info

Freiheitliche demokratische Grundordnung

Im Jahr 1952 verbot das Bundesverfassungsgericht die NSDAP-Nachfolgepartei SRP. In der Urteilsbegründung prägten die Richter den Begriff der „freiheitlichen demokratischen Grundordnung".

Freiheitliche demokratische Grundordnung im Sinne des Art. 21 II GG ist eine Ordnung, die unter Ausschluss jeglicher Gewalt und Willkürherrschaft eine rechtsstaatliche Herrschaftsordnung auf der Grundlage der Selbstbestimmung des Volkes nach dem Willen der jeweiligen Mehrheit und der Freiheit und Gleichheit darstellt. Zu den grundlegenden Prinzipien dieser Ordnung sind mindestens zu rechnen: die Achtung vor den im Grundgesetz konkretisierten Menschenrechten, vor allem vor dem Recht der Persönlichkeit auf Leben und freie Entfaltung, die Volkssouveränität, die Gewaltenteilung, die Verantwortlichkeit der Regierung, die Gesetzmäßigkeit der Verwaltung, die Unabhängigkeit der Gerichte, das Mehrparteienprinzip und die Chancengleichheit für alle politischen Parteien mit dem Recht auf verfassungsmäßige Bildung und Ausübung einer Opposition.

BVerfGE 2,1 – SRP-Verbot; zitiert nach: www.servat.unibe.ch/dfr/bv002001.html (30. 9. 2013)

M 10 ● Instrumente der wehrhaften Demokratie

Instrument	Gesetzliche Verankerung	Zuständigkeit
Verbot von Vereinigungen	Art. 9 Abs. 2 GG	Innenminister des Bundes oder der Länder
Parteiverbot (Feststellung der Verfassungswidrigkeit)	Art. 21 Abs. 2 GG	Bundesverfassungsgericht
Verwirkung von Grundrechten	Art. 18 GG	Bundesverfassungsgericht
Verfolgung von politisch motivierten Straftaten („Staatsschutzdelikte")	Bundesverfassungsschutzgesetz, Gesetz zur Bekämpfung des internationalen Terrorismus u. a.	Innenminister der Länder (Landespolizei) oder des Bundes (Bundespolizei)
Verfassungstreue der Angehörigen des öffentlichen Dienstes	Art. 33 Abs. 4, 5 GG, Beamtengesetzgebung	Innenminister des Bundes oder der Länder
Pflicht zur Verfassungstreue der (Hochschul-)Lehrer	Art. 5 Abs. 3 GG	Innen-, Kultus- und Wissenschaftsminister der Länder
Widerstandsrecht gegen aggressive Verfassungsfeinde	Art. 20 Abs. 4 GG	jeder deutsche Bürger (als letztes Mittel)

Aufgaben

1. a) Fassen Sie die Begründung der Innenbehörden zum Verbot der salafistischen und rechtsextremen Gruppierungen zusammen (M 9).
   b) Erläutern Sie, inwieweit sich die Verbotsbegründungen auf die „freiheitliche demokratische Grundordnung" beziehen (M 9, Info).
2. Erklären Sie, warum für Parteiverbote und für das Aussprechen der Grundrechtsverwirkung von Einzelpersonen das Bundesverfassungsgericht zuständig ist (M 10).
3. Entwickeln Sie Kriterien, die Ihrer Meinung nach erfüllt sein müssen, damit (a) eine Vereinigung und (b) eine Partei verboten werden kann.

H zu Aufgabe 2
Nehmen Sie Bezug auf den Umgang mit Parteien in Deutschland im Jahr 1933.

2.1.4 Undemokratische Parteien verbieten? Das Parteienprivileg des Grundgesetzes

M 11 ● Grundgesetz gegen NPD?

M 12 ● Die Ideologie der NPD

Die NPD propagiert einen homogenen, völkischen, autoritären Staat, in dem Parteien und Organisationen nur dem Wohl des deutschen Volkes verpflichtet sind. Die Würde des Menschen ist in der Welt der NPD an Bedingungen und Voraussetzungen geknüpft; in ihrer Volksgemeinschaft wollen die Rechtsextremisten nur die Eliten fördern [...]. Die NPD will Frauen zu Gebärmaschinen für die „Volkssubstanz" machen, Millionen von Menschen durch ihre „Rückführung" vertreiben oder deportieren [...].

Trotz aller offensichtlichen Bezüge zum Nationalsozialismus, die NPD hat sich tatsächlich modernisiert. [...] Die Ideologie der Neuen Rechten ist gekennzeichnet durch ein ausgeprägtes Freund-Feind-Denken, die Homogenität des Kollektivs, einen starken Staat statt Demokratie und Pluralismus, [...] „Volksdemokratie" statt Interessenpluralismus, Ethnopluralismus statt universaler Menschenrechte [...]. Die meisten dieser Punkte sind bei der NPD nachzuweisen, einige stärker ausgeprägt – andere weniger. [...]

[Dem] „Ethnopluralismus" [...] zufolge haben alle Völker ihren angestammten, natürlichen Lebensraum. Der Ethnopluralismus propagiert die strikte Trennung der Völker, da jeder Austausch negativ sei und daher als Angriff von außen gewertet wird. [...] [Er] will homogene Nationalstaaten erreichen – und die Ausweisung aller Menschen rechtfertigen, die ihrer Definition nach fremd sind.

Patrick Gensing, NPD-Ideologie, www.publikative.org, 21.5.2010

Patrick Gensing ist Redakteur bei der Tagesschau und anderen ARD-Nachrichten- und Politiksendungen. Sein NPD-Beobachtungsblog war – wie andere seiner Projekte – für den Grimme Online Award nominiert.

Parteienfinanzierung

Im Jahre 1959 wurde in der Bundesrepublik Deutschland erstmals eine staatliche Parteienfinanzierung eingeführt, die seit 1994 eine allgemeine staatliche Teilfinanzierung der Parteien darstellt. [...] Anspruch auf staatliche Mittel haben danach alle Parteien ab einer bestimmten Größe, ausgedrückt in Stimmenprozenten bei den jeweils letzten Bundestags-, Europa- und Landtagswahlen.

Oskar Niedermayer, www.bpb.de, 2012

M 13 ● Wahlergebnisse und Einnahmen der NPD

Mitglieder (2012)	5.900
Landtagsmandate	Sachsen (2009): 8 Sitze Mecklenburg-Vorpommern (2011): 5 Sitze
Ergebnisse bei Bundestagswahlen	2002: 0,4 % I 2005: 1,6 % I 2009: 1,5 % I 2013: 1,3 %
Einnahmen 2010	3.014.347,89 Euro
... davon Mitgliedsbeiträge	531.954,14 Euro
... davon Spenden	990.327,34 Euro
... davon staatliche Zuwendungen	1.176.745,25 Euro

Mitgliederzahl aus: Jürgen Dahlkamp et al., Eine unerträgliche Partei, in: Der Spiegel, 13.2.2012; Einnahmen aus: Deutscher Bundestag, Drucksache 17/8551, 14.2.2012, S. 33

M 14 ● Sonderrolle von Parteien im deutschen Pluralismus

a) Das Parteienprivileg im Grundgesetz

Das Grundgesetz sieht einerseits vor, dass die Gründung von Parteien frei ist. Auf der anderen Seite bietet es die Möglichkeit, Parteien zu verbieten, die Demokratie und Rechtsstaatlichkeit abschaffen wollen. Darüber, ob eine Partei verfassungswidrige Ziele verfolgt, darf ausschließlich das Bundesverfassungsgericht – auf Antrag von Bundestag, Bundesrat oder Bundesregierung – entscheiden. Dieses sog. **„Parteienprivileg"** soll verhindern, dass eine Regierung oder Parlamentsmehrheit eine ihr unbequeme Partei aus dem Wettbewerb um Stimmen ausschließen kann.
Bislang waren nur zwei Anträge auf Parteienverbot erfolgreich. 1952 wurde die rechtsextremistische Sozialistische Reichspartei (SRP) verboten, 1956 die Kommunistische Partei Deutschlands (KPD).

Helmut Becker, in: Buchners Kompendium Politik – Neue Ausgabe, Bamberg 2013, S. 310

b) Voraussetzungen für ein Parteiverbot

Das Bundesverfassungsgericht formulierte in der Begründung zum Verbot der Kommunistischen Partei Deutschlands 1954 Kriterien, die gegeben sein müssen, um eine Partei für verfassungswidrig zu erklären und damit zu verbieten:
Eine Partei ist nicht schon dann verfassungswidrig, wenn sie die obersten Prinzipien einer freiheitlichen demokratischen Grundordnung [...] nicht anerkennt; es muss vielmehr eine aktiv kämpferische, aggressive Haltung gegenüber der bestehenden Ordnung hinzukommen.

BVerfGE 5, 85

F zu Aufgabe 2
Begründen Sie die staatliche Mitfinanzierung von Parteien. Beziehen Sie sich dazu auch auf das sogenannte „Parteienprivileg" (M 14, Info).

F zu Aufgabe 3
Nehmen Sie Stellung zu der Frage, ob die NPD verboten werden sollte. (Argumentationshilfe: www.bpb.de -> Aus Politik und Zeitgeschichte 2012 -> Rechtsextremismus -> NPD-Verbot)

Aufgaben

1. Beschreiben Sie wesentliche Elemente der Ideologie der NPD (M 12).
2. Arbeiten Sie die Problemstellung für das demokratische System heraus, die sich aus der Ideologie verfassungsfeindlicher Parteien im Zusammenhang mit der staatlichen Parteienfinanzierung ergibt (M 11-M 14).
3. Das Parteienprivileg sollte abgeschafft und damit das Parteiverbots- dem Vereinigungsverbotsverfahren angeglichen werden! Nehmen Sie Stellung zu dieser Forderung.

Menschenwürde nach dem Grundgesetz
M 4

Im Begriff der unantastbaren Menschenwürde (Art. 1 Abs. 1 GG) kulminieren alle Bestimmungen der Grundrechte und auch das Verhältnis von Staat und Bürger: Die **Lebens-, Freiheits- und Gleichheitsrechte** der Menschen bzw. Bürger werden als absolute und überzeitliche Werte verstanden. Darüber hinaus ist der Erhalt der Würde jedes einzelnen **primärer Staatszweck** (nicht etwa der Erhalt des Staates).
Durch die Ewigkeitsgarantie im Grundgesetz (Art. 79 Abs 3 GG) werden sowohl Art. 1 GG (Menschenwürde) als auch Art. 20 GG (Volkssouveränität und Gewaltenteilung) zu überzeitlichen, unaufhebbaren Grundlagen des deutschen Staates.

Verhältnis von Freiheit und Sicherheit
M 7

Die Grundwerte Freiheit und Sicherheit stehen sowohl in einem Spannungs- als auch in einem Bedingungsverhältnis zueinander. So ist ein Mindestmaß an Sicherheit (z.B durch innenpolitische Maßnahmen) notwendig, um Bedrohungen an Leib und Leben abzuwenden und so bürgerliche Freiheiten (Handlungs-, Versammlungs-, Meinungs-, Glaubensfreiheit) überhaupt erst realisieren zu können (Bedingungsverhältnis). Allerdings dürfen die staatlichen Eingriffe in die Freiheitsrechte nur so minimal wie möglich sein, um einer Verselbstständigungstendenz staatlicher Zugriffe vorzubeugen (Spannungsverhältnis).
Seit den Terroranschlägen vom 11. September 2001 in den USA wurde die Sicherheitsgesetzgebung auch in Deutschland stark ausgeweitet (u.a. Zugriffe auf elektronisch gespeicherte, persönliche Daten). Dies veranlasste das Bundesverfassungsgericht in mehreren Grundsatzentscheidungen, Regierung und Verwaltung enge Grenzen zu setzen und neue Grundrechte zu schaffen (z.B. Informationelle Selbstbestimmung).

wehrhafte/ streitbare Demokratie
M 10, M 14

Aufgrund der historischen Erfahrung wurden Instrumente geschaffen, die es dem demokratischen System ermöglichen sollen, seine Abschaffung zu verhindern. Erstens können den Staatsbestand gefährdende **Vereinigungen verboten** werden (Art. 9 Abs 2 GG). Auch sind Beamte zu besonderer Staatstreue verpflichtet. Darüber wachen die Innenminister von Bund und Ländern.
Ebenfalls vor dem Hintergrund der Einparteiendiktatur der Nationalsozialisten werden den bundesdeutschen Parteien (im Vergleich zu anderen Vereinigungen) besondere Rechte zugestanden (**Parteienprivileg**, Art. 21 GG). Sie erhalten nach Stimmenanteil bei Wahlen staatliche Finanzunterstützung und ihre Verfassungswidrigkeit (und damit ihre Auflösung) kann ausschließlich vom Bundesverfassungsgericht beschlossen werden. Allerdings müssen die Parteien auch bestimmte Anforderungen erfüllen (z.B. demokratischer Parteiaufbau). Für ein **Parteiverbot** ist nicht nur eine verfassungsfeindliche Programmatik, sondern auch eine aggressiv-kämpferische Haltung der Mitglieder bzw. der Funktionäre notwendig.

2.2 Staatsstrukturprinzipien der Bundesrepublik Deutschland

2.2.1 Sollte die Regierung Gesetze erlassen können? Demokratieprinzip und Gewaltenteilung

delegieren
eine Aufgabe auf einen anderen übertragen

Legitimität
- Anerkennungswürdigkeit für ein politisches System, Konzept, eine Position o. Ä.
- Input-Legitimität: Partizipation und Interessenausgleich in Entscheidungs*verfahren*
- Output-Legitimität: Politik*ergebnisse* fördern allgemeines Wohl statt Partikularinteressen

M 1 ● Fiktives Gesetz zur Beschleunigung von Politik

§ 1 Gesetze können außer nach dem in der Verfassung vorgesehenen Verfahren auch durch die Regierung beschlossen werden. Dies gilt auch für das Beschließen des Staatshaushalts.

§ 2 Die von der Regierung beschlossenen Gesetze können von der Verfassung abweichen, soweit sie nicht die Einrichtung des Bundestags und des Bundesrats als solche zum Gegenstand haben.

§ 3 Die von der Regierung beschlossenen Gesetze werden vom Kanzler ausgefertigt und im Gesetzblatt verkündet. Sie treten, soweit sie nichts anderes bestimmen, mit dem auf die Verkündung folgenden Tage in Kraft.

M 2 ● Welche Bedeutung hat das Parlament in der deutschen Demokratie?

Im Mittelpunkt der Demokratie in Deutschland (und in vielen anderen Ländern) steht das Parlament, das von den Bürgern gewählt wird. Dieser Wahlvorgang ist der Ausgangspunkt aller nachfolgenden Delegationsvorgänge und somit – direkt oder indirekt – aller demokratischen, politischen und staatlichen Entscheidungen. Die Wahl des Parlaments durch die Bürger erzeugt für dieses eine demokratische Legitimation. Da keine andere staatliche Institution auf Bundesebene durch die Bürger gewählt wird, hat das Parlament (Bundestag) ein „Monopol für demokratische Legitimation". […] Die Parlamentsabgeordneten […] unterliegen potentiell einer Sanktion durch die nächsten demokratischen Wahlen. Sie sind damit grundsätzlich mehr als alle anderen Institutionen (bzw. als einzige unmittelbar) prädestiniert für die normativen Richtungsentscheidungen der Gesellschaft […].

Jörn Kruse, Das Monopol für demokratische Legitimation und seine Überwindung, in: Stefan Bayer, Klaus W. Zimmermann (Hg.), Die Ordnung von Reformen und die Reform von Ordnungen, Marburg 2008, S. 219, 223; Reihenfolge geändert.

Jörn Kruse ist Professor für Volkswirtschaftslehre an der Helmut-Schmidt-Universität der Bundeswehr in Hamburg.

M 3 ● Wozu und woraus besteht Gewaltenteilung?

a) Funktion der Gewaltenteilung

Art. 20 Abs. 2 Satz 2 fordert die Ausübung der Staatsgewalt durch „besondere Organe der Gesetzgebung, der vollziehenden Gewalt und der Rechtsprechung" und verankert damit den Grundsatz der Gewaltenteilung im GG. […] [Der Gewaltenteilung] eigentlicher Sinn liegt in der Verhinderung oder doch der Erschwerung einer **Willkürherrschaft.** Übt nicht nur ein einzelner oder ein einzelnes Staatsorgan die Staatsgewalt aus, sondern sind die staatlichen Aufgaben zwischen mehreren Staatsorganen so verteilt, dass keines legal über die gesamte Staatsgewalt verfügen kann, so verringert sich die Gefahr einer widerrechtlichen Okkupation oder Ausübung der Staatsgewalt entscheidend. Die Gewaltenteilung bezweckt, die Ausübung staatlicher Gewalt in ihren Grundfunktionen organisatorisch und personell zu trennen, auf verschiedene Mächte zu verteilen und in ein System gegenseitiger Hemmung zu bringen. [...]

Der Ausdruck „Gewaltenteilung" ist nicht ganz unmissverständlich. Die staatliche Gewalt wird nicht geteilt, sondern nur verteilt, sie ist an sich unteilbar und bildet stets eine Einheit. Der Ausdruck „Gewaltenteilung" ist aber im heutigen Sprachgebrauch fest verwurzelt.

Die Gewaltenteilung wird dadurch erreicht, dass die drei staatlichen Grundfunktionen verschiedenen Organen zugewiesen werden, so dass keines dieser Organe legal über die gesamte Staatsgewalt verfügen kann (**organisatorische Gewaltenteilung**) und die Amtsträger der einen Gewalt nicht zugleich Amtsträger der anderen Gewalt sein dürfen (personelle Gewaltenteilung; sog. **Inkompatibilität**). So darf beispielsweise ein amtierender Richter nicht zugleich Abgeordneter oder Minister sein, ebensowenig kann ein amtierender Beamter gleichzeitig als Richter oder Abgeordneter fungieren.

Dieter Hesselberger, Das Grundgesetz. Kommentar für die politische Bildung, 13. Auflage, Bonn 2003, S. 186 (Hervorhebungen im Original)

Charles de Montesquieu (1689-1755), französischer Philosoph, „De l'esprit des loix" (Vom Geist der Gesetze), 1748: „Politische Freiheit findet sich nur dann, wenn man die Macht nicht missbraucht; aber es ist eine ewige Erfahrung, dass jeder der Macht hat, zu ihrem Missbrauch neigt. Er geht so weit, bis er auf Schranken stößt (...). Um den Missbrauch der Macht zu verhindern, muss die Macht der Macht Schranken setzen."

b) Horizontale und vertikale Gewaltenteilung in Deutschland

horizontale Ebene der Gewaltenteilung

Grundgesetz
Art. 20 Abs. 2 GG: "Alle Staatsgewalt geht vom Volke aus. Sie wird vom Volke in Wahlen und Abstimmungen und durch besondere Organe der Gesetzgebung, der vollziehenden Gewalt und der Rechtsprechung ausgeübt."

Gesetzgebende Gewalt (Legislative)			Vollziehende Gewalt (Exekutive)		Rechtsprechende Gewalt (Judikative)
Art. 38–48 Bundestag Volksvertretung	Art. 50–53 Bundesrat Ländervertretung	Bundesebene	Bundesregierung Bundeskanzler, Bundesminister	Bundesebene	Art. 92–104 Bundesverfassungsgericht
Art. 71, 73 Ausschließliche Gesetzgebung		Bundesebene	Art. 80, 87 Bundeseigene Verwaltung	Bundesebene	Oberste Gerichtshöfe
Parlamente der Länder = Landtag		Länderebene	Landesregierung Ministerpräsident, Landesminister	Länderebene	Gerichte der Länder
Art. 72, 74 Konkurrierende Gesetzgebung Gesetzgebung der Länder		Länderebene	Art. 85 Auftragsverwaltung, Landtagsverwaltung, Kreisverwaltungen, Gemeindeverwaltungen	Länderebene	Landesverfassungsgericht Obergerichte

vertikale Ebene der Gewaltenteilung

Nach: Landtag Brandenburg (Hg.), So arbeitet das Landesparlament, Potsdam 2005, S. 7

M 4 ● Gewaltenverschränkung in der Bundesrepublik

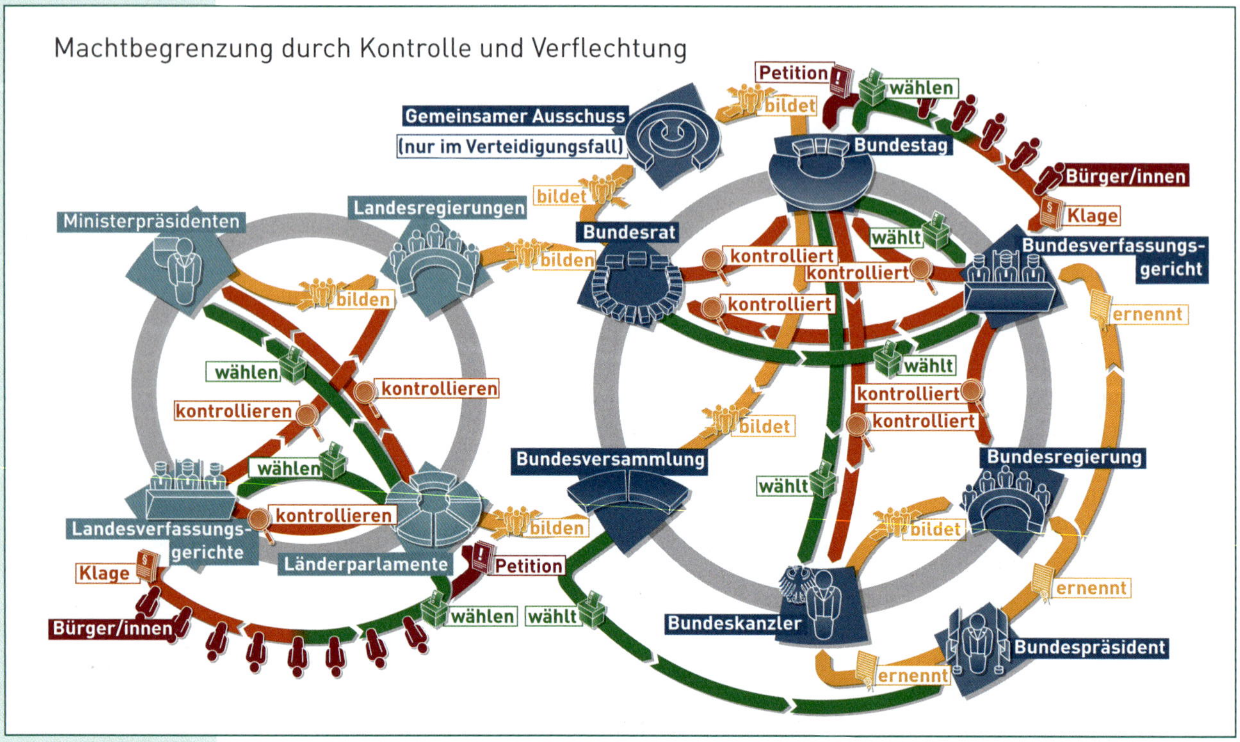

Bundeszentrale für politische Bildung, www.bpb.de (2.11.2009)

M 5 ● Reicht Gewalten(ver)teilung zur Machtkontrolle? Das Prinzip von checks and balances

Zur Exekutive, Legislative und Judikative in Deutschland
▯ vgl. Kap. 7.2.3, 8.1.2 und 8.3.3

Das Prinzip der Gewaltenteilung ist [...] nicht rigoros durchgeführt, sondern erlaubt gewisse Durchbrechungen. So verstößt es herkömmlicherweise nicht gegen den Grundsatz der Inkompatibilität, wenn ein Abgeordneter gleichzeitig ein Ministeramt innehat. Auch kann die Exekutive Rechtssätze, nämlich Rechtsverordnungen, erlassen, wenn sie durch ein formelles Gesetz dazu ermächtigt wird, obwohl der Erlass von Rechtsverordnungen materiell eine Gesetzgebungstätigkeit darstellt.

Die Gewaltenteilung will gleichzeitig die getrennten Gewalten in ein System gegenseitiger Abhängigkeit und Hemmung *(checks and balances)* bringen.

a) Vielfach sind Mitwirkungs- und Kontrollrechte einer organisierten Gewalt bei Handlungen einer anderen Gewalt vorgesehen. So kontrolliert das Parlament die Regierung, überprüfen die Gerichte die Akte der Exekutive auf ihre Rechtmäßigkeit und die Akte der Gesetzgebung auf ihre Verfassungsmäßigkeit, muss der Bundespräsident ein Gesetz ausfertigen und verkünden.

b) Überwiegend erfolgt die Bestellung der Amtsträger der einen Gewalt durch Amtsträger einer anderen Gewalt. So werden der Bundeskanzler vom Parlament, die Richter der Bundesgerichte von Richterwahlausschüssen gewählt; so werden die übrigen Richter durch die Exekutive ernannt.

c) Manchmal werden die Aufgaben einer Gewalt nicht einem, sondern mehreren Organen als gemeinsame Aufgabe übertragen. Diese Organe müssen dann zusammenwirken, um eine rechtswirksame Handlung vornehmen zu können. So können zustimmungsbedürftige Gesetze nicht vom Bundestag allein, sondern nur mit Zustimmung des Bundesrates erlassen werden.

d) Endlich können spezielle Aufgaben einer Gewalt einem rechtlich selbständigen und unabhängigen Organ zur alleinigen Erledigung übertragen werden (z.B. Bundesbank, Bundesrechnungshof).

Die Gewaltenteilung gilt in den westlichen Demokratien als Verfassungsgrundsatz. In neuerer Zeit wird aber in Zweifel gestellt, ob unter den gewandelten politischen Verhältnissen das [...] Modell der Gewaltenteilung im Ganzen noch zureicht. Dabei wird darauf hingewiesen, dass in einer modernen parlamentarischen Demokratie die stärkste Partei oder Parteikoalition Regierung und Parlament gleichermaßen beherrscht, so dass der Gewaltenteilungseffekt durch diese Verklammerung zunichte gemacht wird.

Dieter Hesselberger, Das Grundgesetz. Kommentar für die politische Bildung, 13. Auflage, Bonn 2003, S. 186 ff.

Checks and balances im neuen Bundestag

Klaus Stuttmann (22.10.2013)

Aufgaben

1. Stellen Sie sich vor, das „Gesetz zur Beschleunigung der Politik“ würde von der Bundesregierung in den Bundestag eingebracht werden. Bewerten Sie den Entwurf aus der Sicht (a) eines Abgeordneten der Regierungs-, (b) eines Abgeordneten einer Oppositionsfraktion und (c) aus Sicht von Bürgern (M 1).
2. Stellen Sie dar, warum der Bundestag über das höchste Maß an (Input-)Legitimität aller Verfassungsorgane verfügt (M 2, Info).
3. Erklären Sie Begriff und Funktion von Gewalten(ver)teilung und Gewaltenverschränkung (M 1, M 3, M 4, M 5).
4. In der Bundesrepublik wählt der Bundestag den Kanzler mit absoluter Mehrheit und dieser bestimmt die Minister; dadurch ist ein wesentlicher Teil der Gewaltenteilung faktisch eingeschränkt. Überprüfen Sie diese Aussage.

F zu Aufgabe 3
Zeigen Sie Elemente der Gewaltenverschränkung im politischen System der Bundesrepublik Deutschland.

2.2.2 Für die Bürger oder vor den Bürgern? Deutschland als sozialer Rechtsstaat

M 6 ● Rechte und Ansprüche der Bürger gegen den Staat

Hartz IV – Klagen im Zwölf-Minuten-Takt
Noch in diesem Monat wird im Berliner Sozialgericht die 150.000. Hartz-IV-Klage eingehen, in mehr als jedem zweiten Fall bekommen die Kläger recht.
Thomas Öchsner, Süddeutsche Zeitung, 12. 1. 2012

Gäfgen bekommt Schmerzensgeld
3.000 Euro bekommt der verurteilte Kindsmörder Magnus Gäfgen vom Land Hessen. Nach dem Mord an dem 11-jährigen Jakob von Metzler hatten ihm [Polizei-]Beamte mit Folter gedroht. [...] Das Vorgehen der Ermittler sei eine „schwerwiegende Rechtsverletzung" und könne nicht auf andere Weise befriedigend ausgeglichen werden als durch die Zahlung einer Entschädigung, sagte der Vorsitzende Richter [...].
dpa/afp/dapd, die tageszeitung, 4. 8. 2011

Karlsruhe kippt Vorratsdatenspeicherung
Das [...] Bundesverfassungsgericht [...] erklärte die seit 2008 geltende gesetzliche Regelung zur massenhaften Speicherung von Telefon- und Internetverbindungsdaten für verfassungswidrig und nichtig – sie verletze das Telekommunikationsgeheimnis [...].
www.tagesschau.de/inland/bundesverfassungsgericht144.html, 2. 3. 2010

M 7 ● Staat für den Menschen – Rechtsstaatlichkeit nach dem Grundgesetz

Der Parlamentarische Rat war sich einig, dass die Beschränkung rechtsstaatlicher Grundsätze auf die formelle „Herrschaft des Gesetzes" – unabhängig von ihrem Inhalt – keineswegs ausreicht, um eine erneute Ablösung des Rechtsstaates zu verhindern. Als Voraussetzung für den demokratischen und sozialen Rechtsstaat wurden im Grundgesetz zwei neue rechtsstaatliche Grundsätze niedergelegt, die nach Art. 79 jeder Verfassungsänderung entzogen sind: Die Grundrechte sind unmittelbar geltendes Recht; Gesetzgebung, vollziehende Gewalt und Rechtsprechung sind an die Grundrechte gebunden (Art. 1). Darüber hinaus sind nicht nur [...] die vollziehende Gewalt und die Rechtsprechung an Gesetz und Recht, sondern auch die Gesetzgebung ist an die verfassungsmäßige Ordnung gebunden (Art. 20). Zu diesen neuen Elementen der Rechtsstaatlichkeit gehört auch nicht mehr nur die bisherige Garantie der Gleichheit aller vor dem Gesetz, sondern der Gleichheitssatz im sozialen Rechtsstaat des Grundgesetzes ist selbst inhaltlich „zum rechtlichen Grundprinzip des leistenden und verteilenden staatlichen Handelns geworden" (K. Hesse).

Ebenso wie schon der liberale Rechtsstaat kennt auch das Grundgesetz den „Vorbehalt des Gesetzes“, d.h. staatliche Eingriffe in die individuellen Freiheitsrechte sind nur aufgrund eines Gesetzes möglich, das mit der verfassungsmäßigen Ordnung nicht in Widerspruch stehen darf. Durch ein Normenkontrollverfahren vor dem Bundesverfassungsgericht kann geprüft werden, ob ein Gesetz mit der Verfassung übereinstimmt. Um den Rechtsschutz gegenüber allen Maßnahmen der öffentlichen Gewalt zu sichern, gewährleistet das Grundgesetz als „Krönung des Rechtsstaates“ jedem Bürger das Recht, falls er sich in seinen Rechten verletzt sieht, den Rechtsweg zu beschreiten (Gerichte) und Verfassungsbeschwerde beim Bundesverfassungsgericht einzulegen [Rechtswegegarantie]. [...]

Hanno Drechsler u.a. (Hg.), Gesellschaft und Staat. Lexikon der Politik, 10. Auflage, München 2003, S. 818 f.

Info

Entwicklung des Staatsbegriffs in der Moderne

Juristisch betrachtet besteht ein **Staat** dann, wenn ein klar definiertes Staatsvolk und bestimmbare Staatsgrenzen sowie eine Staatsgewalt vorliegen (3-Elemente-Lehre nach Georg Jellinek). Die *politisch-philosophische* Tradition der Staatstheorie der Neuzeit begann mit Thomas Hobbes' (1588-1679) Staatsbegründung im „Leviathan“. Er beantwortete die Kernfrage, warum Menschen natürliche Freiheiten aufgeben sollen (z.B. Freiheit, jemanden zu töten oder zu verletzen), mit dem Erhalt von Schutz durch die neue Instanz „Staat“ mit Gewaltmonopol (Ausnahme: Selbstverteidigung). Demgemäß hat Hobbes' Staat nur eine einzige Aufgabe: den Menschen Sicherheit zur Verfügung zu stellen (**Sicherheitsfunktion**). Damit ließe sich auch ein absolutistischer Staat rechtfertigen, der seine Bürger u.a. uneingeschränkt bespitzeln darf, um jede Gefährdung auszuschließen.

Im Laufe der Zeit ist diese Sicherheitsfunktion ergänzt worden, zunächst um die **Rechtsstaatsfunktion**. Im liberalen Rechtsstaat erhalten die Bürger Rechtsgleichheit. Prinzipiell soll aber ein möglichst hohes Maß an Freiheitlichkeit gewährleistet werden. Allerdings herrschte lange noch ein **formales Rechtsstaatsverständnis** vor, wonach alle Gesetze als rechtens galten, die durch die entsprechenden Verfahren zustande kamen. Allerdings lassen sich auch inhumane Gesetze formal (legalistisch) begründen, wie zu Zeiten des Nationalsozialismus geschehen. Das **materiale Rechtsstaatsverständnis** der Bundesrepublik kommt dadurch zum Ausdruck, dass Recht und staatliche Gewalt den Grundrechten (Art. 1-19 GG) genügen müssen.

Am jüngsten ist die im 19. Jahrhundert begründete **Wohlfahrtsfunktion** des (modernen Verfassungs-)Staates, wonach das Gemeinwesen seinen Bürgern ein – immer wieder neu festzulegendes und kulturell determiniertes – Maß an sozialer Sicherung und Chancengleichheit ermöglicht (z.B. durch öffentliches Bildungswesen, Vorsorge gegen Krankheit, Arbeitslosigkeit u.a., Arbeitsplatzsicherung durch Wirtschaftspolitik). Dadurch kommt den Bürgern materiale Freiheit zu, nämlich die Möglichkeit, die formalen Freiheitsrechte auch unter ungünstigen sozialen Voraussetzungen nutzen zu können.

Autorentext

M 8 ● Worin zeigt sich der deutsche Sozialstaat?

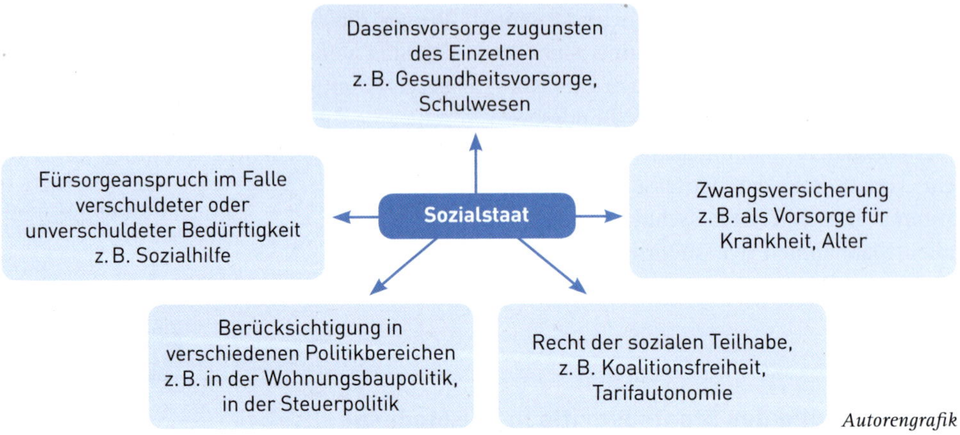

Autorengrafik

M 9 ● Wie muss der Staat für die Existenzsicherung sorgen?

Nach Auffassung der 55. Kammer des Sozialgerichts Berlin verstoßen die Leistungen des SGB II [Arbeitslosengeld II, „Hartz IV"] gegen das Grundrecht auf Gewährleistung eines menschenwürdigen Existenzminimums. [...] Insbesondere habe der Gesetzgeber dabei den Aspekt der Teilhabe am gesellschaftlichen Leben unzureichend gewürdigt. Im Ergebnis seien die Leistungen für einen Alleinstehenden um monatlich rund 36 Euro und für eine dreiköpfige Familie (Eltern und 16-jähriger Sohn) um monatlich rund 100 Euro zu niedrig bemessen.

Die Kläger, eine [...] dreiköpfige Familie aus Neukölln, erhoben am 13.7.2011 Klage gegen das Jobcenter Berlin Neukölln wegen der Höhe der ab Januar 2011 bewilligten Leistungen. Für den letzten umstrittenen Zeitraum Januar bis Juli 2012 waren ihnen nach Anrechnung von Einkünften aus Erwerbsminderungsrente, Kindergeld und Erwerbseinkommen Leistungen von insgesamt 439,10 Euro bewilligt worden. Das Jobcenter hatte der Leistungsberechnung den gesetzlichen Regelbedarf von 2 x 337 Euro für die Eltern und 287 Euro für den 16-jährigen Sohn zuzüglich Kosten für Unterkunft und Heizung zugrunde gelegt. Die Kläger trugen vor, dass sie mit dem bewilligten ALG II ihre Ausgaben nicht decken könnten. Trotz größter Sparsamkeit müssten sie regelmäßig ihren Dispokredit und Privatdarlehen in Anspruch nehmen.

Senatsverwaltung für Justiz und Verbraucherschutz Berlin, Pressemitteilung, 25.4.2012

Aufgaben

1. Arbeiten Sie heraus, welche Rechte des Bürgers gegenüber staatlichen Entscheidungen bzw. Stellen (Verwaltung, Polizei...) in den Zeitungsmeldungen zum Ausdruck kommen und auf welche Weise sie durchgesetzt werden (M 6).
2. Erklären Sie, wie sich in den Zeitungsnachrichten sowie im juristischen Streit um die Höhe der Arbeitslosengeld II-Sätze Rechts- bzw. Sozialstaatlichkeit zeigt (M 6-M 9, Info).
3. Erläutern Sie den Begriff „soziale Rechtsstaatlichkeit" (M 8, Info).
4. Wer anderen in verbrecherischer Absicht schweres Leid zufügt, sollte damit seine rechts- und sozialstaatlichen Ansprüche verwirken. Problematisieren Sie diese Forderung.

H zu Aufgabe 3
Grenzen Sie dabei ein formales von einem materialen Rechtsstaatsverständnis ab.

H zu Aufgabe 4
Beziehen Sie sich u. a. auf Artikel 1 GG.

METHODE

Arbeit mit Strukturmodellen

Soziale Gefüge, institutionelle Verflechtungen und ähnliche Zusammenhänge sind häufig sehr komplex. Um Abhängigkeiten, Wechselwirkungen und Verflechtungen zu veranschaulichen, dienen häufig Strukturmodelle. Sie vereinfachen die Wirklichkeit zwar in realtypischer Weise, ermöglichen somit aber ein Grundverständnis der Kontexte. Gleichzeitig liegen aber darin auch zwei Gefahren bzw. Grenzen begründet: Erstens darf man ein Strukturmodell keinesfalls für ein Abbild der Realität halten oder es auf die Wirklichkeit rückübertragen. Zweitens können Stukturmodelle so unterkomplex oder ungenau konzipiert sein, dass fehlerhafte Vorstellungen des eigentlich Abzubildenden entstehen.

Mit folgenden Leitfragen lassen sich Strukturmodelle erfassen:

1 Beschreibung

- *Wofür soll das Strukturmodell Erklärungen liefern?*
  Überschriften, Einbettungen in den Kontext, Quellen der grafisch umgesetzten Informationen
- *Welche Elemente sind abgebildet?*
  Werden Elemente (farblich, größenmäßig, grafisch...) hervorgehoben?
  Existieren Ausgangs- und Endpunkte?
  Sind Verbindungselemente beschriftet?
  Sind Symbole verwendet worden?
- *Wie sind die Elemente angeordnet?*
  Existiert eine Oben-Unten-Anordnung?
  Findet sich eine Links-Rechts-Anordnung?

2 Deutung

- *Welche Bedeutung hat die Anordnung der Elemente?*
  Zeigen Hervorhebungen eine Hierarchie?
  Wird durch eine Anordnung eine Hierarchie oder ein Verlauf/eine Entwicklung verdeutlicht?
- *Welche Bedeutung haben die Symbole?*
- *Welche Aussagekraft haben Zusatzinformationen?*
  Welche Schlüsse lassen sich aus der Quellenangabe ziehen (politische oder wissenschaftliche Position des Autors/Zeichners, Jahr der Erstellung)?
  Haben Randbemerkungen, Erklärungen... weiteren Informationswert?

3 Beurteilung

- *Ist das Modell vollständig?*
  Gibt es gravierende Auslassungen? Sind Zusammenhänge hinreichend differenziert oder zu pauschal dargestellt?
  Ist das Modell verständlich?
  Ist die Darstellung übersichtlich genug, um sie angemessen schnell erfassen und wiedergeben zu können?
  Sind die Begriffe hinreichend erklärt bzw. besitzen Erklärungswert?
- *Ist die Realität mit dem Modell hinreichend genau erfasst?*
  Ist es gelungen, einen Mittelweg zwischen Konkretion und Abstraktion zu finden?
  Ist die Darstellung zu allgemein oder zu kleinschrittig? Wird die Fachsprache richtig verwendet?
  Haben grafische Elemente echten Erklärungswert oder eher nur illustrierenden Charakter?
- *Welche Verbesserungen können am Strukturmodell vorgenommen werden?*

Autorentext

a) Sozialer Rechtsstaat nach dem Grundgesetz

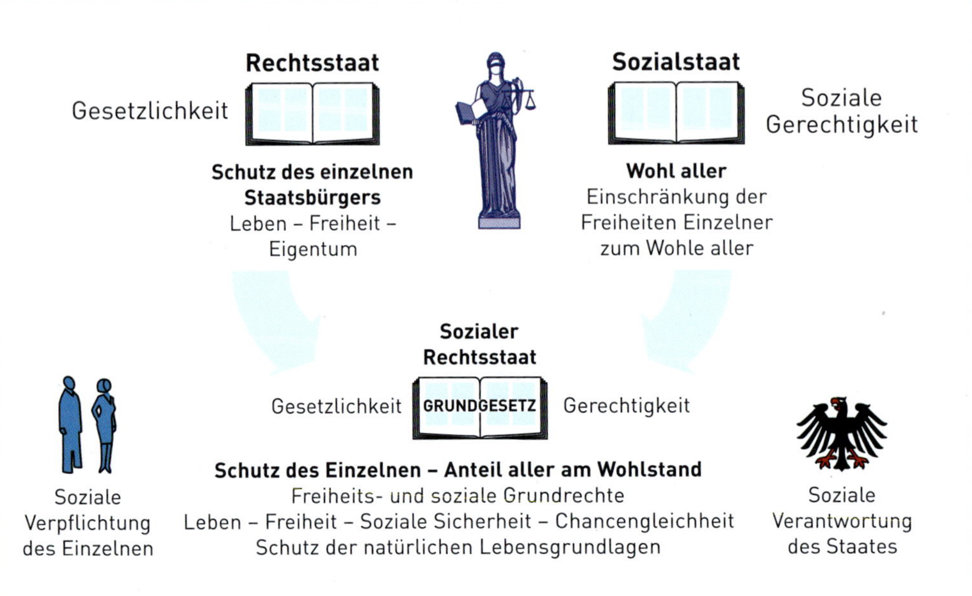

Bergmoser + Höller Verlag AG, Zahlenbilder 60050

b) Staatsorgane und deren Funktionen in der Bundesrepublik Deutschland

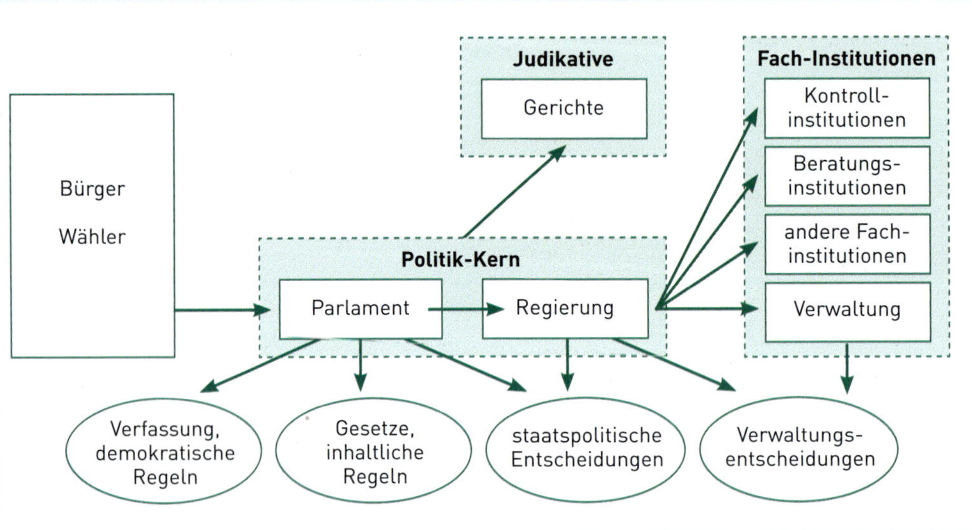

Jörn Kruse, Das Monopol für demokratische Legitimation und seine Überwindung, in: Stefan Bayer, Klaus W. Zimmermann (Hg.), Die Ordnung von Reformen und die Reform von Ordnungen, Marburg 2008, S. 221

Aufgaben

1. Beschreiben und analysieren Sie die beiden Strukturmodelle.
2. Überprüfen Sie die Eignung eines der beiden Strukturmodelle.
3. Gestalten Sie bei Bedarf das von Ihnen überprüfte Strukturmodell so um, dass dessen Aussagekraft erhöht/präzisiert wird.

2.2.3 Wer soll wo mitentscheiden? Chancen und Probleme des Föderalismus

M 10 ● Deutscher Bildungsföderalismus in der Karikatur

Thomas Plaßmann, Baaske Cartoons

M 11 ● Aufgabenverteilung zwischen Bund und Ländern – eine Auswahl

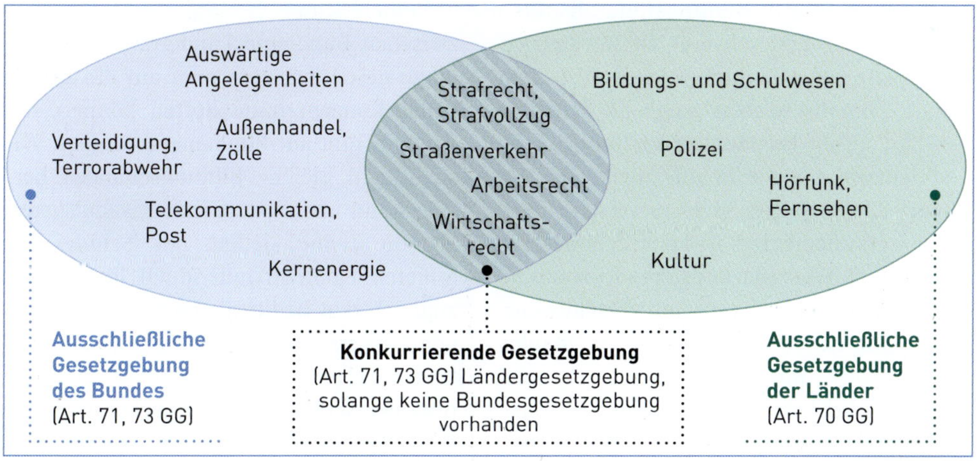

Autorengrafik

Info

Bundesstaatlichkeit (in Deutschland)

Ein **Bundesstaat** (oder auch föderaler Staat) setzt sich aus mehreren Teilstaaten zusammen. Anders als beim sog. **Einheitsstaat** hat die Bundesebene hier die ausschließliche Gesetzgebungskompetenz lediglich bei Aufgaben, die eine gesamtstaatliche Regelung zwingend erfordern. Alle anderen Gesetze werden auf der Ebene der Gliedstaaten beschlossen **(Subsidiarität)**. Dennoch ist der Bundesstaat ein viel engerer Zusammenhang als ein **Staatenbund**, bei dem sich die Mitglieder nur für einen oder wenige politische Regelungsbereich(e) zusammenschließen.

Referieren

Stellen Sie den Konflikt um den sogenannten „Länderfinanzausgleich" dar und nehmen Sie abschließend zu diesem Stellung.

Erklärfilm zum Länderfinanzausgleich (Mediencode 73001-01)

Info

Staatenbund (zwischenstaatliche Förderation)	**Bundesstaat** Wettbewerbs-föderalismus	kooperativer Föderalismus	**Einheitsstaat** dezentraler	zentralistischer
Ziel: Eigenständigkeit und Vielfalt	*z. B. Schweiz, USA*	*z. B. Deutschland*	*z. B. Frankreich, Niederlande, Dänemark*	*Ziel: Integration und Einheitlichkeit der Lebensverhältnisse*

Nach: Roland Sturm, Petra Zimmermann-Steinhart, Föderalismus. Eine Einführung, Baden-Baden 2005, S. 15

Um die politischen und Verwaltungsaufgaben erledigen zu können, benötigen die Gliedstaaten eines Bundesstaates ausreichende Finanzmittel. In Deutschland erhalten Länder und Kommunen die Einnahmen aus bestimmten Steuern in Gänze und bekommen überdies Bundesmittel nach einem festgelegten Schlüssel. Zudem werden über den sogenannten **Länderfinanzausgleich** Gelder von einnahmestärkeren zu -schwächeren Bundesländern transferiert, um die im Grundgesetz geforderte **„Gleichwertigkeit der Lebensverhältnisse"** (Art. 72, 106 GG) zu ermöglichen. Wegen dieser vergleichsweise engen Verzahnung der Bundesländer lässt sich die Bundesrepublik insgesamt dem kooperativen Föderalismus-Typ zuordnen.

Autorentext

M 12 ● Kontrovers diskutiert

Heribert Prantl (*1953) ist ein deutscher Jurist, Journalist und Autor. Er leitet seit 1995 das Ressort für Innenpolitik bei der Süddeutschen Zeitung.

a) Heribert Prantl: Bildungsföderalismus macht keinen Sinn

Der deutsche Föderalismus ist so, dass er sogar die alten Spruchweisheiten Lügen straft: „Variatio delectat" sagen die Lateiner. Vielfalt macht Freude. Die Vielfalt gibt es in Deutschland, die Freude nicht: Die 16 Bundesländer leisten sich 16 verschiedene Bildungssysteme. Das ist keine schöne Abwechslung. Wem macht es Freude, wenn in Deutschland einige tausend verschiedene Lehrpläne gelten? Wem macht es Freude, wenn jedes Bundesland seine eigenen Hochschulen betreibt? Wenn hier Studiengebühren erhoben werden und dort nicht? [...] Die Anforderungen im Gymnasium weichen so stark voneinander ab, dass Jugendliche besser in Köln bleiben, wenn Väter oder Mütter eine neue Arbeitsstelle in München antreten. Ist das die Bürgernähe, von der Landespolitiker reden, wenn sie den Föderalismus verteidigen? Dieser Bildungsföderalismus ist praktizierte Bürgerferne [...].

Die Föderalismusreform der Jahre 2005/06 hat nichts besser gemacht, im Gegenteil. Die „Bildung" war der größte Zankapfel zwischen Bund und Ländern. Man hat so lange gestritten, dass man auf ein großes neues Konzept hätte hoffen können, das Antwort gibt auf Fundamentalfragen: Wie stellt man gleiche Bildungschancen her? Wie kann man ein Ganztagsschulsystem auf die Beine stellen, das Schüler aus ärmeren Familien individuell fördert und zugleich den Bedürfnissen von berufstätigen Müttern und Vätern entgegenkommt? Und wie erreicht man eine bessere Ausstattung der Schulen und Hochschulen? Keine dieser Fragen ist beantwortet worden. [...] Was spricht für einen Bildungsföderalismus? Der Gedanke, ein Wettstreit der Länder um die besten Schulformen könnte das System voranbringen, ist nur abstrakt sehr verlockend. Die Wirklichkeit sieht anders aus. Die Koordination der Abschlüsse klappt in [...] der Kultusministerkonferenz nur auf dem kleinsten gemeinsamen Nenner. [...]

Heribert Prantl, Ein deutscher Sadismus, in: Süddeutsche Zeitung, 22. 10. 2008

b) Roman Herzog: Für einen Wettbewerbsföderalismus

Die Frage, warum denn die Bayern (o.a. Bundesländer) nicht können sollen, was der Bund und/oder andere Länder nicht tun, wird zu selten gestellt. Natürlich kommt es entscheidend auf die Materie an, für die eine zentrale oder dezentrale Entscheidung zur Debatte steht, und natürlich kommt in sehr vielen Fällen nur die zentrale, bundeseinheitliche Regelung in Frage [...]. Was mich [aber] stört, ist [...] entweder die unbefragte Annahme, Einheitlichkeit sei ein Wert an sich, oder die ebenso unkritische Unterstellung, der höheren Entscheidungsebene stehe automatisch auch die höhere Weisheit bei ihren Entscheidungen zu Gebote. [...]

Einheitlichkeit ist manchmal nötig, um uns das Leben durch Verlässlichkeiten zu erleichtern (auf welcher Straßenseite rollt der Verkehr?). Aber produktiv ist sie nicht. Das produktive Prinzip heißt Vielfalt. Das Prinzip Vielfalt ist das Leitprinzip eines jeden recht verstandenen Föderalismus. Es geht darum, vorgefundener Vielfalt gerecht zu werden: Die Verhältnisse im Saarland sind anders als in Mecklenburg-Vorpommern. Darum werden ihnen Entscheidungen, die in Saarbrücken bzw. in Schwerin getroffen werden, eher gerecht als Entscheidungen, die in Berlin für die ganze Bundesrepublik getroffen werden. Es geht um das vielbeschworene (aber wenig praktizierte) Prinzip der Subsidiarität. [...]

Ist Vielfalt damit zum einen Ausdruck und Bedingung von Freiheit, so beruht zum anderen ihre produktive Kraft auf dem Wettbewerb, den sie ja erzeugt, sobald man sie als „Vielfalt der Lösungsansätze" versteht. Geht man davon aus, dass es dem Erkenntnisvermögen nur ausnahmsweise gelingt, auf Anhieb die richtige Lösung eines Problems zu finden, so wird klar: Dass sich unter 16 Lösungsansätzen der richtige findet, ist 16-mal wahrscheinlicher, als dass ein einziger flächendeckender Ansatz die Lösung bringt. Und umgekehrt: Bei einer Vielfalt von Lösungsansätzen ist der Schaden, der durch falsche Antworten in einigen Bundesländern angerichtet wird, wesentlich geringer als bei einer flächendeckend falschen Einheitslösung für die ganze Republik.

Freilich: All das gilt nur, wenn Wettbewerb unter den Bundesländern tatsächlich zugelassen ist. Und das ist leider keineswegs selbstverständlich. Schon der Ausdruck „Wettbewerbsföderalismus" erzeugt reflexartige Abwehrreaktionen.

Roman Herzog, Kooperation und Wettbewerb – Essay, in: Aus Politik und Zeitgeschichte 50/2006, S. 5-7

Roman Herzog (CDU) war Präsident des Bundesverfassungsgerichts und von 1994-1999 Deutscher Bundespräsident.

Animierte Grafik zum Föderalismus (Mediencode 73001-02)

Aufgaben

1. Analysieren Sie die Karikatur (M 10). Welches Bild des deutschen Föderalismus wird gezeichnet?
2. Erklären Sie, warum der Bund für die Landesverteidigung und die Terrorabwehr zuständig ist und die Länder für die Polizei verantwortlich sind (M 11).
3. Stellen Sie Heribert Prantls Kritik an der Länderzuständigkeit für das Bildungs- und Schulwesen dar und beziehen Sie sie auf die Karikatur (M 10, M 12).
4. Stellen Sie Roman Herzogs Forderung nach einem „kooperativen Wettbewerbsföderalismus" Heribert Prantls Föderalismuskritik gegenüber (M 12, Info).
5. Beurteilen Sie die derzeitige Verteilung der Zuständigkeiten zwischen Bund und Ländern.

F Charakterisieren Sie die föderale Struktur der Bundesrepublik Deutschland unter dem Aspekt der Gewaltenteilung.

ORIENTIERUNGSWISSEN

Demokratieprinzip, Gewaltenteilung
M 2, M 3

Als Republik herrscht in Deutschland das Prinzip der **Volkssouveränität** (Art. 20 Abs. 2 GG). Denkbar ist die Ausübung der Souveränität direkt (durch Abstimmungen) und indirekt (durch Repräsentanten). Die Repräsentation stellt die dominante Umsetzung der Volkssouveränität dar. Um Machtkonzentration auf einem Staatsorgan zu verhindern, werden die Prinzipien der (funktionalen) Gewalten(ver)teilung und -verschränkung angewendet. Institutionell wird die **legislative Gewalt** vornehmlich von Bundestag und -rat (bzw. den Länderparlamenten) ausgeübt; Regierung und Verwaltung bilden gemeinsam die ausführende Gewalt (**Exekutive**); die Rechtsprechung (**Judikative**) liegt davon getrennt in den Händen der Gerichte der Länder und des Bundes (insb. Bundesverfassungsgericht). Vor allem zwischen Organen der Exekutive und Legislative kommt es aber zu Gewaltverschränkungen, um die gegenseitige Machtkontrolle *(checks and balances)* auszubauen (z. B. Legislativrecht der Bundesregierung → Gesetzesinitiative; Wahl von Verfassungsrichtern durch Ausschuss von Bundestags- und -ratsmitgliedern).

Rechtsstaatlichkeit
M 7

Im Gegensatz zu Willkürregimen herrscht in der Bundesrepublik die **Rechtsbindung staatlicher Gewalt** (Art. 20 Abs. 3 GG); die Bürger haben also gleiche Abwehrrechte gegen staatliche Zugriffe (**Rechtsgleichheit**). Ganz wesentlich ist dabei die **Rechtswegegarantie**: Jedem Bürger muss gewährleistet sein, bei seiner Meinung nach illegalen oder sogar verfassungswidrigen Zugriffen staatlicher Stellen die zuständigen **unabhängigen Gerichte** anzurufen.

Sozialstaatlichkeit
M 8

Während durch rechtsstaatliche Garantien vor allem die Eigentums- und formalen Freiheitsrechte der Bürger/innen gesichert werden, wird durch sozialstaatliche Rechte ein Mindestmaß **materialer Freiheit** angestrebt (z. B. Geldtransfers zur Existenzsicherung, Bildungssystem). Staatliche Achtung und staatlicher Schutz der unantastbaren Menschenwürde (Art. 1 Abs. 1 GG) wird also in einer umfassenden Weise verstanden (Art. 20 Abs. 1 und Art. 28 Abs. 1 GG).

Bundesstaatlichkeit/ Föderalismus
M 12

Die Bundesrepublik ist als föderalistischer Bundesstaat konzipiert. Im Sinne der **Gewaltenteilung** wurden auch wesentliche Exekutiveinrichtungen zwischen Bund und Ländern aufgeteilt (z. B. die waffentragenden Organisationen Bundeswehr und Länderpolizei). Auch können die Länder bei zustimmungspflichtigen Gesetzen über den Bundesrat Einfluss auf die Bundesgesetzgebung ausüben.
Eine Begründung für einen föderalen Staatsaufbau in mehreren Ebenen liegt im Gedanken des **Wettbewerbs**: Die 16 Bundesländer würden nicht nur ihre politischen und Verwaltungsentscheidungen an die lokalen Gegebenheiten anpassen, sondern auch unterschiedliche Gestaltungskonzepte entwickeln, von denen dann die erfolgreichsten anderswo übernommen werden könnten. In letzter Zeit wird die Effektivität des Föderalismus – insbesondere im Bildungsbereich – allerdings stark angezweifelt.

Soziale Rechtsstaatlichkeit in der Praxis – ein Urteil des Bundesverfassungsgerichts

[In Deutschland] erhalten erwerbsfähige Hilfebedürftige Arbeitslosengeld II und die mit ihnen in einer Bedarfsgemeinschaft lebenden, nicht erwerbsfähigen Angehörigen, insbesondere Kinder vor Vollendung des 15. Lebensjahres, Sozialgeld. [...]

Der Erste Senat des Bundesverfassungsgerichts hat entschieden, dass die Vorschriften [...], die die Regelleistung für [...] Kinder betreffen, nicht den verfassungsrechtlichen Anspruch auf Gewährleistung eines menschenwürdigen Existenzminimums aus Art. 1 Abs. 1 GG in Verbindung mit Art. 20 Abs. 1 GG erfüllen. [...]

Das Grundrecht auf Gewährleistung eines menschenwürdigen Existenzminimums aus Art. 1 Abs. 1 GG in Verbindung mit dem Sozialstaatsprinzip des Art. 20 Abs. 1 GG sichert jedem Hilfebedürftigen diejenigen materiellen Voraussetzungen zu, die für seine physische Existenz und für ein Mindestmaß an Teilhabe am gesellschaftlichen, kulturellen und politischen Leben unerlässlich sind. [...]

Das Sozialgeld für Kinder bis zur Vollendung des 14. Lebensjahres von 207 Euro genügt nicht den verfassungsrechtlichen Vorgaben, weil [...] die Festlegung auf keiner vertretbaren Methode zur Bestimmung des Existenzminimums eines Kindes im Alter bis zur Vollendung des 14. Lebensjahres [beruht]. Der Gesetzgeber hat jegliche Ermittlungen zum spezifischen Bedarf eines Kindes, der sich im Unterschied zum Bedarf eines Erwachsenen an kindlichen Entwicklungsphasen und einer kindgerechten Persönlichkeitsentfaltung auszurichten hat, unterlassen. Sein vorgenommener Abschlag von 40 % gegenüber der Regelleistung für einen Alleinstehenden [von damals 345 Euro] beruht auf einer freihändigen Setzung ohne empirische und methodische Fundierung. Insbesondere blieben die notwendigen Aufwendungen für Schulbücher, Schulhefte, Taschenrechner etc. unberücksichtigt, die zum existentiellen Bedarf eines Kindes gehören. Denn ohne Deckung dieser Kosten droht hilfebedürftigen Kindern der Ausschluss von Lebenschancen. Auch fehlt eine differenzierte Untersuchung des Bedarfs von kleineren und größeren Kindern.

Bundesverfassungsgericht – Pressestelle, Pressemitteilung Nr. 5/2010, 9.2.2010

Aufgaben

1. Fassen Sie das Urteil und dessen Begründungen des Bundesverfassungsgerichts zum Sozialgeld für Kinder und Jugendliche zusammen.
2. Erklären Sie an diesem Beispiel Funktionsprinzipien der Bundesrepublik Deutschland als sozialem Rechtsstaat.
3. Entwickeln Sie Grundlagen der Sozialgeldbemessung für Kinder und Jugendliche, die dem Verfassungsgrundsatz sozialer Rechtsstaatlichkeit genügen.

„Jeder Mensch hat das Recht auf freie Meinungsäußerung;
dieses Recht umfasst die Freiheit, Meinungen unangefochten zu vertreten
sowie Informationen und Ideen mit allen Kommunikationsmitteln
ohne Rücksicht auf Grenzen zu suchen, zu empfangen und zu verbreiten."

Artikel 19 der Allgemeinen Erklärung der Menschenrechte der Vereinten Nationen (Dezember 1948)

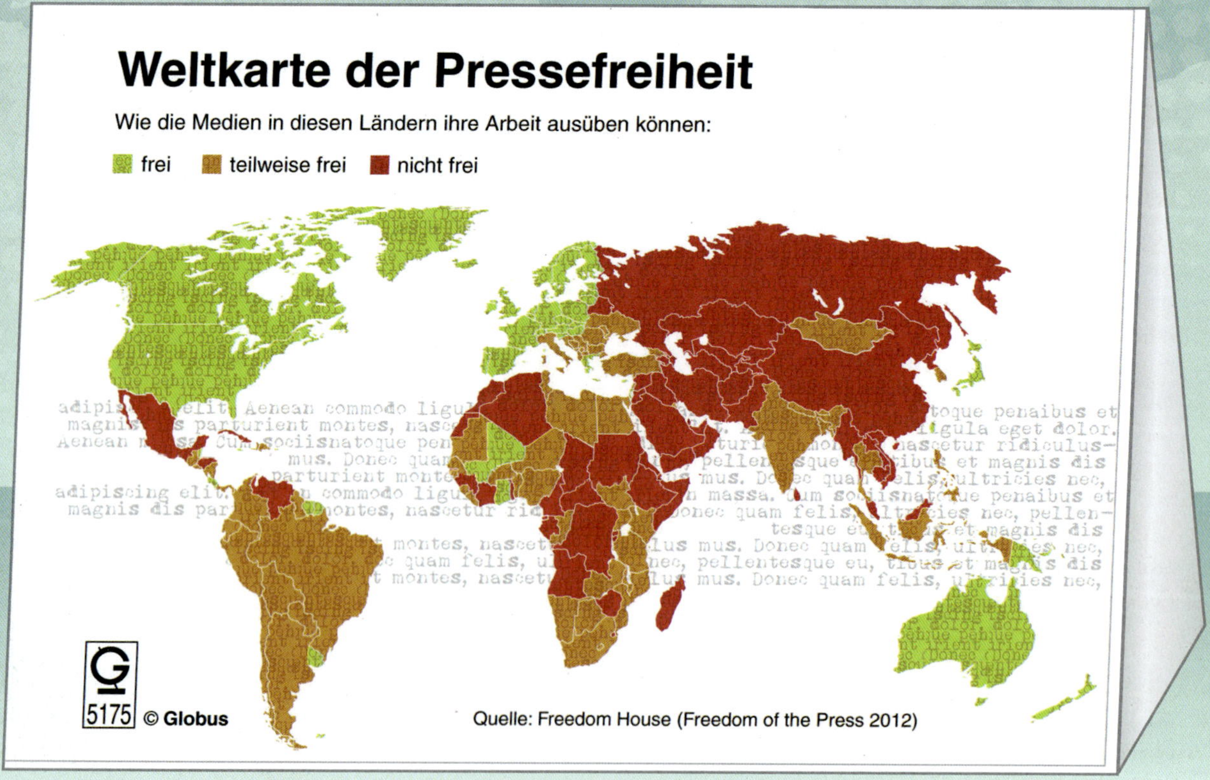

Medien – Mittler oder Macher?

3

Welche Rolle spielen die Medien in der Demokratie? Mit dieser Fragestellung steigen Sie in das Kapitel ein und arbeiten die Bedeutung von Medien und Pressefreiheit für die Demokratie heraus. In Kapitel 3.2 wird ein besonderer Fokus auf das Medium Internet im Zusammenhang mit Politik gelegt: Was leistet das Internet für die Politik (3.2.1) und kann es die Demokratie beleben (3.2.2)?
Was bedeutet es schließlich für die politische Meinungsbildung der Bürgerinnen und Bürger, dass Presse, Funk und Fernsehen oder die Anbieter von Informationsseiten im Internet auch als Wirtschaftsunternehmen agieren und somit den Gesetzen der Marktwirtschaft unterliegen? Denn Medienunternehmen werden nicht vorrangig gegründet, um politische Interessen zu vertreten, sondern vor allem um wirtschaftlichen Gewinn zu erzielen. Sie agieren in einem besonderen Spannungsfeld ökonomischer und publizistischer Interessenlagen, welches in Kapitel 3.3 in den Blick genommen wird.

KOMPETENZEN

Am Ende dieses Kapitels sollten Sie Folgendes wissen und können:

... die Aufgaben der Medien und die Bedeutung der Pressefreiheit für das Funktionieren einer Demokratie erläutern und beurteilen.

... die Herausforderungen für politisches Handeln in der Mediengesellschaft erläutern.

... die zunehmende Bedeutung des Internets für den politischen Prozess darstellen.

... die Rolle der Medien zwischen Markt und Politik beurteilen.

Aufgaben

1. Beschreiben Sie mit Hilfe der Karte die unterschiedliche Ausbreitung und regionale Verteilung der Pressefreiheit in der Welt.
2. Zeigen Sie auf, wo und wie die Pressefreiheit in der Bundesrepublik Deutschland gewährleistet wird.
3. Erklären Sie, weshalb die Pressefreiheit auch als Seismograf für das Funktionieren einer Demokratie bezeichnet wird.

3.1 Die Bedeutung der Medien für die Demokratie

3.1.1 Welche Aufgaben haben die Medien in der Demokratie?

Politische Ereignisse

Schlagzeilen des Handelsblattes

Dezember 2010

06.12.2010
Wenige Monate vor der Landtagswahl kauft das Land Baden-Württemberg überraschend die EnBW-Aktien von der EdF. Der Kaufpreis für einen 45-Prozent-Anteil: 4,67 Milliarden Euro. Finanzminister Willi Stächele (CDU) wendet das Notbewilligungsrecht an; so müsse der Landtag vorab nicht zustimmen.

07.12.2010
EnBW wird wieder Staatskonzern
Baden-Württembergs Ministerpräsident Stefan Mappus teilverstaatlicht den Energieversorger, um ihn später an die Börse zu bringen.

08.12.2010
Alte Probleme mit neuem Eigentümer
Die EnBW geht in eine ungewisse Zukunft: Die Geschäfte laufen nicht gut und das Land muss eine dauerhafte Eigentümerstruktur organisieren.

10.12.2010
Zwei Freunde, ein Geschäft
Baden-Württembergs Regierungschef ließ den Kauf des Stromriesen EnBW vom CDU-Vorstandskollegen und Morgan-Stanley-Chef Dirk Notheis organisieren. Dessen Investmentbank verdiente Millionen. Eine Ausschreibung gab es nicht.

12.12.2010
Zweifel am Milliardendeal
Der spektakuläre Einstieg des Landes Baden-Württemberg beim Energieversorger EnBW wird zum politischen Streitfall. Die Opposition kritisiert die Modalitäten des Kaufs - vor allem die Tatsache, dass Ministerpräsident Stefan Mappus das Geschäft von seinem Freund Dirk Notheis, dem Deutschlandchef von Morgan Stanley, abwickeln ließ. In der Tat sind viele Umstände fragwürdig.

14.12.2010
Mappus hat den Landtag übergangen
Der Ministerpräsident besiegelte den milliardenschweren Kauf der EnBW-Anteile ohne Parlamentsvorbehalt.

15.12.2010
Der Landtag stimmt mit der CDU/FDP-Mehrheit dem Aktienkauf zu, um die Regierungsarbeit nicht zu gefährden. SPD und Grüne verlassen bei der Abstimmung den Saal.

15.12.2010
Mappus in der Defensive
Die Opposition in Baden-Württemberg wirft Ministerpräsident Stefan Mappus wegen der handstreichartigen EnBW-Übernahme jetzt Verfassungsbruch vor.

März 2011

23.03.2011
Bei der Landtagswahl wird die schwarz-gelbe Landesregierung durch eine grün-rote Koalition abgelöst. Der EnBW-Deal hat den Wahlkampf stark bestimmt, ebenso der umstrittene Bahnhofsbau Stuttgart 21 und die Atomkatastrophe von Fukushima.

Oktober 2011

M 1 ● „Aktion Größenwahn" – ein Ministerpräsident und ein Aktiendeal

Als Ministerpräsident des Landes Baden-Württemberg hatte Stefan Mappus (CDU) im Jahr 2010 maßgeblich dazu beigetragen, dass das Land 45 Prozent der Aktien der EnBW (Energie Baden-Württemberg AG) vom französischen Konzern EdF (Électricité de France) kaufte. Den Landtag und weite Teile des Kabinetts hatte Mappus vorab nicht informiert. Es stellte sich bald heraus, dass der Preis jedoch viel zu hoch war. Das Aktiengeschäft wurde über die Bank Stanley Morgan abgewickelt, deren Deutschland-Chef Dirk Notheis ein enger Vertrauter und Freund des Ministerpräsidenten war.

Autorentext

Dezember 2011 | April 2012 | Juli 2012 | August 2012 | Oktober 2012 | Februar 2013

06.10.2011

Der Staatsgerichtshof entscheidet, dass die Landesregierung, konkret der Finanzminister den Aktien-Deal nicht am Landtag vorbei hätte abwickeln dürfen und daher gegen die Verfassung verstoßen hat.

07.10.2011

Strafe für den Mitläufer

Ex-Ministerpräsident Stefan Mappus und Banker Dirk Notheis wollten mit der Verstaatlichung von EnBW den Deal ihres Lebens machen. Sie scheiterten. Ausbaden muss das jetzt der Ex-Finanzminister Willi Stächele.

12.10.2011

Der Landtagspräsident und frühere Finanzminister Stächele tritt nach der Entscheidung des Staatsgerichtshofs zurück.

20.10.2011

Aktion Größenwahn

Mit dem EnBW-Deal wollte Regierungschef Mappus die Wähler beeindrucken: Das Geschäft erwies sich als Milliardengrab. Aussagen, mit denen Geheimhaltung und Eilbedürftigkeit begründet wurden, waren falsch. Nun distanziert sich der Verkäufer, die Électricité de France.

21.12.2011

Der parlamentarische Untersuchungsausschuss zur Untersuchung des Falls nimmt seine Arbeit auf.

02.04.2012

Die Aufklärung einer Affäre

Der ehemalige Ministerpräsident Stefan Mappus und der Investmentbanker Dirk Notheis weisen jede Schuld an der Affäre zurück - und deuten auf ihre ehemaligen juristischen Berater.

11.07.2012

Die Staatsanwaltschaft Stuttgart nimmt gegen Mappus Ermittlungen wegen Verdachts der Untreue auf und durchsucht Wohnungen und Büros. Gegen Notheis wird wegen Beihilfe ermittelt. Die Ermittler stützen sich auf den Bericht des Rechnungshofs.

11.07.2012

„Ausschließlich im Interesse des Landes gehandelt"

Stefan Mappus hält den Milliarden-Deal zum Rückkauf der EnBW-Anteile weiter für ein gutes Geschäft. Damit steht der Ex-Ministerpräsident ziemlich alleine da. Es wird wegen Untreue ermittelt, die Union ist entsetzt.

23.08.2012

Es wird bekannt, dass sämtliche Daten aus dem Dienstcomputer des ehemaligen Ministerpräsidenten gelöscht wurden.

Okt. 2012

Mappus will die Weitergabe der bei der Durchsuchung sichergestellten elektronischen Unterlagen, darunter eine Kopie der im Staatsministerium nach seinem Amtsende zerstörten Festplatte, durch die Staatsanwaltschaft Stuttgart an den parlamentarischen Untersuchungsausschuss zur EnBW durch das Oberlandesgericht Stuttgart verbieten lassen.

12.02.2013

Mappus-Akten dürfen verwendet werden

Baden-Württembergs Ex-Ministerpräsident Stefan Mappus hat eine weitere Niederlage vor Gericht erlitten. Die Staatsanwaltschaft darf die entwendeten Akten verwenden, eine Beschwerde des Politikers wurde abgewiesen.

Handelsblatt, zitiert auf: www. anstageslicht.de (ergänzt); Chronologie nach Spiegel online, 17. 7. 2012

M 2 „Wächterpreis“ für die Aufdeckung des EnBW-Aktiendeals

Drei Journalisten des „Handelsblatts” erhalten für ihre Berichterstattung über den umstrittenen EnBW-Aktiendeal der baden-württembergischen Landesregierung den renommierten „Wächterpreis der Tagespresse“. Martin Buchenau, Jürgen Flauger und Sönke Iwersen hätten in facettenreichen Berichten „sauber, stringent und nachvollziehbar” die Umstände des Aktienankaufs unter dem damaligen Ministerpräsidenten Stefan Mappus (CDU) dargelegt und analysiert, begründete dies die Stiftung Freiheit der Presse.

www.tagesschau.de, 28.3.2012

M 3 Die öffentliche Aufgabe der Medien

Programmauftrag

Programme des öffentlich-rechtlichen Rundfunks müssen in gleicher Weise der Information, der Bildung und der Unterhaltung der Bevölkerung dienen. Der öffentlich-rechtliche Rundfunk arbeitet nicht gewinnorientiert, sondern wird dafür durch Gebühren und staatliche Gelder finanziert.

Der Blick auf die Medienlandschaft zeigt ein buntes Bild. [...] Den Inhalt der Medien bestimmt nicht der Staat, sondern letztlich das Publikum, denn produziert wird auf Dauer nur, was auch Absatz findet. Jeder kann selbst entscheiden, was er liest, hört oder sieht. Er kann sich über das Zeitgeschehen informieren, muss es aber nicht. Er kann sich stattdessen auch Unterhaltungssendungen ansehen oder auf Musik-Videos ausweichen.

Dieser Zustand ist durch das Grundrecht der Presse- und Rundfunkfreiheit geschützt, das sich in Artikel 5 des Grundgesetzes findet. Es schützt die Herstellung und Verbreitung der Medien generell gegen staatliche Eingriffe und vor allem gegen solche, die sie an der Wahrnehmung ihrer „öffentlichen Aufgabe” hindern würden.

Ihre „öffentliche Aufgabe” erfüllen die Medien dadurch, dass sie an der freien, individuellen und öffentlichen Meinungsbildung mitwirken, indem sie zu Angelegenheiten von allgemeiner Bedeutung Nachrichten sowie Informationen beschaffen und verbreiten, die jeder Einzelne benötigt, um sich in der Gesellschaft zurechtzufinden. Besonders umfassend ist der „Programmauftrag” für die öffentlich-rechtlichen Rundfunkanstalten.

Udo Branahl, Wozu benötigen wir Medien?, in: Informationen zur politischen Bildung Nr. 309, Massenmedien, Bonn 2010, S. 6

M 4 Welche Funktion haben die Medien in der Demokratie?

In der Demokratie werden den Massenmedien Presse, Hörfunk und Fernsehen drei sich einander zum Teil stark überschneidende Funktionen zugeordnet:

- Information,
- Mitwirkung an der Meinungsbildung,
- Kontrolle und Kritik.

Zu den weiteren Aufgaben zählen aber auch Unterhaltung und Bildung.

Informationsfunktion

Die Massenmedien sollen so vollständig, sachlich und verständlich wie möglich informieren, damit ihre Nutzerinnen und Nutzer in der Lage sind, das öffentliche Geschehen zu verfolgen. Mit ihren Informationen sollen sie dafür sorgen, dass die einzelnen Bürgerinnen und Bürger die wirtschaftlichen, sozialen und politischen Zusammenhänge begreifen, die demokratische Verfassungsordnung verstehen, ihre Interessenlage erkennen und über die Absichten und Handlungen aller am politischen Prozess Beteiligten so unterrichtet sind, dass sie selbst aktiv daran teilnehmen können – als Wählende, als Mitglieder einer Partei oder auch einer Bürgerinitiative. Da unsere Gesellschaft viel zu großräumig geworden ist, kommen wir mit dem direkten Gespräch, der unmittelbaren

Kommunikation, nicht mehr aus. Wir als einzelne und die vielfältigen Gruppen, die in dieser Gesellschaft bestehen, sind darauf angewiesen, miteinander ins Gespräch gebracht zu werden – dafür sollen die Massenmedien sorgen. Dabei müssen wir uns der Tatsache bewusst sein, dass wir die Welt zum großen Teil nicht mehr unmittelbar erfahren; es handelt sich überwiegend um eine durch Medien vermittelte Welt.

Meinungsbildungsfunktion

Bei der Meinungsbildung fällt den Massenmedien ebenfalls eine bedeutsame Rolle zu. Dies ergibt sich aus der Überzeugung, in der Demokratie sei allen am meisten damit gedient, wenn Fragen von öffentlichem Interesse in freier und offener Diskussion erörtert werden. Es besteht dann die Hoffnung, dass im Kampf der Meinungen das Vernünftige die Chance hat, sich durchzusetzen. [...]

Da in einer modernen, differenziert strukturierten Gesellschaft eine Vielzahl von mehr oder weniger großen, zum Teil in Konkurrenz zueinander stehenden Interessengruppen existiert, gehört es auch zu den Aufgaben der Massenmedien, diesen Meinungspluralismus in einem angemessenen Verhältnis widerzuspiegeln. [...]

Kritik- und Kontrollfunktion

Im parlamentarischen Regierungssystem obliegt in erster Linie der Opposition die Aufgabe der Kritik und Kontrolle. Diese wird unterstützt und ergänzt durch die Kritik- und Kontrollfunktion der Medien. Ohne Presse, Hörfunk und Fernsehen, die Missstände aufspüren und durch ihre Berichte unter anderem parlamentarische Anfragen und Untersuchungsausschüsse anregen, liefe die Demokratie Gefahr, der Korruption oder der bürokratischen Willkür zu erliegen. Gegen den Einwand, Kritik könne dem Ansehen des Gemeinwesens schaden, wird eingewandt: Nicht jene, die Mängel aufdecken, schaden dem Staat, sondern all diejenigen, die für solche Missstände verantwortlich sind. Andererseits wird argumentiert, die Kontrolle der Medien dürfe sich nicht auf den Staat beschränken, sondern müsse sich auf die gesamte Gesellschaft erstrecken. Den Medien als Teil dieser Gesellschaft könne dabei nicht zugestanden werden, eine Art eigenständige vierte Gewalt neben den Institutionen des demokratischen Staates zu sein.

Wie die Wirkungsforschung hervorhebt, haben viele Medien über die erwähnten Funktionen hinaus weitere übernommen, zum Beispiel die Thematisierungsfunktion. Diese „agenda setting function", wie sie in den USA heißt, bedeutet, dass diejenigen, die die unterschiedlichen Medien lesen, hören und sehen, genau die Themen für wichtig halten, die darin behandelt werden. Die Medien sind jedoch nicht nur entscheidend dafür verantwortlich, welche Themen auf der Tagesordnung stehen, sondern sie legen auch fest, in welcher Rangfolge der Dringlichkeit diese Themen behandelt werden.

Herrmann Meyn, in: Informationen zur politischen Bildung Nr. 260, Massenmedien, Bonn 3/1998, S. 3 ff.

Aufgaben

1. Beschreiben Sie den Verlauf der sogenannten „EnBW-Affäre" und recherchieren Sie den aktuellen Stand im „Fall Mappus" (M 1).
2. Erläutern Sie am Beispiel „EnBW-Affäre" die einzelnen Funktionen, die die Medien in der Demokratie einnehmen (M 1-M 4).
3. Die Medien werden häufig auch als „vierte Gewalt" im Staat bezeichnet. Erklären Sie diese Bezeichnung (M 1-M 4).

H zu Aufgabe 2
Ordnen Sie den Phasen des Falls die einzelnen Funktionen zu.

3.1.2 Ist die Pressefreiheit eine notwendige Voraussetzung für die Demokratie?

Artikel 5 GG

(1) Jeder hat das Recht, seine Meinung in Wort, Schrift und Bild frei zu äußern und zu verbreiten und sich aus allgemein zugänglichen Quellen ungehindert zu unterrichten. Die Pressefreiheit und die Freiheit der Berichterstattung durch Rundfunk und Film werden gewährleistet. Eine Zensur findet nicht statt.

(2) Diese Rechte finden ihre Schranken in den Vorschriften der allgemeinen Gesetze, den gesetzlichen Bestimmungen zum Schutze der Jugend und in dem Recht der persönlichen Ehre.

M 5 ● Das könnte unsere Zeitung sein

Titelblatt der Tageszeitung „Die Welt" am 3. Mai 2010, dem internationalen Tag der Pressefreiheit. Einziger Satz: „So sieht Ihre Zeitung ohne Pressefreiheit aus."

M 6 ● Das könnte unsere Zeitung sein

Gewalt, Gefängnis und hohe Geldstrafen bedrohen die Arbeit vieler Journalisten. Zum Tag der Pressefreiheit (2013) hat die Deutsche Welle mit Reportern über ihren Arbeitsalltag gesprochen.

Gibt es in Burundi Gesetze, die die Recherche über bestimmte Themen oder deren Veröffentlichung verbieten?

Domitille Kiramvu aus Burundi

In Artikel 19 des neuen Pressegesetzes heißt es: 'Der Journalist ist dazu angehalten, von der Veröffentlichung von Informationen abzusehen, die folgende Themen betreffen: Die Einheit des Landes, öffentliche Ordnung und Sicherheit, die Sittlichkeit und Anstand und die menschliche Würde.' Und Artikel 20 nennt 14 Bereiche, über die nicht berichtet werden darf. Das reicht von Verteidigung und Währungsstabilität über die Beleidigung des Staatsoberhauptes bis hin zur Berichterstattung über die Tätigkeit staatlicher Ausschüsse. Betroffen sind außerdem laufende Ermittlungen der Justiz oder 'Propaganda für Feinde der burundischen Nation in Friedens- wie in Kriegszeiten'. Jedes Medium oder Presseorgan, das Berichte zu diesen Themen veröffentlicht, muss mindestens mit einer Geldstrafe rechnen. Der vorgesehene Strafrahmen reicht von 450 bis 900 Euro; bei Wiederholung von 2.000 bis 4.600 Euro.

Mustafa Nayyem aus der Ukraine

Wie beschreiben Sie die gegenwärtigen Arbeitsbedingungen für Journalisten in der Ukraine?

In der Ukraine gibt es zwei Realitäten: In der einen Realität nutzen die Journalisten ihr Recht, auch über kritische Themen zu schreiben und zu sprechen. Das ist die Realität des Internets. Dort kann man offen schreiben und sprechen. Aber leider schenken dem nur wenige Menschen Beachtung. Viele Menschen, darunter gerade ältere Leute, die bei Wahlen eine entscheidende Rolle spielen, nutzen das Internet nicht als Informationsquelle. Für sie gibt es eine andere Realität: das Fernsehen und die großen Medien. Dort haben die Journalisten nicht die Möglichkeit, alle Themen zu beleuchten. Dort haben sie nicht die Freiheit, die sie gerne hätten. Das nutzt die Staatsmacht aus. Die TV-Medien, die großen Einfluss auf die Menschen haben, werden von Personen gesteuert, die loyal zur Staatsmacht sind oder ihr angehören.

Alexander Drechsel, Die Medien – eine schwache vierte Gewalt?, www.dw.de, 3.5.2013

M 7 ● Eingeschränkte Pressefreiheit – auch in Deutschland

Die Organisation Reporter ohne Grenzen hat ihre jährliche Rangliste der Pressefreiheit veröffentlicht: Im aktuellen Ranking (2013) landet Deutschland auf Platz 17 und rangiert damit u. a. hinter Tschechien, Irland, der Schweiz, Jamaika und Österreich. „Problematisch ist hier vor allem die abnehmende Vielfalt der Presse", teilte die Organisation mit. Aus Geldmangel arbeiteten immer weniger Zeitungen mit eigener Vollredaktion, mehrere Redaktionen seien 2012 komplett geschlossen worden.
Die Organisation berichtet auch, dass Unternehmen und PR-Agenturen stärker versuchten, auf die Berichterstattung Einfluss zu nehmen. Sie würden steigende Summen dafür ausgeben, um ihre Inhalte in den Medien unterzubringen.

dpa, nf, www.zeit.de, 30.1.2013

Rangliste der Pressefreiheit (2013)

1	Finnland
2	Niederlande
3	Norwegen
4	Luxemburg
5	Andorra
…	…
11	Estland
12	Österreich
13	Jamaika
…	…
17	Deutschland
18	Costa Rica
19	Namibia
20	Kanada
…	…
29	Großbritannien
30	Ghana
31	Surinam
32	USA
…	…
126	Ukraine
…	…
132	Burundi

www.reporter-ohne-grenzen.de

Aufgaben

1. a) Arbeiten Sie die Einschränkungen der Presse in Burundi und der Ukraine heraus (M 6).
   b) Recherchieren Sie die aktuelle politische Situation und die Lage der Menschen- und Bürgerrechte in Burundi bzw. in der Ukraine und stellen Sie Ihre Ergebnisse vor (M 6).
2. Recherchieren Sie (arbeitsteilig) die Begründung für die deutsche Platzierung in der Rangliste der Pressefreiheit, die die Nichtregierungsorganisation „Reporter ohne Grenzen" jährlich veröffentlicht und vergleichen Sie diese mit der anderer europäischer Staaten (M 7).
3. Erläutern Sie, inwiefern die Pressefreiheit eine notwendige Voraussetzung für die Demokratie ist.

H zu Aufgabe 1b
Informationen erhalten Sie u. a. auf den Seiten von Amnesty International (www.amnesty.de) oder Freedom House (www.freedomhouse.org).

3.1.3 Wer beherrscht wen? Das Verhältnis von Politik und Medien

M 8 ● Wie die Politik versucht, auf die Medien Einfluss zu nehmen

CSU-Sprecher Hans Michael Strepp nimmt wegen der ZDF-Affäre seinen Hut. [...] Strepp soll bei einem Anruf in der ZDF-„heute"-Redaktion verlangt haben, diese solle nicht über den SPD-Landesparteitag in Bayern und die Kür des SPD-Spitzenkandidaten Christian Ude berichten. [...] Mit dem Rücktritt bemüht sich die CSU um Schadensbegrenzung. [...] Am Donnerstag kam heraus, dass Strepp noch häufiger Redaktionen kontaktiert hatte. So hat er nach Angaben des ZDF auch über mehrere SMS versucht, dessen Berichterstattung zu beeinflussen. [...]
Der Leiter des ARD-Hauptstadtstudios, Ulrich Deppendorf, bestätigte, dass einer der drei vom BR [Bayerischer Rundfunk] entsandten Hauptstadtkorrespondenten eine SMS von Strepp erhalten hatte.

fab/phw/hen/dpa/dapd, www.spiegel.de, 25. 10. 2012

M 9 ● Alles Theater? Politiker setzen sich in Szene

Herr Fischer, [...] wie viel von dem, was wir in den Medien als Politik verfolgen können, ist bloße Illusion?
Joschka Fischer: Politisches Handeln selbst hat ein magisches Element. Als hessischer Umweltminister pflegte ich zu sagen, ein großer Teil meiner Arbeit sei Regentanz. Den müssen Sie immer dann für die Öffentlichkeit aufführen, wenn Sie eigentlich nicht agieren können. Und wehe, Sie tun es nicht, dann gelten Sie als Versager. [...]
Das heißt, die Politik unterwirft sich der Logik der Medien?
In gewisser Weise ist das unvermeidbar. Es gibt allerdings auch Fehlentwicklungen. Zum Beispiel sind weite Teile der Öffentlichkeit mittlerweile der Auffassung, die entscheidenden Debatten fänden [sonntagabends in der Talkshow der ARD] statt. [...] Dabei sollte der Bundestag der kraft Verfassung wichtigste Ort für politische Debatten sein. [...]
Ein guter Politiker ohne schauspielerisches Talent hat heute also schlechte Karten?
Das gilt nicht nur für Politiker, sondern auch für viele Berufe, zu denen die öffentliche Darstellung von Sachverhalten gehört. Und grundsätzlich ist gegen diese Kunst nichts einzuwenden. Ich weiß nicht, wie es Ihnen geht, aber ich höre einem Professor, der gekonnt vorträgt und sein Publikum fesselt, lieber zu als einem, der vor sich hinnuschelt. [...] Einen guten Politiker zeichnet die richtige Mischung aus Sachkompetenz, Vortragsfähigkeit und Persönlichkeit aus. [...]
Sie haben einmal geschrieben: „Der Politiker als solcher lebt auch und nicht zuletzt von, durch und mit den Medien." Wie sind Sie zu dieser Erkenntnis gekommen?
Bei allem Ärger, den ich mit den Medien hatte – und den hatte ich reichlich – bin ich noch immer der Ansicht, dass der permanente Druck, den sie ausüben, gerechtfertigt ist. Medien sind dazu da, Politiker zu testen, besonders die in Regierungsämtern. [...] Problematisch wird es dann, wenn die Medien aus ihrer Rolle fallen und sich anmaßen, es besser zu können als die Politiker.

Interview mit dem ehemaligen Bundesaußenminister Joschka Fischer, in: Bergmann, J. / Pörsken, B. (Hrsg.), Medienmenschen, Münster 2007, S. 42/43

M 10 ● Theorien zum Verhältnis Medien und Politik

Medien werden oft als „Vierte Gewalt" in einem Staat bezeichnet. [...] Um die vielfältigen Beziehungen, die beide Systeme unterhalten, bewerten zu können, lohnt ein Blick auf die vier wirkungsmächtigsten Ansätze der Wissenschaft:

- **Das Gewaltenteilungsparadigma**

Die Medien werden hier als „Vierte Gewalt" neben Legislative, Judikative und Exekutive verstanden. Kraft ihrer Autonomie bilden sie eine Kontrollinstanz und sind dadurch aktiv an der Ausübung staatlicher Herrschaft beteiligt. Das Gewaltenteilungsparadigma geht davon aus, dass das politische System durch klare Grenzlinien vom Mediensystem getrennt ist. Genau dies bezweifeln aber Kritiker dieses Ansatzes, indem sie auf die mannigfaltigen politischen und ökonomischen Abhängigkeiten des Mediensystems hinweisen.

- **Der Instrumentalisierungsansatz**

Dieser Ansatz rückt die These in den Fokus, dass die Medien im politischen Feld immer bedeutender werden, gleichzeitig jedoch kommt es zu einem Autonomieverlust. Deutlich wird dies an der wachsenden Bedeutung politischer Kommunikation: Medienreferenten, Wahlkampfstrategen, Redenschreiber und Spin-doctors betreiben PR im Sinne ihrer Auftraggeber und machen sich zu diesem Zweck die medialen Kanäle zunutze.

- **Der Dependenzansatz**

Der Dependenzansatz geht zwar ebenso wie der Instrumentalisierungsansatz von einer „Mediatisierung der Politik", also von einer gegenseitigen Durchdringung beider Systeme aus. Allerdings kommt er zu dem Ergebnis, dass die politische Kommunikation sich den Gesetzmäßigkeiten der Medien angepasst und sich damit in ein Abhängigkeitsverhältnis begeben hat. Das bedeutet: Medien „regieren mit", indem sie bestimmen, welche Themen erhöhte Aufmerksamkeit verdienen. Damit setzen sie den Rahmen, in dem politische Arbeit öffentlichkeitswirksam kommuniziert werden kann.

Bundespräsident Gauck beim Eröffnungstanz zum Bundespresseball, 23.11.2012.

- **Der Interdependenzansatz**

Von einer engen Verflechtung und einer gegenseitigen Abhängigkeit beider Systeme geht diese Position aus. Demzufolge benötigt die Politik die Medien zur Kommunikation ihrer Entscheidungen. Allerdings sind die Medien auf diese politischen Prozesse angewiesen, da sie einen wichtigen Inhalt für sie darstellen. Durch die Berichterstattung wird schließlich ein Feedback generiert, dass auf das politische Feld zurückwirkt, woraufhin dieses wiederum neue Inhalte hervorbringt. [...]

Michael Bornkessel, www.lehrer-online.de/dyn/18.htm (17.3.2009)

Aufgaben

1. Stellen Sie dar, worin die Herausforderungen für politisches Handeln unter den Bedingungen der modernen Mediengesellschaft bestehen (M 8, M 9).
2. Erörtern Sie, welche der Theorien die Beziehungen zwischen Politik und Medien am besten beschreibt (M 10).
3. Immer wieder treten Politiker auch in Showformaten auf. Diskutieren Sie, ob es für derartige Auftritte Grenzen geben sollte.

METHODE

Politik im Bild – Bilder in der Politik

▪ „Wer die Bilder beherrscht, beherrscht auch die Köpfe".

Diese Feststellung verweist auf die große Bedeutung des Visuellen bei der menschlichen Wahrnehmung. Deshalb spielen Bilder bei der medialen Präsentation der Wirklichkeit, insbesondere auch der politischen Wirklichkeit, eine wichtige Rolle. Sie eröffnen große Chancen bei der Vermittlung von Sachverhalten, weil sie die Dinge in einer Weise präsentieren können, die weit über den „Blickwinkel" des menschlichen Auges hinausgeht: So können Vergrößerungen und Verkleinerungen, Montagen oder Luftaufnahmen völlig neue Perspektiven eröffnen. Hierin liegt aber gleichzeitig auch eine Gefahr, denn die Wirklichkeit lässt sich in Bildern auch reduzieren oder entstellen.
Bilder besitzen eine suggestive Kraft, weil man als Betrachter das Gefühl hat, „dabei zu sein". Oft verliert man dabei die Distanz zum dargestellten Motiv. Filme und Bilder bilden die Wirklichkeit nie authentisch ab, denn allein schon die Auswahl eines Motivs, der gewählte Ausschnitt, der Aufbau eines Bildes unterliegen den subjektiven Setzungen des Fotografen oder Kameramannes.
Politiker aller Zeiten bedienten und bedienen sich der Bilder, um Macht und Einfluss zu demonstrieren, um Untertanen und Bürger zu gewinnen und um Wählerstimmen zu werben. Aber auch diejenigen, die nicht im Besitz der politischen Macht sind, versuchen, mit Hilfe der Wirkung von Bildern auf ihr Anliegen aufmerksam zu machen, um z. B. auf Ungerechtigkeiten oder Missstände hinzuweisen.

Fotografien galten lange Zeit als dokumentarische Abbildungen der Wirklichkeit. Im Zeitalter der digitalen Bildverarbeitung lassen sich Bilder jedoch leicht manipulieren. Es wird deshalb immer wichtiger, Bilder auf ihre Authentizität hin zu überprüfen.

▪ Bilder sehen lernen – Aspekte der Bildanalyse

Bilder lassen sich nach unterschiedlichen Aspekten untersuchen

Ästhetik

Hier untersucht man die gestalterischen Mittel: Farbe, Lichteffekte, Kameraeinstellung, Bildschärfe, Perspektive, Motivwahl. Diese Mittel tragen entscheidend zur Wirkung eines Bildes bei. So kann es entscheidend sein, ob ein Motiv in Nahaufnahme oder als Totale aufgenommen wurde.

Symbolik

Untersucht wird dabei der Inhalt eines Bildes, wobei Details, die eine Bedeutung transportieren, eine besondere Rolle spielen. Dabei kann es sich um Personen, ihre Beziehungen zueinander, Gegenstände oder auch Zeichen (Symbole) handeln.

Intention

Hier wird nach der beabsichtigen Wirkung eines Bildes gefragt. Nicht immer lässt sich diese aber genau erschließen und man muss auf den Kontext und die Entstehungsbedingungen zurückgreifen. Manche Bilder lassen sich jedoch sehr leicht auf ihre Intention hin analysieren: Z.B: Darstellung einer Person in „Heldenpose", besondere Ausleuchtung bestimmter Personen, Größenverhältnisse usw.

Subjektivität

Betrachter können auf Bilder sehr unterschiedlich reagieren und erfassen andere Gegenstände. Dies hat mit den individuellen Erfahrungen des Einzelnen zu tun und gilt insbesondere für mögliche emotionale Botschaften der Bilder. Bei der Analyse sollte man sich dieser unterschiedlichen Wirkungen bewusst sein.

METHODE

- **Ein Bild systematisch betrachten:**

1. Wirkung eines Bildes spontan erfassen und in Stichworten (z. B. in einer Mindmap) notieren.

2. Das Bild nach den vier zuvor genannten Aspekten analysieren:

a) Präzise Beschreibung

b) Welche Wirkung wird mit welchen Mitteln erreicht?

3. Einordnung in den politischen oder gesellschaftlichen Kontext und Formulierung möglicher Aussageabsichten.

4. Bewertung

a) Gelingt es, die Aussageabsichten umzusetzen?

b) Das Bild in einen größeren Zusammenhang setzen.

Angela Merkel mit der deutschen Fußball-Nationalmannschaft auf der EM 2008.

Der russische Präsident Wladimir Putin legt einem betäubten Tiger ein Halsband mit Sender an (2008).

Bundespräsident Gauck, zusammen mit dem französischen Präsidenten Holland, umarmt einen Überlebenden an der Gedenkstätte eines im Zweiten Weltkrieg von Deutschen zerstörten Dorfes (September 2013).

Kanzlerkandidat der SPD, Peer Steinbrück, beim Interview des SZ-Magazins, September 2013.

Aufgaben

Wählen Sie eines der Beispielbilder aus, und führen Sie eine systematische Bildanalyse durch. Formulieren Sie die vermutete Wirkungsabsicht in einem Satz.

Alternativ können auch Bilder aus der Tageszeitung ausgewählt und analysiert werden.

Medienlandschaft in Deutschland
M3

Zurzeit beherrschen ca. 350 Zeitungen sowie ca. 20.000 Zeitschriften den Markt der Printmedien in Deutschland. Daneben hat sich eine **„duale Rundfunkordnung"** etabliert. Die ARD (= Arbeitsgemeinschaft der öffentlich-rechtlichen Rundfunkanstalten der Bundesrepublik Deutschland) und das ZDF (Zweites Deutsches Fernsehen) sind öffentlich-rechtliche Einrichtungen, bei denen gewählte Gremien alle wichtigen Personal- und Programmentscheidungen treffen. Seit den 1980er Jahren sind daneben Anbieter aus der privaten Wirtschaft getreten. Diese bieten zahlreiche zusätzliche Hör- und Fernsehprogramme an.
Das Bundesverfassungsgericht hat diese duale Hörfunk- und Fernsehordnung unter bestimmten Auflagen genehmigt: So überwachen 14 Landesmedienanstalten z. B. die Ausgewogenheit der Programme und entscheiden über die Zulassung von neuen Anbietern.

Aufgaben der Medien
M4

In der Demokratie erfüllen die Medien vier zentrale politische **Aufgaben**, die sich zum Teil auch überschneiden:
- Sie **informieren** die Bürgerinnen und Bürger über das alltägliche Geschehen in Politik, Wirtschaft, Gesellschaft
- Sie stellen die **unterschiedlichen Meinungen** in der Bevölkerung dar und tragen durch meinungsorientierte Artikel und **Kommentare** zur politischen Meinungsbildung bei.
- Sie **kontrollieren** und **kritisieren** die gesellschaftlichen Institutionen und deren Repräsentanten.
- Sie setzen Themen auf die „politische Agenda".

Pressefreiheit

Art. 5 Abs. 1 Grundgesetz garantiert die **Meinungs-, Informations- und Pressefreiheit.** Während unter Meinungs- und Informationsfreiheit das Recht des Einzelnen zu verstehen ist, Meinungen „in Wort und Schrift oder Bild" frei zu äußern bzw. „sich aus allgemein zugänglichen Quellen ungehindert zu unterrichten", definierte das Bundesverfassungsgericht die Existenz einer freien, unzensierten Presse als konstitutives Merkmal einer freiheitlichen Grundordnung.

Mediendemokratie
M 10

Aufgrund dieser vielfältigen Aufgaben, die die Medien im politischen System einnehmen, werden sie neben Legislative, Exekutive und Judikative auch als **„vierte Gewalt"** bezeichnet. Dies gilt für die öffentlich-rechtlichen wie auch die privat organisierten Medien in gleichem Maße.
Über den Stellenwert und die Bedeutung der Medien im politischen System gibt es unterschiedliche Theorien. Doch hat die zunehmende Ausrichtung der Politik auf die Medien und die Abhängigkeit der Bürgerinnen und Bürger von der Politikvermittlung durch die Medien dazu geführt, dass einige Politikwissenschaftler bereits von der **„Mediendemokratie"** sprechen. Damit soll zum Ausdruck gebracht werden, dass die Medien selbst politische Entscheidungen und Einstellungen beeinflussen.

Das Verhältnis von Medien und Politik im „Fall Wulff“

Christian Wulff trat im Februar 2012 als Bundespräsident zurück, nachdem die Staatsanwaltschaft ein Ermittlungsverfahren gegen ihn eröffnet hatte. Ermittelt wurde wegen des Verdachts auf Korruption. Dem Rücktritt voran ging eine heftige öffentliche Debatte, weil Wulff nicht alle seine Geschäftsbeziehungen zu Unternehmern öffentlich gemacht hatte. Haben die Medien den ehemaligen Bundespräsidenten Christian Wulff zu Fall gebracht? Ein Gespräch mit Medienforscher Lutz Hachmeister.

Haben die deutschen Medien in Deutschland überhaupt die Macht, einen Politiker zu Fall zu bringen?

Ja, sicher. [...] Wenn man einen Politiker zu Fall bringen will, muss er allerdings bestimmte [...] Schwächen zeigen und sich zu Fall bringen lassen. Außerdem muss der Affärencharakter für die Bevölkerung so eindeutig sein, also [...] Regeln müssen so stark verletzt werden, dass ein Meinungsklima entsteht, in dem sich am Schluss alle einig sind: Dieser Mann oder diese Frau muss gehen. Im Fall von Christian Wulff war das so. Interessant war, dass die meisten Deutschen die Vorwürfe gegen ihn anfangs läppisch fanden und dafür waren, dass er im Amt bleibt. Am Ende haben Umfragen dann ergeben, dass 70 Prozent ihm noch nicht mal den Ehrensold [= Pension als ehemaliger Bundespräsident] geben wollten. Das hat sich komplett gedreht. Bild hat dabei eine große Rolle gespielt, aber auch andere Medien wie die Frankfurter Allgemeine Zeitung und Spiegel Online. Das ist übrigens ein dritter Faktor: Allein schafft es ein Blatt nicht. Auch nicht Bild. Um eine hochrangige Person der Öffentlichkeit zu stürzen, müssen sich führende Medien einig sein.

Die „Bild“-Zeitung hat jahrelang sehr wohlwollend über Christian Wulff berichtet. Was hat ihn so interessant gemacht?

Wulffs Medienreferent hat die Beziehung zu Deutschlands auflagenstärkster Zeitung strategisch angebahnt. Als Christian Wulff 2008 zum zweiten Mal geheiratet hat, erregte das viel Aufsehen und wurde strategisch über Bild gespielt: Ein Katholik ist mit einer jüngeren Frau zusammen, obwohl er noch mit seiner ersten Frau verheiratet ist. Damals berichtete Bild positiv über die neue Frau, Bettina Wulff. [...]

Warum hat sich „Bild“ auf einmal gegen ihn gewendet?

Es gibt Hinweise darauf, dass Christian Wulff in der Zeit als Bundespräsident seine Rolle neu definierte und versucht hat, Bild klar zu machen, dass er und seine Frau nicht mehr exklusiv für Fotos und Interviews zur Verfügung stehen. Und wie in einer enttäuschten Liebesbeziehung hat sich daraus eine wechselseitige Entfremdung ergeben. Diese hatte schon über ein Jahr vor der Affäre angefangen und zu Reibereien mit dem Springer-Konzern geführt. [...]

Was genau hat Christian Wulff in Bezug auf die Medien unterschätzt?

Er dachte, wenn man einmal eine strategische Kooperation mit dem auflagenstärksten Boulevard-Blatt hergestellt hat, dann bleibt das so. Das ist aber nie der Fall. Man muss sich immer wieder vergewissern, welchen Status das Verhältnis hat. Und wer sich einmal auf das Spiel eingelassen hat, ist darin ein Gefangener. Christian Wulff hat das nicht geglaubt.

Interview: Katja Hanke, Goethe-Institut e.V., www.goethe.de, 17.2.2013

Aufgabe

Zeigen Sie an dem „Fall Christian Wulff“ das besondere Verhältnis von Politik und Medien auf.

3.2 Internet und Politik

3.2.1 Wo und wie findet Politik im Internet statt?

M 1 ● Politik im world wide web

a) Abgeordnetenwatch

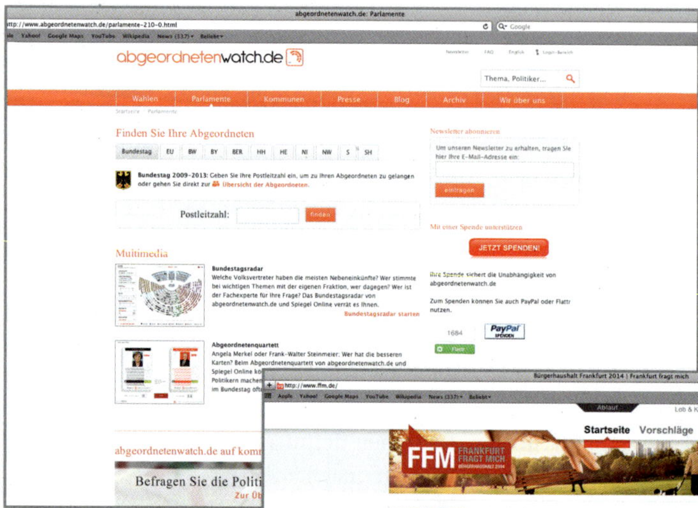

www.abgeordnetenwatch.de

b) Bürgerhaushalt Frankfurt / Main

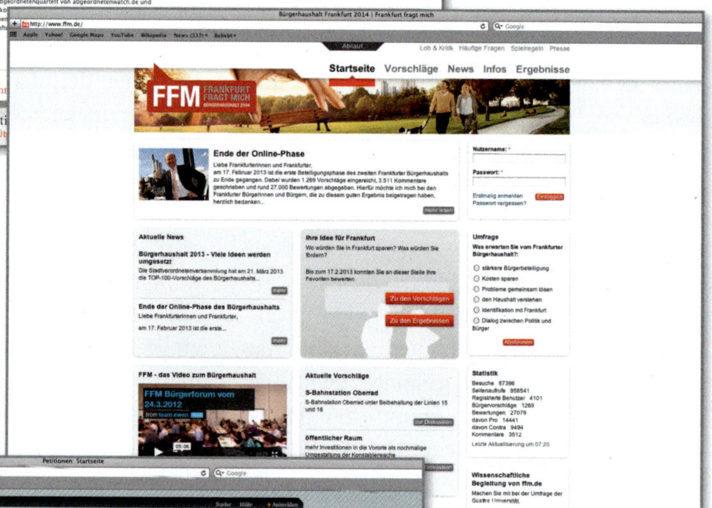

www.ffm.de

c) E-Petitionen an den Bundestag

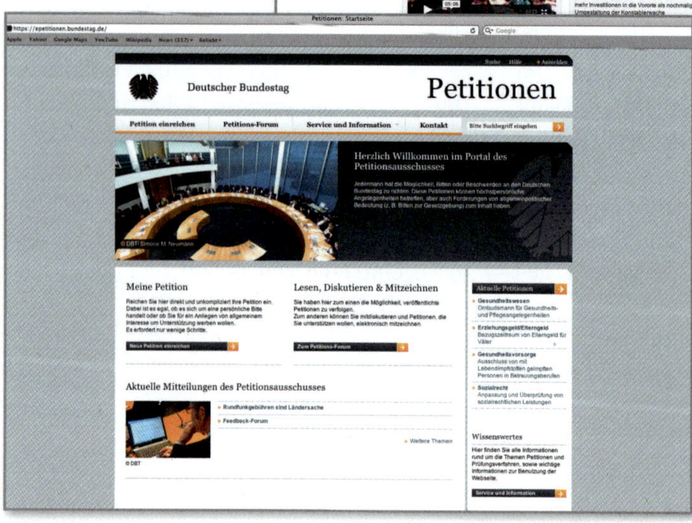

www.epetitionen.bundestag.de

Bürgerhaushalt
Bei der Erstellung eines Bürgerhaushaltes lässt die Verwaltung einer Stadt oder Gemeinde ihre Bürgerinnen und Bürger zumindest teilweise über die Verwendung der öffentlichen Gelder mitbestimmen und mitentscheiden.

Petition
Eingabe, Beschwerde oder Bittschrift an eine zuständige Stelle, eine Behörde oder ein Parlament. Artikel 17 GG legt das Petitionsrecht als ein Grundrecht fest: „Jedermann hat das Recht, sich einzeln oder in Gemeinschaft mit anderen schriftlich mit Bitten oder Beschwerden an die zuständigen Stellen und an die Volksvertretung zu wenden."

M 2 ● Demokratie, Regierung und Bürgerbeteiligung in digital

E-Demokratie spiegelt einen Ausschnitt von demokratischen Prozessen und Strukturen zwischen Bürger und Staat im Internet wider. *E-Government* dagegen bildet eine Unterkategorie der elektronischen Demokratie, nämlich die elektronische Abwicklung der Geschäftsprozesse von Verwaltung und Regierung, was auch die sogenannte E-Administration (elektronische Verwaltung) einschließt. *E-Partizipation* schließlich bildet die zweite Unterkategorie der E-Demokratie, allerdings ist diese weniger in Gesetzesbüchern als im wissenschaftlichen Diskurs konstituiert. [...] Die E-Demokratie bildet eine Ergänzung und Erweiterung der Bürger-Staat-Beziehungen auf digitaler Ebene. [...]

Partizipation von unten

Die überwiegende Mehrheit der bottom-up-Bewegungen im Internet lassen sich entweder als Partizipationsplattformen oder Transparenzinitiativen einordnen. Partizipationsformate reichen von Kampagnenplattformen über Online-Petitionen bis hin zum Internet-Ratgeber. Die Initiatoren sind dabei sowohl einzelne Bürgerinnen und Bürger als auch Nichtregierungsorganisationen.

Transparenzinitiativen untersuchen häufig Abstimmungsverhalten, Spendenpraktiken oder Anwesenheitszeiten der Abgeordneten im Parlament. Mehr Transparenz fördert mehr Demokratie - so zumindest die Annahme der Initiatoren. Sie durchleuchten oder hinterfragen die parlamentarische Arbeit von Politikern, etwa auf dem Portal „abgeordnetenwatch.de". Die Quellen, aus denen sich viele Transparenzportale speisen, sind öffentlich zugängliche Daten, ihre Werkzeuge sind oft visuelle Applikationen, welche die Fülle von Informationen verdichten und über eine grafische Ausgabe einen niedrigschwelligen Zugang zu komplexen Prozessstrukturen bieten.

Regieren von oben

Das E-Government teilt sich hauptsächlich in zwei große Bereiche: die elektronische Verwaltung und die digitale Konsultation. Die Digitalisierung von Geschäftsprozessen in der Verwaltung soll administrative Prozesse vereinfachen und den Bürgern mehr Service bieten. Ferner soll die Verbesserung der Zusammenarbeit verschiedener Verwaltungsstellen untereinander mit Hilfe der elektronischen Medien Kosten einsparen.

Daniel Roleff, Digitale Politik und Partizipation, in: APuZ 7/2012, S. 16 f.

M 3 ● Internet als Informationsquelle über Politik

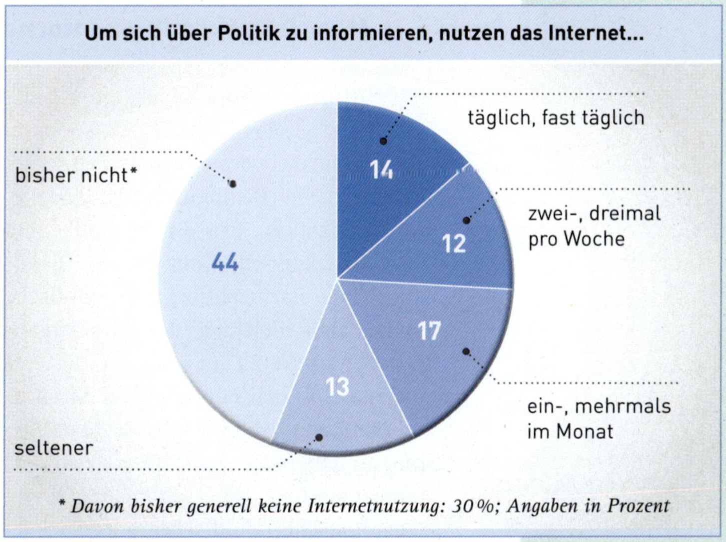

IfD Allensbach, Mai 2011.

Aufgaben

1. a) Stellen Sie (arbeitsteilig) die dargestellten politischen Internet-Angebote vor (M 1). Wählen Sie weitere Angebote aus.
   b) Erläutern Sie, ob es sich um bottom-up oder top-down Angebote handelt (M 2).
2. Erläutern Sie, welchen Stellenwert das Internet in der politischen Meinungsbildung hat (M 3).

3.2.2 Belebt das Internet die Demokratie?

M 4 Entwicklung von politischer Information, Kommunikation und Partizipation

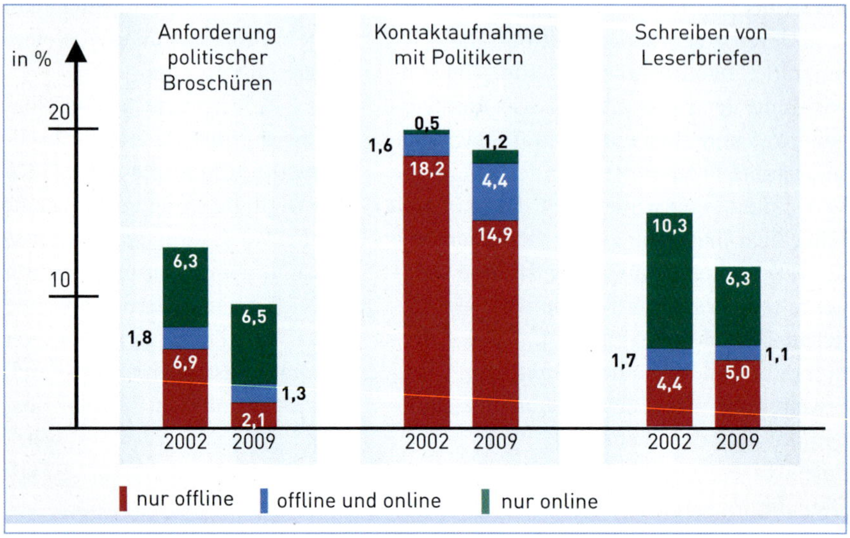

Quelle: M. Emmers, G. Vewe, J. Wolling, Bürger online. Die Entwicklung der politischen Online-Kommunikation in Deutschland, Bonn 2011, S. 131, 158, 178

M 5 Mehr Demokratie via Internet?

a) Peter Altmeier: Vom Objekt zum Subjekt

Die Wirklichkeit des weltweiten Internet verändert die Bedingungen politischer Kommunikation von Grund auf, aber auch das materielle Konzept von Demokratie und Partizipation. Die politische Freiheit und Gleichheit der Bürger realisiert sich im Netz zum ersten Mal in Permanenz: Die neu entstehenden Strukturen eröffnen die Möglichkeit jederzeitiger und umfassender politischer Einflussnahme und Gestaltung, über jede Art von geographischer, politischer oder sozialer Grenze hinaus. Jenseits von Parteien, Verbänden und klassischen Medien entwickeln sich fast über Nacht revolutionäre Verhaltensmuster, werden traditionelle Macht- und Entscheidungszentren durch Bypässe umgangen, wird der Einzelne endgültig vom Objekt zum Subjekt politischer Gestaltung. [...]

Schon jetzt hat das Internet auch die Arbeitsbedingungen der Politik erheblich verändert. Die Verfügbarkeit fast aller relevanter Informationen über iPhone und iPad macht politische Debatten anspruchsvoller, weil der Gegner falsche Zahlen oder Zitate umgehend widerlegen und entkräften kann. Die Existenz des Netzes bedeutet eine enorme Beschleunigung: Innerhalb von Minuten und Stunden verbreiten sich Tatsachen und Gerüchte, werden Meinungen gebildet und verworfen. Die Reaktionszeiten für die Politik werden immer kürzer: Wenn ein Vorfall bekannt wird, muss man einen Tag später sprechfähig sein, sonst hat man schon verloren. Unser Aktionsradius vergrößert sich aber enorm. Die Rückkopplung zwischen Wählern und Gewählten erfolgt in Echtzeit. Auch Politiker, die nicht twittern oder posten, können sich dem nicht entziehen. [...]

Ernst Jünger soll gesagt haben, Demokratie sei, wenn jeder jeden etwas fragen könne. Demnach wäre das Twitter-Medium der ideale Entwicklungsrahmen für demokratische Prozesse. Zu seinen Nutzern gehören keineswegs nur abgefahrene Freaks und Nerds. […] Bei Twitter schlüpfen sie in eine zweite Identität: die des Netzteilnehmers, der frei von Hierarchien und sonstigen Begrenzungen agieren kann.

Peter Altmeier, Mein neues Leben unter Piraten, in: FAZ, 13. 10. 2011

b) Stephan Eisel: Die digitale Barriere

Nach einer im Februar 2012 vom Deutschen Institut für Vertrauen und Sicherheit im Internet (DIVSI) vorgelegten, repräsentativen Milieustudie stellt das Internet für 39 Prozent der Gesamtbevölkerung „eine digitale Barriere vor einer Welt dar, von der sie sich ausgeschlossen fühlen". Dies gilt für immerhin 27 von 72 Millionen Menschen, die die deutschsprachige Wohnbevölkerung über vierzehn Jahre ausmachen. Diese Menschen fühlten sich – wie es in der Studie heißt – im Internet wie in einer fremden Welt: „Sie sprechen weder die im virtuellen Raum übliche Sprache, noch verstehen sie die verwendeten Symbole und Applikationen intuitiv; sie sind der digitalen Kulturtechnik nicht oder nur eingeschränkt mächtig. Vor diesem Hintergrund fühlen sie sich kaum in der Lage, im Internet eigenverantwortlich zu handeln, da sie die entsprechenden Konsequenzen nur sehr bedingt abschätzen können." […]

Auch die ARD/ZDF-Onlinestudie 2011 konstatiert 56 Prozent der deutschen Bevölkerung, die das Internet nicht oder nur gelegentlich nutzen. Angesichts dieses Befundes darf demokratisches politisches und staatliches Handeln für sich keine Dominanz oder gar Ausschließlichkeit der digitalen Welt zulassen. Freiheitliche Demokratie muss allen Bürgern den allgemeinen, unmittelbaren und gleichen Zugang zur politischen Arena garantieren. Es wäre fatal, wenn „demokratiefähig" nur ist, wer im Internet surfen kann und will. Demokratie würde sich selbst ad absurdum führen, wenn sie sich auf das Internet fokussiert und Netzbürgern mehr Bedeutung zumisst als denen, die das Medium nicht nutzen können oder wollen. Deshalb bleibt die nüchterne Analyse der Verankerung der digitalen Welt im Lebensalltag der Bürger ein zwingendes Grunderfordernis unseres demokratischen Alltags, das nicht unreflektiertem Wunschdenken von Netzenthusiasten zum Opfer fallen darf.

Stephan Eisel, Internet und direkte Demokratie, in: Ralf Thomas Baus/Tobias Montag (Hg.), Perspektiven und Grenzen „direkter Demokratie", St. Augustin/Berlin 2012, S. 37

„Das Internet verbessert die Demokratie, weil die Bürger in Foren oder bei Abstimmungen auf Internetseiten ihre Meinung zu aktuellen politischen Diskussionen und Entscheidungen sagen können." Sehen Sie das auch so?

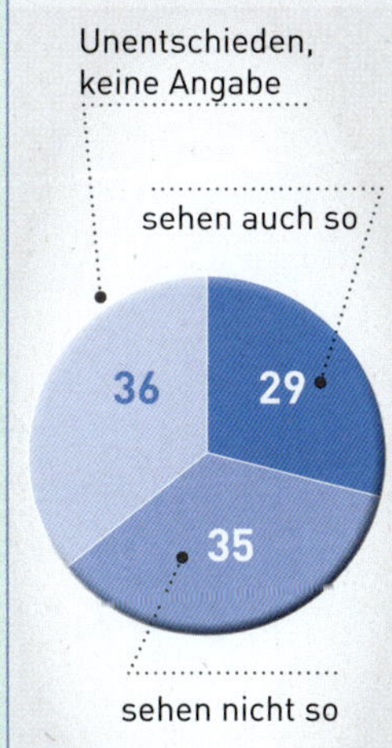

In Prozent

Quelle: IfD Allensbach, Mai 2011

Aufgaben

1. Verbessert das Internet die Demokratie? Positionieren Sie sich auf einer Streitlinie.
2. Analysieren Sie die Grafik (M 4).
3. Belebt das Internet die Demokratie? Erarbeiten Sie die jeweiligen Positionen und führen Sie eine Pro-Kontra-Debatte, ein Streitgespräch o. Ä. durch (M 5).
4. Wie ist Ihre Einschätzung nach der Debatte? Wiederholen Sie die Aufstellung der Streitlinie zur Kapitelfrage.

Hoffnung auf Demokratie-Belebung

Als Mitte der 1990er Jahre das **Internet-Zeitalter** anbrach, hofften viele auch auf den Aufbruch in ein neues demokratisches Zeitalter. Vom Internet versprach man sich eine neue Form der Demokratie: Die Schlagwörter „E-Democracy" oder „digitale Demokratie" nährten Hoffnungen, die Bürgerinnen und Bürger könnten nun aufgrund der technischen Möglichkeiten stärker direkt über politische Inhalte mitbestimmen.
Tatsächlich ist das Internet aus dem politischen Alltag nicht mehr wegzudenken, und es hat die Art und Weise, wie Menschen miteinander kommunizieren, nachhaltig verändert. Ob es allerdings zu einer Belebung der Demokratie geführt hat bzw. führen wird, ist umstritten.

Verbesserung der Kommunikations- und Partizipationsmöglichkeiten
M 2

Das Internet hat in erster Linie zu einer **Vervielfachung der Informations- und Kommunikationsmöglichkeiten** geführt. Es ist heute viel leichter, Informationen abzurufen oder mit Behörden oder Politikern in Kontakt zu treten und seine eigene Meinung kund zu tun. So unterhalten beispielsweise die Parteien Internetportale, auf denen man sich über diese informieren, mit Vertretern der Parteien kommunizieren oder Kampagnen unterstützen kann. Dokumente des Bundestags können direkt abgerufen werden und Petitionen online übermittelt werden. Dies führt auch zu einer größeren Transparenz politischen Handelns.
Allerdings wirft die Fülle der verfügbaren Informationen das Problem auf, dass die Angebote von den Nutzern selbst auf ihre Relevanz hin überprüft werden müssen. Hier werden hohe Anforderungen an die Medienkompetenz der Nutzer gestellt.

Internet und Demokratie
M 5

Das Internet führt also zu mehr **Transparenz und Öffentlichkeit** und erleichtert die Kommunikation und Einflussnahme von „unten" nach „oben". Wie digital vermittelte Meinungen zu entscheidungsfähigen Alternativen umgeformt werden können, ist jedoch unklar. So besteht die Gefahr, dass der immer noch große Teil der Bevölkerung, der sich gar nicht oder nur mit Schwierigkeiten im digitalen Raum bewegt, von Formen politischer Teilhabe ausgeschlossen bleibt.

Internet und Pressefreiheit

In Staaten, in denen die Pressefreiheit z. B. durch staatliche Zensur eingeschränkt wird, spielt das Internet für die Meinungs- und Pressefreiheit eine wichtige Rolle. Es ermöglicht den Zugang zu freien Informationen und den Aufbau einer politischen Gegenöffentlichkeit über das Internet. So gelingt es Regimekritikern immer wieder, die staatliche Pressezensur zu umgehen und z. B. Informationen über Menschenrechtsverletzungen via Internet zu verbreiten.

Der arabische Frühling – eine Facebook-Revolution?

a) Christian Stöcker: Historische Bedeutung des Internets

Im Sommer 2011 scheint das Internet endgültig seine historische Bedeutung beweisen zu wollen, und sei es mit schierer Nachrichtenpräsenz. Die Despoten in Tunesien und Ägypten sind verjagt, in Libyen tobt ein Krieg zwischen Regierung und Rebellen. Die Regime in Syrien und Jemen wackeln. All das nahm seinen Anfang, als sich am 17. Dezember 2010 ein junger Tunesier namens Mohammed Bouazizi [...] öffentlich selbst verbrannte, um gegen Ungerechtigkeit und Perspektivlosigkeit in seinem Land zu protestieren. Die Protestbewegung, die daraufhin entstand, und sich nicht zuletzt über Facebook und Twitter sammelte, hat mittlerweile weite Teile der arabischen Welt erfasst. Auch in Spanien und der Türkei gehen zehntausende junger Menschen auf die Straße, aus anderen Gründen, aber in expliziter Solidarität mit der arabischen Jugend.

Christian Stöcker, in: Ders., Nerd Attack!, München 2011, S. 7
Christian Stöcker ist Journalist und Ressortleiter bei Spiegel-ONLINE

b) Jeanette Hofmann: „hochgradig ambivalent"

Man konnte ja vielfach lesen, dass die Auffassung besteht, dass soziale Netzwerke wie Facebook, aber auch Dienste wie Twitter die Revolution im Mittleren Osten, im Nahen Osten erst möglich gemacht haben. Ich halte das, mit Verlaub, wirklich für Quatsch. Ich glaube, dass Revolutionen und Aufstände immer noch von Menschen gemacht werden und dass Menschen jeweils die Kommunikationsmittel dafür wählen, die ihnen zur Verfügung stehen. Ich glaube nicht, dass digitale Medien entscheiden über einen Aufstand. Sondern dass der Unmut der Menschen gegenüber einem Regime die entscheidende Rolle spielt. Und deshalb glaube ich, sollte man die digitalen Medien nicht überbewerten. Zweitens empfinde ich als sehr stark störend diese Romantisierung der sozialen Netzwerke, die vollkommen außer Acht lässt, dass diese Dienste und Netze als solche hochgradig ambivalent sind. Sie unterstützen ja nicht nur Leute mit emanzipatorischen Anliegen; sie unterstützen gleichermaßen politische Kräfte, die ihre Bürger kontrollieren und zensieren wollen. Sie sind nicht per se positiv und demokratiefördernd. Sie können umgekehrt auch wirklich zur Unterdrückung und zur Kontrolle von Bürgern beitragen.

Jeanette Hofmann, in: Südwestrundfunk (SWR), Macht per Mausklick – Fördert das Internet die Demokratie? Sendung vom 19. 5. 2012
Jeanette Hofmann ist Politologin am Wissenschaftszentrum in Berlin und Gründungsmitglied des Instituts für Internet und Gesellschaft

Aufgaben

1. Erläutern Sie vor dem Hintergrund der beiden Texte die Bedeutung des Internets für die demokratischen Bewegungen in Nordafrika und im Nahen Osten.
2. Erörtern Sie grundsätzlich die Bedeutung des Internets für die Demokratie.

3.3 Medien zwischen Markt und Politik

3.3.1 Ist der Journalismus in Gefahr?

M 1 ● Konzentration auf dem Zeitungsmarkt

Die Konzentration im deutschen Tageszeitungsmarkt hat einen neuen Höchstwert erreicht: Im 1. Quartal 2012 stammten deutlich mehr als die Hälfte aller Zeitungsexemplare, nämlich 59,1 Prozent, aus den zehn führenden Verlagsgruppen. 2010 waren es 58,1 Prozent [...]. Allein die fünf auflagenstärksten Unternehmen drucken bereits 44,4 Prozent der verkauften Tageszeitungsauflage in Deutschland (2010: 43,7%). [...]

Die [...] seit [...] 2010 getätigten Transaktionen betrafen vor allem Regionalzeitungen und haben die Tendenz zur Kettenbildung weiter verstärkt. Die Beziehungen zwischen den großen Marktteilnehmern werden immer enger.

Sinkende Auflagen und Werbeeinnahmen gefährden die wirtschaftliche Basis des Zeitungsjournalismus seit längerem. Konzentration, Kooperationen, Kostenreduktion und medienpolitische Forderungen der Verleger nach Erleichterung für Fusionen sind Antworten darauf, bedrohen jedoch die Vielfalt des Angebots.

Horst Röper, Zeitungsmarkt 2012, in: Media Perspektiven 5/2012

Thomas Plaßmann, Baaske Cartoons

M 2 ● Lokaljournalismus wird vernachlässigt

Regional- und Lokalzeitungen sind bisher die offensichtlichen Verlierer der Zeitungskrise. [...] Diese Entwicklung ist besonders bedenklich, denn damit gehen nicht nur journalistische Arbeitsplätze verloren, sondern auch demokratisches Potential. Lokaljournalismus, in welcher Form auch immer, ist eine wichtige Voraussetzung für politische Meinungsbildung und politische Teilhabe. [...]

[D]er Mainzer Medien Disput [legt] [...] den Report vor, der die Chancen lokaler Öffentlichkeit auslotet. [...]

Wesentliche Ergebnisse des Reports:

- Qualität im Lokaljournalismus ist eine zentrale Voraussetzung. Das sehen auch die Verlage so. In der Realität fahren sie aber oft einen einschneidenden Sparkurs, schließen Lokalredaktionen, bauen Personal ab oder scheren aus den Tarifverträgen aus. Aber Qualität ist nicht möglich, wenn die Arbeitsbedingungen schlecht, die Redakteure unterbezahlt und die Freien Mitarbeiter mit Niedrighonoraren abgespeist werden. [...]
- Lokalzeitungen können eine wichtige kommunal- oder regionalpolitische Aufgabe erfüllen. Lokalredaktionen sind aber

auch eng in den politischen Alltag und die regionale Machtarchitektur eingebunden und damit häufig auch in Gefahr, den regionalen und lokalen Autoritäten zu nahe zu stehen. [...]

- Nach bisherigen Erkenntnissen können Blogs die lokale Publizistik ergänzen, aber professionellen Journalismus nicht ersetzen. [...]

Da die Gefahr besteht, dass lokale Berichterstattung aus ökonomischen Gründen weiter verschwindet, muss sich auch die Medienpolitik mit dieser Frage befassen: mit welchen Mitteln kann künftig sichergestellt werden, dass sich die Bevölkerung ausreichend aus professionell-journalistischer Quelle über das lokale Geschehen informieren kann? Diese Zukunftsaufgabe ist durchaus mit der Frage verbunden, ob und mit welchem Ziel steuernd und unterstützend in den Markt eingegriffen werden soll?

Fritz Wolf, www.netzwerkrecherche.de, Salto Lokale. Das Chancenpotential lokaler Öffentlichkeit, 1.7.2011

Abonnementzeitungen
Auflagen in Millionen in Deutschland, in Klammern Anzahl der Zeitungen

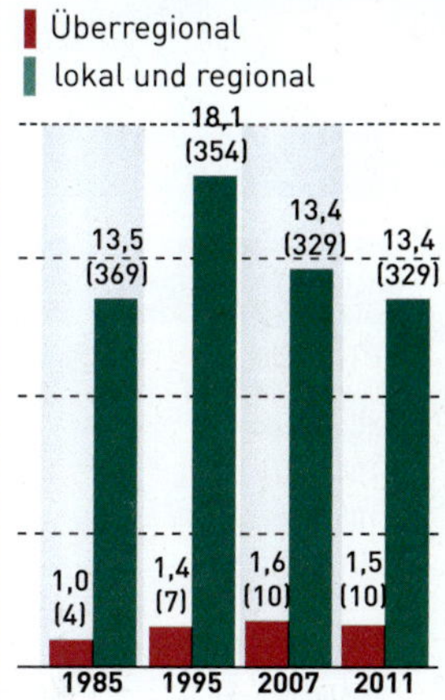

Frigala NTY; Quelle: BDZV, in: FR, 19.6.2012

M 3 ● Ahnungslose Medienmanager?

Zu beklagen ist die Vermischung von Journalismus und PR. Zu beklagen ist die Verquickung von Journalismus, Politik und Wirtschaft, zu beklagen ist also die Tatsache, dass sich immer mehr Journalisten zu Büchsenspannern und Handlangern vor allem von Wirtschaftslobbys machen lassen. [...]

Gelegentlich werden Fälle bekannt, in denen die Staatsanwaltschaft und Polizei die Telefone von Journalisten überwacht haben. Schlimmer als diese staatlichen Lauscher sind Medien-Manager und Finanzinvestoren, für die Zeitungen nur Produkte zum Geldverdienen sind wie andere auch – und die Redaktionen immer billiger machen wollen. Verlags-Manager reden von einem neuen Konzept des „rasenden Reporters", der mit „Laptop und Kamera nah am Geschehen ist, der online, on air und für Print berichtet". [...]

Dieses Konzept hat einen Namen: Innovationsbesoffene, aber journalistisch ahnungslose Medien-Manager sprechen vom „multifunktionalen Journalisten" und meinen dazu, die Zeiten hätten sich halt geändert. [...] In Wahrheit handelt es sich um Stellenabbau und Verschlechterung der Arbeitsbedingungen. [...]

Schon heute sagt jeder dritte deutsche Journalist, dass die Zeit fehle, „um sich über ein Thema auf dem Laufenden zu halten". Dadurch ist die zentrale journalistische Aufgabe gefährdet: das Aufspüren von Entwicklungen, das Sammeln, Bewerten und Ausbreiten von Fakten und Meinungen. Es besteht die Gefahr, dass der deutsche Journalismus verflacht und verdummt – weil der Renditedruck steigt; weil an die Stelle von sach- und fachkundigen Journalisten nun Produktionsassistenten für Multimedia gesetzt werden, wieselflinke Generalisten, die von allem wenig und von nichts richtig was verstehen.

Heribert Prantl, Goethe-Institut e. V., www.goethe.de, Mai 2007

Heribert Prantl leitet das Ressort Innenpolitik der Süddeutschen Zeitung.

Aufgaben

1. Beschreiben Sie die Lage auf dem Zeitungsmarkt und die möglichen Auswirkungen auf die Qualität der journalistischen Arbeit (M 1-M 3).
2. Erläutern Sie, inwiefern das Sterben der Lokalzeitung kritisch zu sehen ist (M 1-M 3).
3. Diskutieren Sie, ob die Medien unter diesen Bedingungen ihre Rolle in der Demokratie noch ausfüllen können (M 1-M 3).

3.3.2 Medienkonzerne – Macht ohne Mandat?

M 4 ● Medienkonzentration – das Beispiel Bertelsmann

Bertelsmann AG

Hörfunk
RTL Group

- RTL Radio – Die besten Hits aller Zeiten
- 104,6 RTL
- 105.5 Spreeradio
- HITRADIO RTL Sachsen (72,5 %)
- 89,0 RTL (57 %)
- Radio Brocken (57 %)
- Hit-Radio Antenne Niedersachsen (49,7 %; weitere Spartenprogramme als Live-Stream im Internet)
- Sachsen-Funkpaket (Radio Leipzig, Radio Dresden, Radio Chemnitz, Radio Zwickau, Radio Lausitz, Vogtland Radio, Radio Erzgebirge; 39,9 %)
- Radio Hamburg (33,6 %; weitere Spartenprogramme als Live-Stream im Internet)
- radio NRW (16,1 %)
- Antenne Bayern (16 %)
- Rock Antenne (Antenne Bayern hält 100 %)
- Antenne Thüringen (15 %)
- radio top 40 (15 %)
- Radio 21 (9,8% + weitere indirekte Anteile)
- + weitere indirekte Beteiligungen

Produktion
RTL Group

- UFA Fernsehproduktion
- UFA Film Produktion
- UFA Entertainment
- Grundy UFA TV Produktion
- Grundy Light Entertainment
- teamWorx
- Phoenix Film (51 %)

Rechtehandel
RTL Group

- Fremantle International Distribution
- CLT-UFA International
- UFA Sports

Musik

- BMG Rights Management

Fernsehen
RTL Group

- RTL
- RTL Crime
- RTL Living
- RTL II (35,9 %)
- Super RTL (50 %)
- VOX
- n-tv
- Passion

Online (Auswahl)

- Internetauftritte der Fernseh- und Hörfunksender (z. B. RTL.de, VOX.de, RTL2.de, n-tv.de)
- Video-on-Demand-Angebote (RTLnow.de, VOX-now.de, clipfish.de)
- Communities und Info-Seiten wie wetter.de, GZ-SZ.de, sport.de, VIP.de, frauenzimmer.de, wer-kennt-wen.de, element-girls.de, kochbar.de
- G+J: Online-Auftritte der Print-Titel, chefkoch.de (74,8)

Zeitungen
Gruner+Jahr (74,9 %)

- Financial Times Deutschland
- Sächsische Zeitung (60 %)
- Morgenpost Sachsen (60 %)
- Döbelner Anzeiger (Sächsische Zeitung hält 100 %)

Buchverlage
Random House

- C. Bertelsmann
- Carl Blessing
- DVA
- Goldmann
- Luchterhand
- Siedler
- Heyne
- Knaus
- u. a.

Zeitschriften
Gruner+Jahr (74,9 %)

Aktuelle:
- Cicero
- Gala
- NEON
- Spiegel (25,25 %)
- Stern
- View

TV-Programm:
- rtv (Supplement)

Sonstige:
- 11 Freunde (51 %)
- Art
- BEEF!
- Börse Online
- Brigitte
- Brigitte Woman
- Brigitte Balance
- Business Punk
- Capital
- Dogs
- Eltern
- Eltern family
- Essen & Trinken
- E & T für jeden Tag
- Flora Garten
- Gala men
- Gala style
- Gala kids
- Gala wedding
- Geo (+ Spezialausgaben)
- Geo Mini
- Geolino
- Harvard Business Manager (24,9 %)
- Häuser
- Impulse
- in (50,1 %)
- jamie
- Living at home
- Manager Magazin (24,9 % + weitere indirekte Anteile)
- Nido
- National Geographic Deutschland (50 %)
- National Geographic World (50 %)
- PM Magazin (+ Spezialausgaben)
- Schöner wohnen
- Stern Gesund Leben
- Stern Fotografie
- Stern Yuno
- Women's Health
- Wunderwelt Wissen
- auto motor sport und diverse weitere Titel des Motor-Presse-Verlags (59,9 %) zu den Themenbereichen Auto, Motorsport, Sport, Freizeit etc. (u. a. Men's Health (50 %))

Beteiligungen ohne %-Angaben bezeichnen 100 %-ige bzw. knapp darunter liegende Beteiligungen (bezogen auf die angegebene Obergesellschaft)

Kommission zur Ermittlung der Konzentration im Medienbereich, Medienaktivitäten des Bertelsmann-Konzerns in Deutschland, 10/2011

M 5 ● Deutschland – eine Bertelsmannrepublik?

Die Bertelsmannstiftung ist eine feste politische Größe in der Bundesrepublik. Seit einigen Jahren ist sie in die Kritik gekommen. Diese findet mit dem Buch von Thomas Schuler "Bertelsmannrepublik Deutschland" neue, substantiierte Nahrung.

Schulers erster Vorwurf lautet, die Stiftung ist ein Steuersparmodell. Sie sei geschaffen worden, um den gleichnamigen Medienkonzern Bertelsmann, Eigenkapital geschätzte 20 Milliarden Euro, im Besitz der Familie Mohn zu belassen, ohne die Erbschaftssteuern zu bezahlen. [...] Gemeinnützige Stiftungen, die sich dem Gemeinwohl verpflichten, [werden] vom Gesetzgeber mit vielerlei Steuervorteilen gefördert, unter anderem dem Erlass der Schenkungs- und Erbschaftssteuer. Und solange die Bertelsmannstiftung tatsächlich gemeinnützig wirkt, ist an dem auch nichts auszusetzen.

Doch genau daran sind im Einzelnen Zweifel angebracht. Denn die Bertelsmannstiftung, und das ist der zweite Vorwurf von Schuler, tritt in einigen Arbeitsfeldern wie eine Marketingfirma des gleichnamigen Medienkonzerns auf. So versuchte sie, private Medien zulasten der öffentlich rechtlichen Medienanstalten wie ARD und ZDF zu promoten. [...]

Schuler belegt, wie die Bertelsmannstiftung in ihren Veröffentlichungen die Vorteile privater Dienstleister für kommunale Verwaltungsaufgaben herausstellt. Gleichzeitig bietet ein Tochterunternehmen des Konzerns den Kommunen genau solche Privatisierungs-Dienstleistungen mit dem Zweck der Kostenminimierung an. Das Ganze hat erhebliche Brisanz, weil diese Umorganisation häufig mit einer Lohnsenkung für die Beschäftigten verbunden ist.

Noch alarmierender aber wirkt das Buch, wenn es beschreibt, wie stark der Einfluss der Bertelsmannstiftung auf viele andere, noch größere und bedeutendere Politikfelder geworden ist. So geht die Einführung von Studiengebühren auf einen Input der Bertelsmannstiftung zurück. [...] Die Stiftung hat dabei nicht die Politik diktiert, denn die bleibt trotz aller Lobbyarbeit für sich selbst verantwortlich.

Die stellvertretende Vorsitzende der Bertelsmanns Stiftung, Liz Mohn (li) und Bundeskanzlerin Angela Merkel auf der jährlichen Bertelsmann Feier in Berlin (13. 9. 2007)

Schaut man sich jedoch an, in wie vielen Politikfeldern sie erfolgreich unterwegs war, beginnt man angesichts ihres politischen Einflusses zu schaudern. So hat sie an der Ruck-Rede des damaligen Bundespräsidenten Roman Herzog mitgeschrieben. Auch die berühmten Arbeitsmarktreformen, die heute unter dem Namen Hartz IV bekannt sind, wurden von ihr konzeptionell und bis in die Sprache hinein vorbereitet. [...]

Stephan Hilsberg, Deutschlandradio Kultur, 24. 10. 2012

Aufgaben

1. Beschreiben Sie die Medienaktivitäten des Bertelsmann-Konzerns (M 4).
2. Erarbeiten Sie die Kritik, die an der Arbeit der Bertelsmann-Stiftung geübt wird (M 5).
3. Stiftungen wie die Bertelmann-Stiftung sehen sich selbst gerne als „dritte Kraft" neben Wirtschaft und Politik. Diskutieren Sie, inwieweit das im Fall Bertelmann zutrifft (M 4, M 5).

F Die Bertelsmann-Stiftung ist auch im Bildungsbereich aktiv. So wurde das Modellvorhaben „Selbständige Schule" in die Schulpraxis mehrerer Bundesländer überführt.
a) Informieren Sie sich, ob dies für Ihr Bundesland ebenfalls zutrifft und erörtern Sie die Vor- und Nachteile dieses Konzepts.
b) Diskutieren Sie, ob es legitim ist, dass die Stiftung solche Konzepte entwirft.

ORIENTIERUNGSWISSEN

Wirtschaftliche Grundlagen der Medien – Entwicklungstendenzen
M 2

Abgesehen von den öffentlich-rechtlichen Rundfunk- und Fernsehanstalten befinden sich die meisten **Medien in Privatbesitz**. Es handelt sich also um Wirtschaftsunternehmen mit entsprechender **Marktorientierung**, die einen wesentlichen Teil ihrer Einnahmen über Werbung generieren. Überzogene Renditeerwartungen der Eigentümer, sinkende Auflagen und zurückgehende Werbeeinnahmen haben insbesondere bei den Printmedien zu verstärkten Sparmaßnahmen und Konzentrationsprozessen geführt.

Folgen der Sparmaßnahmen

Die **Sparmaßnahmen** führen nicht selten zu einem Qualitätsverlust, da auf ausführliche Hintergrundberichte und sorgfältige Recherche zunehmend verzichtet wird. Durch die Abhängigkeit von den Werbeeinnahmen ist eine inhaltliche Rücksichtnahme auf Werbekunden vor allem im lokalen Bereich nicht auszuschließen. Darüber hinaus ist auch der Trend zu beobachten, dass Pressemeldungen ungeprüft von Redaktionen übernommen werden, um kostengünstig Inhalte zu erzeugen.

Folgen der Konzentrationsprozesse
M 3

(Grenzüberschreitende) **Konzentrationsprozesse** haben dazu geführt, dass einzelne Medienunternehmen eine starke Marktposition erlangen konnten. Dies kann dazu führen, dass Meinungsvielfalt eingeschränkt wird, wenn die Eigentümer versuchen, auf ihre Produkte oder sogar ganze Politikfelder (z.B. durch Aktivität in Stiftungen oder sogenannten „ThinkTanks") inhaltlich Einfluss zu nehmen oder andere Unternehmen vom Markt zu drängen.
Unter Wettbewerbsgesichtspunkten können Konzentrationsprozesse auf dem Medienmarkt zu einem Qualitätsverlust der Medienerzeugnisse führen, da die abnehmende Konkurrenz weniger Ansporn zu journalistischer Leistung bietet. Neue Anbieter können sich auf einem konzentrierten Medienmarkt nur schwer etablieren.

Schutz der Medienvielfalt

In der Bundesrepublik Deutschland verhindern vor allem das Bundeskartellamt und die KEK (Kommission zur Ermittlung der Konzentration im Medienbereich), dass eine zu starke Konzentration im Bereich der Medienwirtschaft den Meinungspluralismus und damit die Grundlagen der demokratischen Ordnung gefährdet. Aber auch die EU und internationale Organisationen unternehmen Anstrengungen, um die Medienvielfalt zu garantieren. Umstritten ist, ob der Staat eine aktivere Rolle zur Sicherung der Medienvielfalt einnehmen sollte.

KOMPETENZEN ANWENDEN

Staatliche Subventionen für den Zeitungsmarkt?

Die Öffentlichkeit leistet zur demokratischen Legitimation des staatlichen Handelns ihren Beitrag, indem sie politisch entscheidungsrelevante Gegenstände auswählt, zu Problemstellungen verarbeitet und zusammen mit mehr oder weniger informierten und begründeten Stellungnahmen zu konkurrierenden öffentlichen Meinungen bündelt.

Auf diese Weise entfaltet die öffentliche Kommunikation für die Meinungs- und Willensbildung der Bürger eine stimulierende und zugleich orientierende Kraft, während sie das politische System gleichzeitig zu Transparenz und Anpassung nötigt. Ohne die Impulse einer meinungsbildenden Presse, die zuverlässig informiert und sorgfältig kommentiert, kann die Öffentlichkeit diese Energie nicht mehr aufbringen.

Wenn es um Gas, Elektrizität oder Wasser geht, ist der Staat verpflichtet, die Energieversorgung der Bevölkerung sicherzustellen. Sollte er dazu nicht ebenso verpflichtet sein, wenn es um jene andere Art von „Energie" geht, ohne deren Zufluss Störungen auftreten, die den demokratischen Staat selbst beschädigen? Es ist kein „Systemfehler", wenn der Staat versucht, das öffentliche Gut der Qualitätspresse im Einzelfall zu schützen. Es ist nur eine pragmatische Frage, wie er das am besten erreicht.

Die hessische Landesregierung hat seinerzeit der Frankfurter Rundschau mit einem Kredit unter die Arme gegriffen - ohne Erfolg. Einmalige Subventionen sind nur ein Mittel. Andere Wege sind Stiftungsmodelle mit öffentlicher Beteiligung oder Steuervergünstigungen für Familieneigentum in dieser Branche. Keines dieser Experimente, die es andernorts schon gibt, ist ohne Folgeprobleme. Aber zunächst ist der Gedanke der Subventionierung von Zeitungen und Zeitschriften selber gewöhnungsbedürftig. [...]

Der Markt hat einst die Bühne gebildet, auf der sich subversive Gedanken von staatlicher Unterdrückung emanzipieren konnten. Aber der Markt kann diese Funktion nur solange erfüllen, wie die ökonomischen Gesetzmäßigkeiten nicht in die Poren der kulturellen und politischen Inhalte eindringen, die über den Markt verbreitet werden. [...] Argwöhnische Beobachtung ist geboten, weil sich keine Demokratie ein Marktversagen auf diesem Sektor leisten kann.

Jürgen Habermas, Keine Demokratie kann sich das leisten, in: Süddeutsche Zeitung, 19.5.2010

*Jürgen Habermas (*1929) ist einer der weltweit meistrezipierten Philosophen und Soziologen der Gegenwart und u.a. Autor der „Theorie des kommunikativen Handelns".*

Aufgabe

Erarbeiten Sie die zentralen Arugumente und erörtern Sie die Vor- und Nachteile der staatlichen Förderungen für den Zeitungsmarkt.

Otto Dettmer, in: der Freitag vom 9.7.2012

Interessenverbände – „Fünfte Gewalt“ oder Gefahr für die Demokratie?

4

Immer wieder werden Versuche privater Interessenverbände, Einfluss auf Politiker zu nehmen, zum Skandal in der Öffentlichkeit. Umstritten sind vor allem hohe Parteispenden, der naht- und reibungslose Wechsel von Interessenvertretern in die Politik sowie Ministerialbürokratie und umgekehrt sowie die Beratertätigkeit von Verbandsvertretern für politische Entscheider. Ist eine solche Einflussnahme illegitim? Oder ist sie erfreulicher Ausdruck eines pluralistischen Systems, in dem keine Interessen unterdrückt werden? Dienen Interessenvertreter nur sich selbst oder sind sie hilfreiche oder sogar notwendige Fachexperten beim Durchdenken immer komplexer werdender politischer Entscheidungen? Reichen die bestehenden rechtlichen Regelungen aus oder sollten weiterführende Gesetze erlassen werden, Lobbyarbeit einzuhegen und für die Bürger durchschaubar zu machen? Und wie lässt sich eigentlich die Durchsetzungsmacht bestimmter Interessenverbände erklären?

Kapitel 4.1 führt Sie über ein viel diskutiertes Beispiel aus der Gesundheitspolitik an die Thematik heran. Im Rahmen von Kapitel 4.2 können Sie eigene Sach- und Werturteile zur Bedeutung und zur Regulierung privater Interessenverbände in der pluralistischen Demokratie bilden.

KOMPETENZEN

Am Ende dieses Kapitels sollten Sie Folgendes wissen und können:

... die Unterschiede zwischen Parteien und Verbänden, wesentliche Mittel der Einflussnahme von Interessenvertretern auf politische Entscheidungsträger sowie die rechtlichen Grenzen dieser Einflussnahme in der Bundesrepublik kennen.

... (das Vertreten von) Eigeninteressen demokratietheoretisch einordnen (Pluralismus).

... die Legitimität der Einflussnahme von Interessenvertretern auf politische Entscheidungen am konkreten Fall beurteilen.

... sich an der Diskussion über die Verschärfung der rechtlichen Regulierung von Lobbying aktiv beteiligen.

Aufgaben

1. Interpretieren Sie die Zeichnung.
2. Der Versuch von Interessenverbänden, auf politische Entscheider Einfluss zu nehmen, sollte generell verboten werden! Führen Sie (nach einer kurzen Vorbereitungszeit) zu dieser Frage z. B. eine Amerikanische Debatte durch.

4.1 Teure Medizin – Pharma-Lobby und Arzneimittelpreise

4.1.1 Wie könnten Arzneimittelpreise gesenkt werden?

Die kleinere Figur stellt den damaligen Bundesgesundheitsminister Philipp Rösler (FDP) dar.

M 1 ● Zorro lebt!

Burckhard Mohr (10.3.2010)

M 2 ● Deutschlands teure Medikamente

a) Ausgaben für Medikamente im europäischen Vergleich

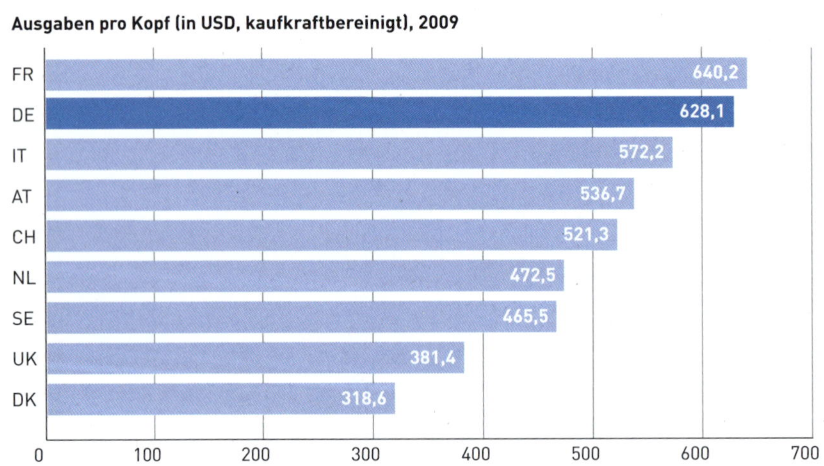

Aus: OECD, Health at a Glance 2011. OECD Indicators, o.O. 2011, S. 155

b) Teure Medikamente

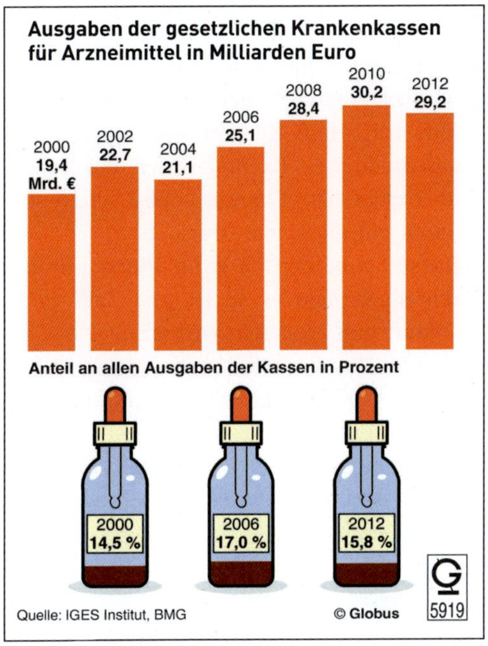

Info

Gesetzliche Krankenversicherung (GKV)

- Versicherte: abhängig Beschäftigte mit einem Bruttoeinkommen bis 4.350 Euro/Monat (Stand: 2013) sowie deren Kinder; Rentner; Arbeitslose; ca. 88,6% der Bevölkerung in GKV versichert (Stand: 2010)
- Beitragssatz: 15,5% des Bruttolohns – 7,3% Arbeitgeber-, 8,2% Arbeitnehmeranteil (Stand: 2013)
- Leistungen nach dem Solidarprinzip (Umverteilung der Mittel von Gesunden zu Kranken bzw. von den Netto-Einzahlern zu Netto-Empfängern)

Private Krankenversicherung (PKV)

- Versicherte: abhängig Beschäftigte mit einem Bruttoeinkommen über 4.350 Euro/Monat (Stand: 2013), Beamte, Selbstständige sowie je nach Vertrag deren Kinder; ca. 11,4% der Bevölkerung (Stand: 2010)
- Leistungen: nach vertraglicher Vereinbarung
- Beitragssatz berechnet nach statistischem Krankheitsrisiko und Eintrittsalter (Äquivalenzprinzip)

M 3 ● Positivliste für Arzneimittel

Eine Positivliste umfasst alle zulasten der gesetzlichen Krankenversicherung (GKV) verordnungsfähigen Arzneimittel.

In Deutschland hat es mehrere gesetzgeberische Versuche gegeben, eine solche Liste einzuführen, die letztlich durch nachfolgende Reformen jedoch wieder revidiert wurden. [...] Gegen den Widerstand der Krankenkassen und eines Teils der Bundesländer wurde die Positivliste [...] 1995 bereits vor ihrem Inkrafttreten zurückgenommen.

Mit der GKV-Gesundheitsreform 2000 wurde ein Verfahren zur Erstellung einer Positivliste gesetzlich festgeschrieben. Bevor eine Positivliste in Kraft treten konnte, wurde die entsprechende Regelung durch das GKV-Modernisierungsgesetz [2004] wieder ersatzlos gestrichen.

www.aok-bv.de, Lexikon (2.9.2013)

Wenn eine Positivliste Wirkung (z.B. Kostendämpfung) entfalten soll, muss eine Auswahl der Medikamente auf dem Markt stattfinden. Kriterien für diese Auswahl sind therapeutische (Nutzen und Bewährungsgrad) sowie ökonomische (Kosten-Nutzen-Verhältnis).

In den meisten Ländern der Europäischen Union werden Positivlisten geführt (z.B. Frankreich, Dänemark, Niederlande, Österreich).

Autorentext

M 4 Lobbyarbeit gegen eine Positivliste?

a) Horst Seehofer zum Druck der Lobby

In einem Interview, das in der ZDF-Sendung „Frontal21" am 6. Juni 2006 ausgestrahlt wurde, beschreibt der ehemalige Bundesgesundheitsminister Horst Seehofer (CSU) den Einfluss von Pharmaunternehmen bei den Verhandlungen zur Einführung einer Positivliste.

Frontal21: Heißt das denn, dass die Lobby wirklich so stark war [...], Sie quasi dann da zurückziehen mussten?

Horst Seehofer: Ja, das ist so. Seit 30 Jahren bis zur Stunde [...] [sind] sinnvolle strukturelle Veränderungen auch im Sinne von mehr sozialer Marktwirtschaft im deutschen Gesundheitswesen nicht möglich wegen des Widerstandes der Lobby-Verbände.

Frontal21: Seehofers Staatssekretär, Baldur Wagner, hat seinerzeit dem Chef des Bundesverbandes der pharmazeutischen Industrie, Hans-Rüdiger Vogel, sogar ein geschreddertes Exemplar der Positivliste überreicht. Die Pharma-Lobby setzte sich durch mit massivem Druck.

Horst Seehofer: Ich kann Ihnen nur beschreiben, dass es so ist und dass es so abläuft und zwar sehr wirksam.

Frontal21: Aber es kann ja nicht sein, dass die Industrie stärker ist als die Politik. Also letzten Endes muss es doch heißen, die Politik muss sagen: Nein, so geht es nicht.

Horst Seehofer: Ja, ich kann Ihnen nicht widersprechen.

Zitiert nach: www.diagnose-funk.org (2. 9. 2013)

b) 25 Millionen Besuche von Arzneimittelvertretern

Für den Bundestag haben 4.500 Lobbyisten Ausweise. Sie sind sehr erfolgreich. Betrachten wir zum Beispiel die sogenannte Positivliste von Arzneimitteln. In Deutschland sind mehr als 40.000 Präparate zugelassen. Als Chirurg brauche ich davon regelmäßig kaum 20, ein Hausarzt wird wohl etwa 100 davon verschreiben, ein Internist vielleicht 150, die Apotheke eines Krankenhauses braucht rund 1.500 Präparate. So sähe auch eine Positivliste aus: Eine verbindliche Liste der wirksamen und preiswerten Medikamente. Das wäre dann das Ende von 25 Millionen Besuchen von Arzneimittelvertretern bei den 130.000 niedergelassenen Ärzten, das Ende von versteckter Werbung in medizinischen Fachzeitschriften, das Ende von gekauften Referenten auf medizinischen Kongressen, das Ende des Sponsorings von Selbsthilfegruppen und das Ende von pseudoobjektiven Internetportalen.

Bernd Hotschik, in: Frankfurter Rundschau, 17. 1. 2009
Bernd Hotschik ist praktizierender Chirurg und Autor mehrerer Bücher, u. a. zur Kritik an der Schulmedizin.

Aufgaben

1. Beschreiben Sie die Karikatur und deuten Sie sie vorläufig (M 1).
2. Analysieren Sie die Kosten(entwicklung) von Arzneimitteln in Deutschland und leiten Sie aus der Analyse ein politisches Problem ab (M 2).
3. Erklären Sie die erwünschten Wirkungen einer „Positivliste" für die Erstattung von Arzneimittel-Ausgaben vor dem Hintergrund des von Ihnen formulierten politischen Problems (M 2, M 3).
4. Erläutern Sie hypothesenartig, in welchem Maße und auf welche Art und Weise die Interessenvertreter der pharmazeutischen Industrie die Einführung einer „Positivliste" bisher verhindert haben könnten (M 4).

F Arbeiten Sie Seehofers mögliche Interessen heraus, den Interventionen der Pharma-Lobby die Hauptverantwortung für das vorläufige Scheitern der „Positivliste" zuzuweisen (M 3).

4.1.2 Was ist und wie arbeitet „die Lobby“?

M 5 ● Teamarbeit

Luis Murschetz, München

Info

Lobby

Lobbyismus im engeren Sinn ist der Prozess, in dem Akteure die Interessen der eigenen Organisation oder gegen Geld die Interessen Dritter mit speziellen Mitteln vertreten. Lobbykontakte sind primär alle direkten Kontakte – persönlich, telefonisch, schriftlich per E-Mail, SMS, Fax oder postalisch – mit Mandatsträgern [...], Ministerialbeamten sowie Abgeordneten, Fraktionsmitarbeitern [...], die zum Ziel haben, Einfluss auf die Politik zu nehmen oder politische Informationen zu sammeln.

Andreas Kolbe u. a., Marktordnung für Lobbyisten, Frankfurt a.M. 2011 (OBS-Arbeitsheft 70), S. 10

Verbände werden heute – im Anschluss an Ulrich von Alemann – in der Regel nach Handlungsfeldern typisiert:
Zu den Interessengruppen im *Wirtschaftsbereich* zählen u. a. Arbeitgeberverbände und Gewerkschaften, aber auch Berufsverbände [...]. Die Verbände im *sozialen Handlungsfeld* bestehen aus Organisationen mit Hilfscharakter wie Freiwillige Feuerwehren oder Unterstützer für definierte Personenkreise (z. B. Arbeiterwohlfahrt). Hinzu kommen Interessenverbände in den Bereichen *„Freizeit und Erholung“* sowie *„Religion, Kultur und Wissenschaft“*. Zuletzt werden Interessen in *gesellschaftspolitischen Querschnittsbereichen* organisiert; dazu gehören auf der einen Seite gesellschaftspolitische Verbände i. e. S. aus der Umweltschutz- (z. B. Greenpeace), der Friedens- und der Emanzipationsbewegung sowie globalisierungskritische Gruppen (z. B. Attac) und auf der anderen Seite ideelle bzw. humanitäre Gruppen wie Amnesty International.

Nach: Peter Lösche, Verbände und Lobbyismus in Deutschland, Stuttgart 2007, S. 41 f.

Erklärfilm zum Begriff Lobbyismus (Mediencode 73001-03)

M 6 Interessenverbände ≠ Parteien

	Interessenverbände	Parteien
Programmatik	eher auf wenige Themen bezogen (bis zu *single-issue*-Verbänden)	eher umfassend
Ziel	Durchsetzung von Partikularinteressen; keine Regierungsbeteiligung	Erhalt formal abgesicherter Macht (z. B. Regierungsbeteiligung)
Machtquelle/n	informelle Einflussnahme; offizielle Anhörung vor politischen Repräsentanten; Aufbau öffentlichen Drucks	Souverän → Wahlen → (Mit)Entscheidungsbefugnis Delegation auf Zeit
innere Organisation	unbestimmt; auch abhängig von der juristischen Verfasstheit (eingetragener Verein etc.)	verpflichtend demokratisch
Grundgesetz	Art. 9 GG (Vereinigungsfreiheit)	Art. 21 GG (Parteien)
Sonstiges	erbringen z. T. Serviceleistungen für Mitglieder (z. B. ADAC, Mieterschutzbund)	

M 7 Mittel der Einflussnahme auf politische Entscheidungen

a) Strukturen und Mittel der Einflussnahme

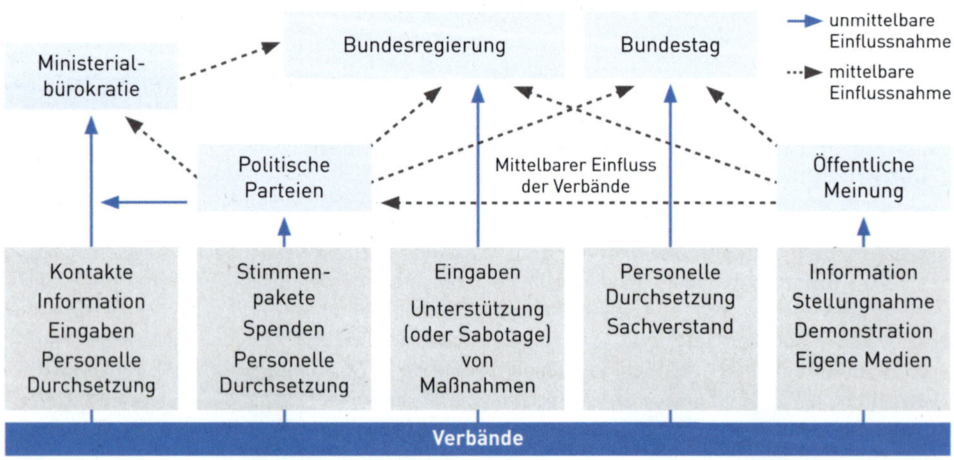

Wolfgang Rudzio, Das politische System der Bundesrepublik Deutschland, 8. Aufl., Wiesbaden 2011, S. 89

b) Adressaten des Lobby-Einflusses

Am wichtigsten für lobbyistische Kontakte und Einflussanstrengungen – wenigstens in parlamentarischen Regierungssystemen – ist die Ministerialbürokratie. In deren Referaten werden nämlich die Gesetzentwürfe und die Entwürfe für Verordnungen „gefertigt“ […].

Doch selbst wenn ein Lobbyist beste Verbindungen in „sein“ Referat unterhält, mag dies unzureichend sein, um die spezifisch vertretenen Interessen durchzusetzen und frühzeitig auf den Gesetzgebungs- oder Verordnungsprozess Einfluss zu nehmen. Die Frage stellt sich nämlich, wer eigentlich den Anstoß für eine Gesetzesinitiative gibt, die dann in dem Referat eines Ministeriums ausgearbeitet wird. [...] Die Initiative kann natürlich von politischer Seite, von einem Minister oder einem Staatssekretär, von einem Parlamentarier kommen. Denkbar ist aber auch, dass andere Verbände und Lobbyisten einen politischen Akteur entsprechend beeinflusst haben. Nicht immer eindeutig und nach keinem klaren Muster wird also ein bestimmtes Problem auf die Tagesordnung gesetzt. Der gewiefte Lobbyist [...] muss aber in der Lage sein, sich bereits in den Prozess des „Agenda Setting“ einzuschalten. Oder er wird schon eine Stufe früher tätig, indem er selbst oder jemand anderes, ein kollegial verbundener Lobbyist, das zu lösende Problem identifiziert, das dann in einen Gesetzgebungs- oder Verordnungsprozess mündet. Der Gang eines Gesetzes oder einer Verordnung durchläuft [...] mehrere Phasen, bevor das Parlament damit überhaupt befasst wird:

(1) Identifikation eines latent vorhandenen, aber noch nicht aktualisierten Problems.

(2) Das Problem wird auf die politische Tagesordnung gesetzt: Die Initialzündung geht in der Regel von einem Politiker, nicht von einem Lobbyisten aus.

(3) Ein Referent bzw. Hilfsreferent im Ministerium wird beauftragt, einen Gesetzentwurf zu „fertigen“.

(4) Der Abteilungsleiter erhält den Gesetzentwurf zur Kontrolle und Überarbeitung.

(5) Vom Abteilungsleiter geht der Entwurf weiter an einen beamteten, u.U. auch an einen parlamentarischen Staatssekretär.

(6) Der Minister bringt den Entwurf als Vorlage in das Kabinett ein.

(7) Das Kabinett beschließt über die Gesetzesvorlage. Für einen Minister bedeutet es eine schwere politische Niederlage, wenn ein derartiger Gesetzesentwurf zur Überarbeitung an „sein“ Haus zurückverwiesen wird.

(8) Die Kabinettsvorlage wird im Parlament eingebracht und geht im bundesrepublikanischen Regierungssystem zunächst an den Bundesrat zur Stellungnahme.

Alle Stufen einer Gesetzesvorlage bzw. des Entwurfs einer Verordnung „begleiten“ die an der Materie interessierten Lobbyisten. Je weiter eine Vorlage voranschreitet, um so weniger ist an ihr allerdings noch etwas zu ändern. [...]

In parlamentarischen Regierungssystemen wird die eigentliche Gesetzgebungsarbeit in der Ministerialbürokratie „geleistet“. Aus dieser Tatsache kann leicht der Verdacht entstehen, dass die Legislative, das Parlament, von den Bürokraten entmachtet worden ist. Unumstößlich ist aber, dass nach Art. 77 GG der Bundestag die Bundesgesetze beschließt. Ob sie im Parlament beraten, diskutiert, im Plenum beraten und dann entschieden werden, ist in der Verfassung nicht geregelt.

Peter Lösche, Verbände und Lobbyismus in Deutschland, Stuttgart 2007, S. 66–69

Titel der Zeitschrift „Politik & Kommunikation“ Oktober 2009.

„Agendasetting“
→ vgl. Kapitel 3.1, M 4

Aufgaben

1. Analysieren Sie die Karikatur (M 5).
2. Erläutern Sie die Mittel der Einflussnahme, mit denen die Interessenvertreter der pharmazeutischen Industrie die Einführung einer „Positivliste“ bisher verhindert haben könnten (M 7, Info).
3. Prüfen Sie, ob bzw. inwieweit die Karikaturaussage auf das Beispiel „Positivliste für Arzneimittel“ zutreffen könnte.

METHODE

Ideologiekritische Textanalyse

Beispiel: Rede eines Interessenvertreters

Aus einer Rede des geschäftsführenden Vorstands des Bundesverbandes deutscher Banken, Professor Dr. Manfred Weber, anlässlich der Informationstagung „Wer dreht am Rad der Politik? – Über Zustand und Zukunft von Lobbyismus und Politikberatung“ am 17.1.2007 in der Freien Universität Berlin (Auszüge):

Mein Name ist Manfred Weber. Ich bin Lobbyist. Das heißt: Mein Einfluss und der anderer Lobbyisten „ist größer denn je“. So war es vor neun Tagen erst wieder im „Spiegel“ zu lesen. „Tricksen, Mauscheln, Kungeln“ – all das gehört, so der Artikel, zu meinem Handwerk, und ich verkörpere die (Zitat) „fünfte Gewalt im Staat, vor der Experten warnen“ (Ende des Zitats). Und provokativ, wie Medienvertreter sind, ja, sein müssen, heißt es in der Einladung zu dieser Veranstaltung: „Was haben Abgeordnete noch zu melden, wenn Lobbyisten und Berater in Berlin die Macht übernehmen?“ […]

Was leisten Verbände für die Politik?

Verbände sind Dienstleister für ihre Mitglieder. Sie sind aber auch Dienstleister für die Politik. Denn die Vertretung legitimer Einzelinteressen und ihre Bündelung liegt in der Logik der politischen Willensbildung in der Demokratie.

Dem steht gerade in der Finanzwirtschaft mit ihren zunehmend komplexen Strukturen ein großer Beratungsbedarf seitens der Politik gegenüber. Die Politik hat ein ureigenes Interesse an der Arbeit der Verbände, ja, sie ist darauf angewiesen. Darin liegt die wichtige Funktion der Verbände als Mittler zwischen Wirtschaft und Politik.

Das ist eine höchst sinnvolle Arbeitsteilung. Alle Beteiligten konzentrieren sich auf das, was sie am besten können: die Unternehmen auf das Geschäft, die Politik auf das Entscheiden und die Verbände auf die Vermittlung. Das klingt abstrakt, ist aber ganz praktisch: Wie sollte – ich sprach es an – ein kleines Bankhaus ohne großen Stab allein ständig über die komplette Finanzgesetzgebung im Bild bleiben?

Und wie sollte – umgekehrt – der einzelne Bundestagsabgeordnete alle relevanten Feinheiten einer hoch technisierten, international eng verflochtenen Branche mit immer diffizileren Produkten überblicken? Erst kürzlich hat der Präsident des Bundesverfassungsgerichts […] hervorgehoben, dass Verbände nützliche und bisweilen unverzichtbare Politikberater sind.

Das heißt: Das Verhältnis zwischen Politik und Verbänden ist keine Einbahnstraße. Um es aber sehr deutlich zu sagen: Mit Kungelei oder Geschäften auf Gegenseitigkeit hat das, jedenfalls nach meiner Auffassung und für den Bankenverband, nichts zu tun. […]

Zwangsläufig fehlt es der Politik an Detailwissen über jede Branche, jeden Sachverhalt und jede neue Entwicklung. Sie würde sich hoffnungslos übernehmen, würde sie versuchen, dieses Know-how selbst zu erwerben und vorzuhalten. Deswegen tut sie gut daran, nachzufragen, sich zu informieren und auf die Arbeit von Verbänden zurückzugreifen.

Sie wäre schlecht beraten – und es wäre auch ein merkwürdiges Verständnis von Demokratie –, würde sie auf diese Ressource verzichten. Diese Ressource, das sind Dienstleistungen, das ist Sachverstand, das sind verlässliche Informationen, das ist fundierte Beratung. […]

Was leisten Verbände für die Gesellschaft?

Verbände stehen also im Dienst ihrer Mitglieder und ebenso im Dienst der Politik – und zu beidem sind sie besser berufen als viele Ad-hoc-Lobbyisten.

Ein Verband – und auch hier möchte ich wiederum nur für meinen, den Bankenverband sprechen – leistet aber auch etwas für die Gesellschaft. Als Good Corporate Citizen, um es neudeutsch zu sagen, nimmt er öffentliche Aufgaben im Interesse der Allgemeinheit wahr.

Lassen Sie mich hier nur ein Beispiel herausgreifen, eines, das uns – und mir persönlich – eine Herzensangelegenheit ist: Ich spreche von unserem Beitrag zur ökonomischen Grundausbildung von Schülern. Ökonomische Bildung – davon sind wir überzeugt – muss möglichst früh einsetzen. Nur wer als junger Mensch einen soliden Grundstock an Wirtschafts- und Finanzwissen erwirbt, kann als Erwachsener kompetent in Finanzfragen handeln, und er verbessert seine Chancen am Arbeitsmarkt. Konkret heißt das für uns: Seit mehr als 15 Jahren unterstützen wir die ökonomische Bildung Jugendlicher mit unserem Schul/Bank-Programm. Schülerwettbewerbe, Material für den Unterricht, in dem objektiv und sachlich die Marktwirtschaft erklärt wird, ein Newsletter, der monatlich über 65.000 Lehrer erreicht, und vieles mehr – all dies tun wir, aber eben nicht als Lobbyisten, sondern weil wir uns der Wirtschaftsbildung von Schülern verpflichtet fühlen.

Hinweise zur ideologiekritischen Textanalyse

Jede Analyse sollte folgende Fragen beantworten:

- Wer produziert bei welchem Anlass für wen den Text?
- Welche (genannten oder ungenannten) Interessen vertritt der Autor?
- Welche Wirkung soll der Text erzielen?
- Welches Vorgehen/Handeln soll gerechtfertigt werden?
- Welche Aussagen sind korrekt und wahrheitsgetreu?
- Was wird beschönigend dargestellt oder verschwiegen?

Hinweise auf verdeckte Interessen finden sich in:

■ manipulativen Argumentationstechniken:

- Entlastungsmethode (Problem wird von der Gegenseite her beleuchtet, man hilft dem Partner, sein Gesicht zu wahren)
- Beschwichtigung (Verständnis bekunden, auf Gemeinschaft hinweisen)
- Selektionstechnik (eine Einzelaussage als Volksmeinung dargelegen)
- Plus-Minus-Methode (den Mängeln zahlreiche Vorteile gegenüberstellen oder umgekehrt)
- Emotionalisierung (ethische Argumentation, auf das Gute im Menschen Bezug nehmen) ...

■ rhetorischen und sprachlich-stilistischen Besonderheiten:

- Hochwertwörter (Bsp. Heimat, Gerechtigkeit, Ehre, ...)
- Autoritätsargumente (Bsp. „Nach den neuesten Erkenntnissen der Wissenschaft ...", „In der Physik reden wir von ...", „Professor Krause hat dazu ausgeführt ...")
- Euphemismen („Kollateralschaden" für zivile Kriegstote, „Rubensfigur" statt „Übergewicht", „Entsorgungspark" statt „Mülldeponie")
- Abwertungen („Sekte" für religiöse Minderheit, „Penner" für Obdachlose, ...)
- Ironie ...

Abschließend kann eine **Gesamtbewertung** eines Textes unter dem Blickwinkel stehen, ob überwiegend redliche oder eher manipulierende Mittel verwendet werden.

Weitere Informationen auf: rhetorik-homepage.de oder rhetorik.ch/Argument/Argument.html

Friedrich Wölfl, in: Das politische System der Bundesrepublik Deutschland, Bamberg 2010, S. 82 f.

Aufgabe

Die Rede des geschäftsführenden Vorstands des Bundesverbands deutscher Banken, Prof. Dr. Manfred Weber, eignet sich als Text für eine ideologiekritische Analyse. Mit ihrer Hilfe können Ansichten und Behauptungen daraufhin geprüft werden, ob sie Wirklichkeit verfälschen, sie unvollständig beschreiben oder mit bestimmten rhetorischen Mitteln arbeiten, um eigene Positionen zu rechtfertigen oder bestimmte Interessen zu verschleiern. Untersuchen Sie die Rede unter dem Aspekt ihres Ideologiegehalts.

4.2 Interessenverbände – Gefahr für die Demokratie?

4.2.1 Organisierte Interessen – zentral für eine Demokratie?

M 1 Lobbyismus und Demokratie – ein Gegensatz?!

M 2 Welche Funktionen haben Interessenverbände?

„Fünfte Gewalt“
Begriff in Anlehnung an die drei Staatsgewalten und die freie Presse als „Vierte Gewalt“. Interessenverbände hätten auch die Funktion der staatlichen Machtkontrolle.

Wenn hier von „Funktionen“ gesprochen wird, sind damit die Leistungen gemeint, die für das politische System als solches erbracht werden. [...]

- Die *Artikulationsfunktion*
  Interessengruppen ermöglichen es gesellschaftlichen Interessen, Gehör zu finden. Umgekehrt heißt dies für das politische System, dass es diese Interessen besser wahrnehmen kann. [...] Kein demokratisches System kann auf Dauer gegen die Interessen der Bürger funktionieren.
- Die *Aggregationsfunktion*
  Interessengruppen bündeln die zahllosen Einzelinteressen und machen diese überschaubarer. Damit reduzieren sie ganz wesentlich die Komplexität der gesellschaftlichen Interessen. Dies geschieht häufig in einem durchaus konflikthaften innerorganisatorischen Prozess. Da gibt es Machtkämpfe zwischen den Flügeln eines Verbandes, Intrigen werden gesponnen und schließlich müssen Kompromisse gesucht und gefunden werden. Schafft es die jeweilige Interessengruppe jedoch, eine halbwegs konsistente Position zu erarbeiten, erbringt sie nicht nur für das politische System eine zentrale Leistung, sondern erhöht auch substantiell die Chancen, die eigenen, nun einheitlichen Forderungen, wirkungsvoll in den politischen Prozess einzubinden.
- Die *Vermittlungsfunktion*
  Werden Interessengruppen an wichtigen politischen Entscheidungen beteiligt, müssen sie das Ergebnis der Verhandlungen ihren Mitgliedern vermitteln. Wie weit die Interessengruppen hierbei gehen können, mit anderen Worten, wie weitgehend die Zugeständnisse in den Verhandlungen sein können, ist nicht immer leicht zu beurteilen. Weil die Verhandlungsergebnisse anschließend den Mitgliedern vermittelt werden müssen, ist hier sehr viel Fingerspitzengefühl gefragt. Eine gewisse Rolle spielt dabei auch, wie zuverlässig ein Verband zentralistisch und hierarchisch organisiert ist.
- Zuletzt erfüllen Verbände zeitweise auch eine *Informationsfunktion*:
  Deren Mitarbeiter und Funktionäre verfügen sehr häufig über ein hohes Maß an Expertenwissen, das von politischen Entscheidungsträgern benötigt werden kann, um eventuelle Folgen ihrer Entscheidungen abzusehen.

Wilhelm Hofman, Nicolai Dose, Dieter Wolf, Politikwissenschaft, Konstanz 2007, S. 123 f.

M 3 ● Ernst Fraenkel: Bedeutung von Interessenverbänden für die pluralistische Demokratie

Die Mitwirkung des Bürgers muss die Möglichkeit einschließen, durch Mitgliedschaft und Mitarbeit in den Interessenorganisationen an der Regelung der Alltagsfragen teilzunehmen, die ihn unmittelbar berühren. […]

Mitarbeit des Bürgers in der parlamentarischen Demokratie gewährt dem einzelnen das unmittelbare politische Wahlrecht; Mitarbeit des Bürgers in der pluralistischen Demokratie gewährt dem einzelnen ein mittelbares durch die Parteien und Verbände geltend zu machendes Mitgestaltungsrecht auf die öffentliche Meinung, die Fraktionen und damit auch auf Regierung und Parlament. […]

Ein richtig verstandener Pluralismus ist sich der Tatsache bewusst, dass das Mit- und Nebeneinander der Gruppen nur dann zur Begründung eines […] Gemeinwohls zu führen vermag, wenn die Spielregeln des politischen Wettbewerbs mit Fairness gehandhabt werden, wenn die Rechtsnormen, die den politischen Willensbildungsprozess regeln, unverbrüchlich eingehalten werden, und wenn die Grundprinzipien gesitteten menschlichen Zusammenlebens uneingeschränkt respektiert werden […].

Ernst Fraenkel, in: Deutschland und die westlichen Demokratien, Frankfurt a. M. 1991, S. 271 ff., Reihenfolge geändert

Der Jurist und Politologe Ernst Fraenkel (1898-1975) musste vor den Nazis in die USA fliehen. Er galt nach seiner Rückkehr 1951 als einer der wichtigsten Demokratietheoretiker in Westdeutschland.

M 4 ● Welche Art von Lobbyismus schadet der Demokratie?

Verdeckter und intransparenter Lobbyismus hebelt den Kern der Demokratie aus, den offenen Meinungsstreit mittels des besseren Arguments. Er bedroht den Primat [Vorrang] öffentlich kommunizierter demokratischer Entscheidung. Er unterläuft die normierten demokratischen Mitwirkungsmöglichkeiten, insbesondere unterläuft er den Kern der demokratischen Verständigung, wie sie in Parlamenten gepflegt wird, aber auch in Verhandlungsgremien der Tarifpartner […]. Dieser Kern sind offene, diskursive Prozesse, die gleiche Chancen für die Entfaltung der Rationalität von Argumenten bieten und deswegen das Fundament demokratischer Konsenserzeugung bilden.

Intransparente Einflussnahme auf die Exekutive, insbesondere auf Minister, beschneidet die Mitwirkungsrechte der Parlamente und damit des Souveräns. […]

Andreas Kolbe u.a., Marktordnung für Lobbyisten, Frankfurt a.M. 2011 (OBS-Arbeitsheft 70), S. 39 f.

Aufgaben

1. Positionieren Sie sich zur Aussage des Plakats (M 1).
2. a) Ordnen Sie Ihnen bekannte Interessenverbände in folgende Matrix der Durchsetzungschancen (nach Fritz Scharpf) ein.

		Motive	
		moralisch	egoistisch
Interessen	diffus		
	konzentriert		

   b) Erklären Sie, welche Verbände die größten Durchsetzungschancen haben.
3. Erläutern Sie die Funktionen und die Bedeutung der Interessenverbände in einem demokratisch-pluralistischen politischen System (M 2–M 4).
4. Nehmen Sie erneut Stellung zur Plakataussage (M 1) und begründen Sie, warum sich Ihre Position (nicht) geändert hat.

H zu Aufgabe 2
Berücksichtigen Sie u.a. Gewerkschaften, Arbeitgeber-, Umwelt- und Verbraucherverbände sowie Organisationen, die eine bestimmte Branche vertreten (z.B. Verband der pharmazeutischen Industrie).

H zu Aufgabe 3
Zeigen Sie die Konsequenzen für die Bürger in einem politischen System auf, in dem die Bildung von Interessengruppen verboten ist.

4.2.2 (Wie) Sollte Lobbyeinfluss reguliert werden?

M 5 ● Lobbyismus kenntlich machen!

LOBBYISMUS AUFDECKEN

Mehr Transparenz und Mitbestimmung für die Bürger!

Forderung des Bloggers Wasilios Katsioulis, www.noexclusion.com (2. 9. 2013)

M 6 ● Rechtslage in Deutschland zur Einflussnahme von Verbänden

Registrierung: Öffentliche Liste über die Registrierung von Verbänden und deren Vertretern („Lobbyliste“), vom Bundestagspräsidenten geführt; nur für überregionale Verbände; Eintrag freiwillig, aber ohne Registrierung i. d. R. keine Ladung zur Anhörung in Bundestagsausschüssen; festgelegt in der Geschäftsordnung des deutschen Bundestages

Parteispenden: Unverzügliche Anzeige von Parteispenden über 50.000 Euro beim Bundestagspräsidenten und anschließende Veröffentlichung; Veröffentlichung von Spenden über 10.000 Euro im jährlichen Rechenschaftsbericht einer Partei; Verbot von Spenden, die erkennbar auf eine erwartete Gegenleistung schließen lassen; Spenden von Berufsverbänden verboten; festgelegt im Parteispendengesetz

Bundestagsabgeordnete: Anzeigepflicht von Nebentätigkeiten als Mitglied eines Vorstandes, Aufsichtsrates, Verwaltungsrates, Beirates u. Ä.; Offenlegung der damit erzielten Nebeneinkünfte, die 1.000 Euro im Monat bzw. 10.000 Euro im Jahr übersteigen; festgelegt im Abgeordnetengesetz und in der Geschäftsordnung des deutschen Bundestages

Bundesregierung: Verbot des Ausübens eines Amtes oder eines Berufes neben der Ministertätigkeit; festgelegt im Gesetz über die Rechtsverhältnisse der Mitglieder der Bundesregierung („Bundesministergesetz“)

„Leihbeamte“: Personen aus Privatunternehmen oder Verbänden dürfen höchstens sechs Monate (im Einzelfall bis zu 2 Jahren) in der Bundesverwaltung und in Ministerien arbeiten, wenn deren Kenntnisse in einem Gebiet nicht ausreichen; in leitender Funktion dürfen die Leihbeamten nicht tätig und am Verfassen von Gesetzentwürfen nicht beteiligt sein; festgelegt in der Richtlinie der Bundesregierung zur Korruptionsprävention in der Bundesverwaltung.

Autorentext

LobbyControl

Der v. a. durch Spenden und Beiträge finanzierte Verein verfolgt die Ziele, Lobbyeinfluss (auf die Bundespolitik) transparent zu machen und stärker als bisher zu regulieren: *www.lobbycontrol.de*

Transparency International

Die Antikorruptionsvereinigung setzt sich ebenfalls für eine strengere Kontrolle und Regulierung des Einflusses privater Organisationen auf Politik und Verwaltung ein: *www.transparency.de/Politik.62.0.html*

M 7 ● Anforderungen an Lobby-Kontrolle

Definition	Beschränkungen	Aufsicht	Sanktionen	Sonderregeln
Was ist Lobbying? Wer ist Lobbyist und wer Amtsträger?	Was müssen Lobbyisten, was müssen Amtsträger tun?	Wer ist für den Vollzug der Regeln veantwortlich?	Wie werden Verstöße geahndet?	Welche anderen Regeln gibt es?

Maciej Drozd, Lobbying-Regulierung im europäischen Vergleich, in: Public Affairs Manager 2/2006, S. 82

M 8 ● Verbandseinfluss strenger regulieren und kontrollieren – Eine politische Forderung

Registrierung: Ein Transparenzregister, das die Lobbyisten gegenüber dem Parlament (und auch der Regierung) lizenziert, stellt es den Akteuren frei, sich selbst als Lobbyist zu definieren und einen Antrag auf Akkreditierung zu stellen [...]. Lobbyist ist, wer im Register eingetragen wird. Nur akkreditierten Lobbyisten stehen aber bestimmte Wege der Interessenvertretung gegenüber dem Parlament legitimerweise offen. [...]

Bundestagsabgeordnete: Die bisherige Bagatellgrenze von 1.000 Euro pro Einkommensquelle solle beibehalten werden. Nebentätigkeiten, die Lobbyarbeit enthalten oder Abgeordnete auf andere Weise in Interessenkonflikte bringen können, müssten verboten werden. Außerdem sei eine Deckelung der Nebeneinkünfte zu diskutieren. [...]

„Drehtüreffekt": Der Seitenwechsel von Ex-Politikern und -Beamten ist nur eines der Instrumente in der Unternehmens- und Lobbykonkurrenz. Und er ist im persönlichen, materiellen wie emotional-psychischen Interesse einer kleinen Schicht von Spitzenpolitikern. Aber sie generieren nachhaltige Probleme auf der politisch-legitimatorischen Ebene. [...]

Regierung und Parlament behalten im Rahmen öffentlicher, transparenter Verfahren die Entscheidungskompetenz in jedem Einzelfall. [...]

Gesetzentwürfe: Externe Zuarbeit zur oder die teilweise oder komplette externe Formulierung von Gesetzen wird [...] zum Ausnahmefall erklärt, aber unter bestimmten Umständen nicht ausgeschlossen. Die erste Bedingung ist, dass für die Dringlichkeit der Mitwirkung Externer eine nachvollziehbare und glaubwürdige Begründung gegeben und der Nachweis erbracht wird, dass die jeweilige Gesetzesmaterie aufgrund qualifikatorischer Lücken hausintern nicht hinlänglich bearbeitet werden kann. Die zweite Bedingung ist die Transparenz der Auftragsvergabe.

Andreas Kolbe u. a., Marktordnung für Lobbyisten, Frankfurt a.M. 2011 (OBS-Arbeitsheft 70), S. 60 ff. Überschriften eingefügt

Aufgaben

1. a) Nehmen Sie – auch vor dem Hintergrund der Anforderungen an Lobby-Kontrolle und -Regulierung (M 7) – Stellung zur Rechtslage in Deutschland (M 6).
   b) Entwickeln Sie bei Bedarf weitergehende Vorschläge zur Lobby-Kontrolle in Deutschland.
2. Überprüfen Sie – auch im Vergleich mit Ihren Veränderungsideen –, ob bzw. inwieweit der politische Reformvorschlag geeignet ist, die Lobby-Kontrolle und -Regulierung in Deutschland zu verbessern (M 8).

ORIENTIERUNGSWISSEN

Lobbyismus – Definition, Strategien, Rechtsstellung
Kap. 4.1, M 7

Lobbyismus liegt vor, wenn Akteure (Lobbyisten) die Interessen der eigenen Organisation oder gegen Geld die Interessen Dritter gegenüber politischen Entscheidern vertreten. Dabei sollen politische Entscheidungen i. S. d. vertretenen Partikularinteressen beeinflusst werden.
Einfluss nehmen Lobbyisten vor allem bevor ein Gesetzentwurf in die parlamentarischen Gremien gelangt. Sie sind z. T. bereits im **Agenda Setting** bzw. der Problemformulierung aktiv, z. T. nehmen sie mehr oder weniger erfolgreich Einfluss auf die Formulierung von Gesetzentwürfen. Manchmal gelingt es, für sie unvorteilhafte Gesetzgebungsvorhaben von vornherein zu verhindern.
Das verbandsmäßige Organisieren ist durch die **Vereinigungsfreiheit** (Art. 9 (1) GG) geschützt. Politischer Einfluss darf ausgeübt werden, solange der Rechtsrahmen berücksichtigt wird. So müssen etwa Parteispender ab einer Spendenhöhe von 10.000 Euro genannt werden und „Leihbeamte" aus der Privatwirtschaft, die wegen ihrer Detailkenntnis maximal zwei Jahre lang für ein Ministerium arbeiten, dürfen nicht an der Ausarbeitung von Gesetzesvorlagen beteiligt sein.

Funktion organisierter Interessenvertretung
Kap. 4.2, M 3

In einer pluralistischen Demokratie dürfen Partikularinteressen nicht unterdrückt werden (Ausnahme: Gefährdung dieser Staatsform). Organisierte Interessen werden sogar als Chance gesehen, (1) die **Problemlösefähigkeit** des politischen Systems zu erhöhen durch das Expertenwissen der Mitglieder; (2) erhalten ggf. auch Minderheiten Artikulationsmöglichkeiten bzw. Durchsetzungschancen (**Artikulationsfunktion**); (3) wird das politische System enger an die Bürger gebunden und von diesen (indirekt) kontrolliert (**Legitimations- oder Vermittlungsfunktion**); (4) werden Einzelkonflikte gebündelt und so das gesellschaftliche Konfliktpotenzial insgesamt verkleinert (**Aggregationsfunktion**).

Macht von Lobbygruppen

Da kein Lobbyist demokratisch legitimiert ist, ist auch keiner politisch formal entscheidungsbefugt. Dennoch üben organisierte Interessen faktische Macht aus. Dabei haben allerdings bestimmte Verbände eine höhere Durchsetzungschance ihrer Ziele als andere: konzentriertere Interessen (z. B. single-issue-Vereinigungen), egoistische Motive der Mitglieder, ein hoher Organisationsgrad, weitreichende Spezialkenntnisse im entsprechenden Politikfeld, gute finanzielle Ausstattung und Verfügbarkeit wirksamer Druckmittel (z. B. Androhung von Arbeitsplatzverlusten) sind förderlich für den Erfolg der Interessenvertretung.

Kritik am Lobbyismus
Kap. 4.2, M 4

Kritik an den Einflussversuchen der Lobby entzündet sich vor allem an zwei Punkten: Zum einen hätten bestimmte Vereinigungen strukturelle Vorteile (z. B. solche aus dem Wirtschaftsbereich gegenüber jenen mit humanitären oder auch ökologischen Zielsetzungen). Zum anderen sei die Einflussnahme häufig (für die Öffentlichkeit) verschleiert und verstoße damit gegen das demokratische Transparenzgebot.

FDP-Bundesparteitag, 15. – 17. 6. 2009, Hannover

Ausstellerplan

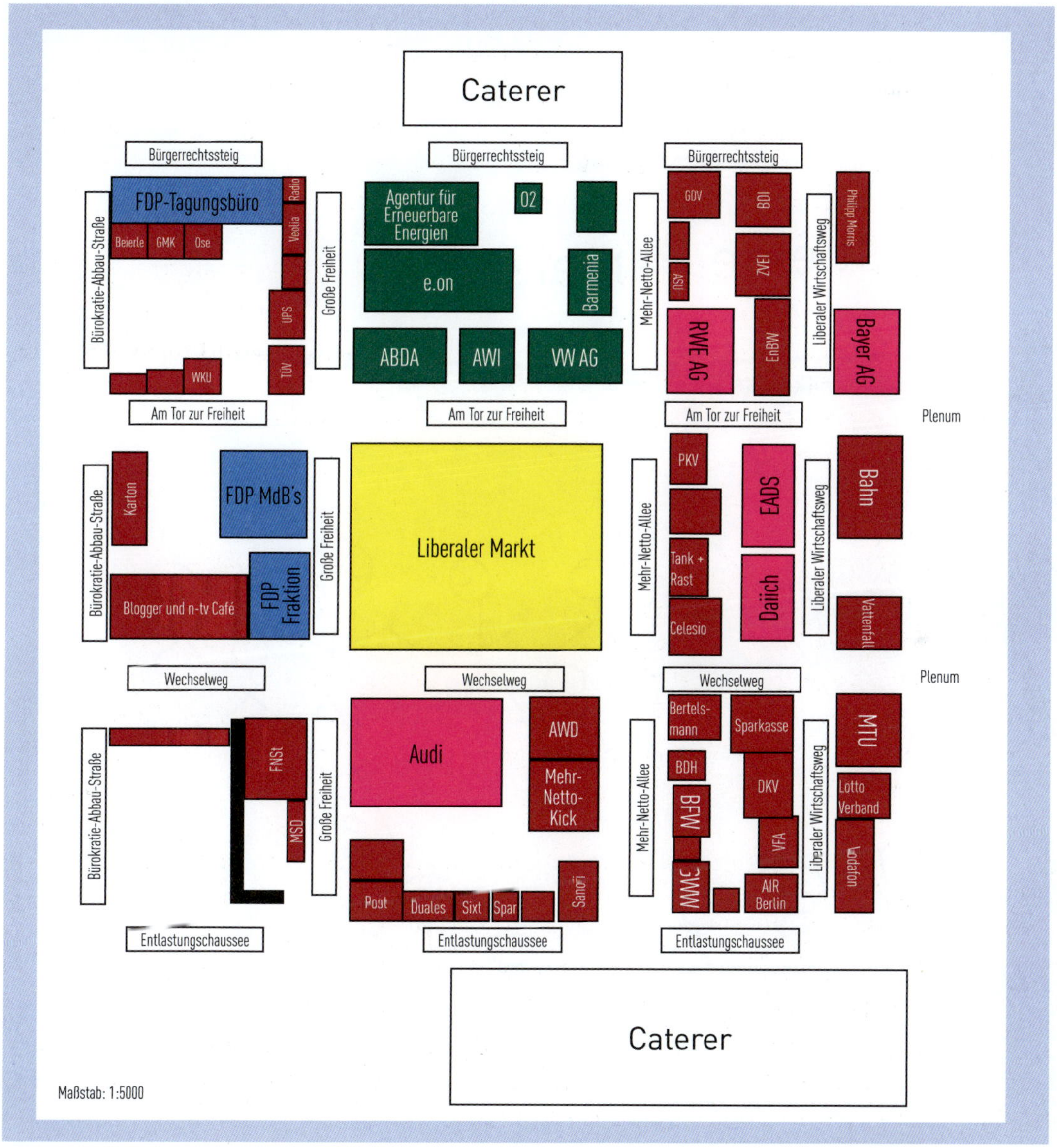

Nach: https://www.lobbycontrol.de/wp-content/uploads/ausstellerplan-300dpi.jpg (2. 9. 2013)

Aufgaben

1. Beschreiben Sie den Ausstellerplan des FDP-Bundesparteitags 2009 in wesentlichen Zügen.
2. Erläutern Sie, inwieweit die Vergabe von „Ausstellerplätzen“ Lobbyismus nahelegt.
3. Sponsoring von Parteien durch die Privatwirtschaft sollte komplett verboten werden. Nehmen Sie Stellung zu dieser These.

KOMPETENZEN ANWENDEN

Was ist eine Partei?

Lösungsskizze von Abiturientinnen aus Reutlingen (Jahrgang 12/13)

5 Haben die politischen Parteien eine Zukunft?

Parteien fungieren als Scharnier zwischen Mandatsträgern und Wählern. Ihnen wird eine vermittelnde Funktion zwischen beiden zugeschrieben. Diese wird als so zentral für unser politisches System angesehen, dass Parteien – im Unterschied zu vielen anderen Institutionen der politischen Partizipation – durch Artikel 21 GG sogar verfassungsrechtlich geschützt sind. Was aber charakterisiert Parteien? (Wozu) Brauchen wir Parteien wirklich, und welche Funktionen können diese in einer zunehmend individualisierten Welt überhaupt noch wahrnehmen? Entlang welcher gesellschaftlichen Konflikte entstehen neue Parteien und müssen sich etablierte Parteien immer wieder neu behaupten?
Auf diese Fragen versucht dieses Kapitel Antworten zu geben und zugleich aktuelle Trends im Parteiensystem der Bundesrepublik Deutschland zu diskutieren.

KOMPETENZEN

Am Ende dieses Kapitels sollten Sie Folgendes wissen und können:

... die besondere verfassungsrechtliche Stellung von Parteien sowie deren Aufgaben und Funktionen darstellen.

... die Entstehung von Parteien erläutern.

... aktuelle Entwicklungen im deutschen Parteiensystem erklären und diese mit Blick auf deren Bedeutung für das Funktionieren unserer Demokratie beurteilen.

Aufgaben

1. Stellen Sie Ihre Vorstellung von Partei in einem Bild dar.
2. Vergleichen Sie Ihr „Parteienbild"
   a) mit dem hier abgedruckten.
   b) mit dem Ihrer Mitschülerinnen und Mitschüler.

5.1 Parteien – Scharnier zwischen Staat und Gesellschaft?

5.1.1 (Wozu) Brauchen wir eigentlich Parteien?

Piratenpartei Deutschland

- 2006 in Berlin gegründet
- versteht sich als Partei der Informationsgesellschaft
- 2011/2012: Einzug in vier Landesparlamente
- 2013: scheiterte bei Wahlen an Fünf-Prozent-Hürde

M 1 ● Die Piraten: „Wir kommen! Volles Programm!"

Jürgen Janson

M 2 ● Im Netz der Piraten ...

Aus einem Webchat der Piraten Hessen:

[...] 23.55 andyhesse:
das war nen schwacher spruch von der leutheuser

23.55 protter:
schnarre is halt auch nur eine etablierte

23.55 PhaidrosDA:
was spruch sie denn?

23.55 andyhesse:
partei ohne Programm

23.56 PhaidrosDA:
laaaaaaaaangweilig

23.56 andyhesse:
ich merk immer wieder, wie hilflos die etablierten uns gegenüber sind

23.56 andyhesse:
die haben null dagegen-zusetzen

23.56 PhaidrosDA:
natürlich

23.57 protter:
und dann laufen auch noch grüne abgeordnete über [...]

Nach: www.faz.net, 28.4.2012

M 3 ● Wofür stehen die Piraten?

Eine Begegnung zwischen der freien Autorin Nina Pauer und Christopher Lauer, damaliger Fraktionschef der Partei in Berlin

Christopher und ich sind fast gleich alt, Ende zwanzig. Wir sind uns nicht unsympathisch. Und die Welt, aus der wir kommen, scheint tatsächlich eine ähnliche zu sein." [...]

„Wir haben es geschafft, eine gemeinsam empfundene politische Unzufriedenheit zu bündeln und uns dafür wählen zu lassen", hat er eben einer Frau aus dem Publikum auf die Frage geantwortet, was die Piratenpartei denn bislang eigentlich Großartiges geleistet habe. Auch mir hatte diese Leistung kurzzeitig imponiert. Aber sie allein ist noch kein Plan. [...] „Ihr braucht ein Manifest", sage ich. Ein Programm, Inhalte für die Fragen, mit denen wir, die Jungen, uns so schwer tun, weil sie so schnell pathetisch klingen: Wie wollen wir leben? Was heißt Gesellschaft, was Gerechtigkeit? Welche Werte sind uns wichtig? Wenn über den Grünen Umwelt steht, über der SPD sozial, über der CDU Tradition, über der Linken links und über der FDP liberal, was wäre dann die Headline der Piraten? WLAN? Transparenz? Ratlose aller Länder, verkabelt euch? [...] „Ihr wisst doch besser als alle anderen Parteien, wie man mit uns spricht!", rede ich weiter auf ihn ein. „Ihr seid doch die Einzigen, die checken, wie man auf Facebook kommuniziert. Warum schreibt ihr dann nicht ein Manifest, zehn Punkte wenigstens, irgendetwas, das die Leute liken können?", werfe ich ihm vor. [...] „Warum schreibst du nicht das Manifest?", fragt er mich. Ungläubig schüttele ich den Kopf. Die Stimmung zwischen uns ändert sich. Christophers Do-it-yourself-Einstellung macht mich auf einmal aggressiv. „Aber du bist doch der Politiker!", entgegne ich, es klingt heftiger, als ich gewollt hatte. [...] „Das ist diese typische Einstellung", regt er sich auf. „Die Piraten machen das schon. Hauptsache, man selber muss nichts tun." [...] Empört. Warum sollte ich etwas tun, bevor ich überhaupt weiß, wofür? „Alles, was ich dir versprechen kann, Nina", sagt Christopher überhöflich, [...] „ist, dass, wenn du gute Ideen hast, ich dir Kontakte geben werde. Ich sorge dafür, dass das, was du schreibst, Widerhall findet..." – „Ich will deine Kontakte aber nicht!", explodiere ich. „Ich will eine Partei und kein besseres Facebook!" [...] „Sag mir doch erst mal, warum und wofür ich dich wählen sollte, warum ich dir vertrauen sollte, sonst schreib ich dir gar nichts!" [...] Repräsentiert Christopher einen ganz neuen Typus Politiker, jemand, der keine Idee mehr haben muss, keinen Inhalt, nur eine Methode, eine Sammelstelle für Einzelfragen bietet, in die sich jeder je nach Kompetenz einbringen soll? [...]

Nina Pauer, DIE ZEIT Nr.30, 5.8.2012

Grafik zum Aufstieg der Piratenpartei (Mediencode 73001-04)

Aufgaben

1. Analysieren Sie die Karikatur (M 1).
2. a) Arbeiten Sie das Selbstverständnis der Piraten heraus (M 2).
   b) Vergleichen Sie das Selbstverständnis der Piraten (M 2) mit der Aussage der Karikatur (M 1).
3. Überprüfen Sie, inwiefern die Piraten Ihrem Parteienbild (vgl. Auftaktseite) entsprechen.
4. Nennen Sie mögliche Ursachen, aus denen eine Partei entsteht (M 3).
5. Stellen Sie Gründe dar, weshalb die Autorin Nina Pauer offensichtlich damit hadert, die Piraten als Partei ernst zu nehmen (M 3).

F Formulieren Sie eine kurze Stellungsnahme als Entgegnung auf Frau Pauers Ansicht (M 3).

5.1.2 Sollen Parteien eine verfassungsrechtliche Sonderstellung genießen?

M 4 ● Stimmen zu Parteien

„Die Parteien sind es, mit denen das demokratische Leben in Deutschland nun wieder beginnen soll."
Gerd Bucerius, DIE ZEIT, 21.2.1946

Parteien sind „machtvergessen und machtversessen".
Richard v. Weizsäcker, DIE ZEIT Nr. 26, 19.6.1992

„Die Parteien tragen seit Jahrzehnten wesentlich zur Ausgestaltung unserer Freiheit, unseres sozialen Friedens, unseres Wohlstandes bei. Ohne sie wären wir nicht da, wo wir heute sind."
Bundespräsident Joachim Gauck, in: Der Spiegel, 4.3.2013

M 5 ● Stellung der Parteien im Parteiengesetz

Art. 21 GG

(1) Die Parteien wirken bei der politischen Willensbildung des Volkes mit. Ihre Gründung ist frei. Ihre innere Ordnung muss demokratischen Grundsätzen entsprechen. Sie müssen über die Herkunft und Verwendung ihrer Mittel sowie über ihr Vermögen öffentlich Rechenschaft geben.

§ 1 Verfassungsrechtliche Stellung und Aufgaben der Parteien

(1) Die Parteien sind ein verfassungsrechtlich notwendiger Bestandteil der freiheitlichen demokratischen Grundordnung. Sie erfüllen mit ihrer freien, dauernden Mitwirkung an der politischen Willensbildung des Volkes eine ihnen nach dem Grundgesetz obliegende und von ihm verbürgte öffentliche Aufgabe.

(2) Die Parteien wirken an der Bildung des politischen Willens des Volkes auf allen Gebieten des öffentlichen Lebens mit, indem sie insbesondere auf die Gestaltung der öffentlichen Meinung Einfluss nehmen, die politische Bildung anregen und vertiefen, die aktive Teilnahme der Bürger am politischen Leben fördern, zur Übernahme öffentlicher Verantwortung befähigte Bürger heranbilden, sich durch Aufstellung von Bewerbern an den Wahlen in Bund, Ländern und Gemeinden beteiligen, auf die politische Entwicklung in Parlament und Regierung Einfluss nehmen, die von ihnen erarbeiteten politischen Ziele in den Prozess der staatlichen Willensbildung einführen und für eine ständige lebendige Verbindung zwischen dem Volk und den Staatsorganen sorgen.

(3) Die Parteien legen ihre Ziele in politischen Programmen nieder.

§ 2 Begriff der Partei

(1) Parteien sind Vereinigungen von Bürgern, die dauernd oder für längere Zeit für den Bereich des Bundes oder eines Landes auf die politische Willensbildung Einfluss nehmen und an der Vertretung des Volkes im Deutschen Bundestag oder einem Landtag mitwirken wollen, wenn sie nach dem Gesamtbild der tatsächlichen Verhältnisse, insbesondere nach Umfang und Festigkeit ihrer Organisation, nach der Zahl ihrer Mitglieder und nach ihrem Hervortreten in der Öffentlichkeit eine ausreichende Gewähr für die Ernsthaftigkeit dieser Zielsetzung bieten. [...]

(2) Eine Vereinigung verliert ihre Rechtsstellung als Partei, wenn sie sechs Jahre lang weder an einer Bundestagswahl noch an einer Landtagswahl mit eigenen Wahlvorschlägen teilgenommen hat. [...]

Gesetz über die politischen Parteien (Parteiengesetz), in der Fassung der Bekanntmachung vom 31.1.1994

M 6 ● Wofür brauchen wir Parteien?

Für das Funktionieren der bundesrepublikanischen Demokratie entscheidend sind gerade jene Funktionen, die Parteien als Mittler zwischen Gesellschaft und Staat wahrnehmen. [...]

• **Auswahlfunktion**

Durch Parteien findet die Rekrutierung und Auswahl der politischen Elite aus der Gesellschaft - vom Ortsrat bis zum Kanzleramt - statt. Was häufig übersehen und moralisierend abgewertet wird: Parteien waren und sind immer auch Patronageorganisationen, das bedeutet Vereinigungen von Bürgern, die Ämter, Posten, Funktionen, Beförderungen und Karrieren zu vergeben haben. Daran ist nichts Anrüchiges. Politisch problematisch (und dann moralisch fragwürdig) ist es, wenn Machtpositionen um ihrer selbst willen erobert werden, es also nicht mehr um die Durchsetzung von Inhalten geht. [...]

• **Vermittlungsfunktion**

Parteien und ihre Vertreter in Parlamenten und Regierungen sind Repräsentanten von Partikularinteressen, von spezifischen Interessen, die in der Gesellschaft angelegt sind. Parteien vertreten immer nur Teilinteressen, nicht das Gesamtinteresse einer Gesellschaft, nicht das Gemeinwohl. Der Politikwissenschaftler Ernst Fraenkel hat das sinngemäß so ausgedrückt: Erst wenn die Parteien und ihre Parlamentarier sich auch dazu bekennen, Repräsentanten von - zugespitzt formuliert - Sonderinteressen bzw. Sonderbedürfnissen zu sein, wird die freimütige Austragung von kollektiven Interessengegensätzen möglich. [...]

• **Interessenausgleichsfunktion**

Auch innerparteilich bemühen Parteien sich, gegenläufige und widerstreitende Interessen verschiedener gesellschaftlicher Gruppen, die außerhalb wie innerhalb der Partei organisiert sein können, auszugleichen, zwischen ihnen einen Kompromiss zu finden und zugleich eine eigene „parteiliche" Position zu formulieren. Parteien integrieren also die breit gestreuten Gruppeninteressen. [...]

• **Legitimierungsfunktion**

Indem Parteien die Vermittlungs- und die Interessenausgleichsfunktionen wahrnehmen, tragen sie zur Begründung des politischen Systems und zur Konsensstiftung bei. Die bundesrepublikanische Demokratie, der Parteienstaat, bietet Regelungsmechanismen zur Konfliktaustragung zwischen den Parteien und innerhalb der Parteien und damit auch zwischen auseinandergehenden gesellschaftlichen Interessen. Es sind Regeln festgelegt, nach denen Kampf um Macht(anteil) stattfindet, ohne dass dieser in Bürgerkrieg ausartet. [...]

Peter Lösche, Informationen zur politischen Bildung (Heft 292), Bonn 2013, S. 12 f.

Aufgaben

1. a) Arbeiten Sie die Position des jeweiligen Autors zu Parteien heraus (M 4).
   b) Entscheiden Sie sich für eine Position und begründen Sie.
2. a) Erläutern Sie die herausgehobene Stellung der politischen Parteien (M 5).
   b) Überprüfen Sie, inwiefern Parteien ihren Aufgaben und Funktionen (M 5, M 6) gemäß Art 21 GG gerecht werden.
3. a) Entwerfen Sie ein Schaubild zur Mittlerfunktion der Parteien (M 6).
   b) Überprüfen Sie, ob bzw. inwieweit Ihr am Anfang des Kapitels entworfenes „Parteienbild" die Mittlerfunktion berücksichtigt.
4. Beschreiben Sie konkrete Maßnahmen, wie Parteien ihre originäre Funktion erfüllen, als Mittler zwischen Staat und Gesellschaft zu fungieren. (Internetrecherche)

H zu Aufgabe 2a)
Beziehen Sie andere Träger der politischen Willensbildung, wie z. B. Interessenverbände oder Institutionen der politischen Bildung in Ihre Überlegungen ein.

F Auf www.sueddeutsche.de wird am 18.09.2012 gemeldet, dass über eine Million Bürger am „Regierungsprogramm 2013" der SPD mitschreiben und dazu ihre Vorschläge an die Partei schicken sollen. Beurteilen Sie dieses Vorgehen vor dem Hintergrund der Aufgaben und Funktionen von Parteien (M 2).

5.1.3 „Liquid Democracy“ – neues Instrument innerparteilicher Demokratie?

M 7 ● Virtuelle Mitgliederversammlung für mehr Demokratie?

Als erste politische Organisation wollten die Piraten verbindliche Parteitage im Internet einführen. Auf dem Parteitag in Neumarkt verfehlte der aussichtsreichste Antrag jedoch knapp die erforderliche Zweidrittelmehrheit, die für eine Satzungsänderung und somit für eine Ständige Mitgliederversammlung (SMV) nötig gewesen wäre. [...]

Mit der ständigen Online-Mitgliederversammlung wollte die Partei die Mitbestimmung über das Internet ermöglichen. Dabei sollte die Gesamtheit der Mitglieder direkt und kurzfristig über Positionspapiere und über das Parteiprogramm entscheiden können. [...]

www.zeit.de, 12. 5. 2013

M 8 ● Innerparteiliche Demokratie und traditioneller Aufbau von Parteien

... bezeichnet i.e.S. die Normen und Regeln, nach denen die personellen und programmatischen Entscheidungen innerhalb der Parteien gefällt werden. Nach Art. 21 Abs. 1 GG und dem Parteiengesetz von 1967 muss die innere Ordnung von Parteien allgemeinen demokratischen Grundsätzen entsprechen (u.a. Wahl aller Parteiorgane, Festlegung der Zuständigkeit der Parteiorgane in einer verbindlichen Satzung, gleiches Stimmrecht aller Mitglieder und die Festlegung des Parteitages als oberstem Entscheidungsorgan etc.). I.w.S. wird I.D. auch durch den Grad der Aktivität der Parteien, der Offenheit (z.B. bestimmte Themen aufzugreifen), der Durchlässigkeit von Informationen etc. und der Möglichkeit zu personellen Wechseln bestimmt.

Klaus Schubert, Martina Klein, Das Politiklexikon, 5. Auflage, Bonn 2011

	Beschließendes Organ	Vollziehendes Organ	Schiedsgerichtsorgan
Bundesverband	Bundesparteitag	Bundesvorstand – Präsidium –	Bundesschiedsgericht
Landesverband	Landesparteitag	Landesvorstand	Landesschiedsgericht
Kreisverband	Kreisdelegiertenversammlung	Kreisvorstand	Kreisschiedsgericht (z. T.)
Ortsverband	Mitgliederversammlung	Ortsvorstand	–

M 9 ● Flüssige Demokratie für mehr Vertrauen in die Politik?

Andreas Nitsche, einer der Programmierer von LiquidFeedback, schildert im Interview, warum flüssige Demokratie das Vertrauen der Bürger in Politik wieder herstellen könnte.

ZEIT ONLINE: Was will Liquid Democracy?

Andreas Nitsche: Für uns ist das ein Organisationsprinzip, das die Nachteile der beiden Demokratieformen kompensieren will: Direkte Demokratie führt zu einer Überforderung der Menschen; parlamentarische Demokratie hat zwar den Vorteil der Arbeitsteilung, ist dafür aber statisch – wer mitmachen will, muss sich wählen lassen. Liquid Democracy will die Arbeitsteilung dynamisieren: Jeder beteiligt sich genau da selbst, wo er etwas beitragen will und kann. [...]

Könnte eine Liquid Democracy in der Zukunft Wahlen ersetzen?

Es handelt sich um eine Vision, ein Gedankenexperiment. Eine Liquid-Democracy-Gesellschaft lässt sich zwar nicht für alle Zeiten ausschließen. Ich kann allerdings aus heutiger Sicht keinen realistischen Weg dahin sehen. Es ist beispielsweise unklar, ob die vollständige Aufhebung der Arbeitsteilung zwischen Politik und Bürger, also jeden Bürger zum Politiker zu machen, überhaupt ein sinnvolles Ziel ist. [...]

In der derzeitigen Gesellschaftsstruktur ist es also kein Ersatz für Wahlen, sondern höchstens eine Ergänzung?

Uns erschien, als wir die Software LiquidFeedback programmierten, der direkte Parlamentarismus als wenig praxisnah. Das Problem der direkten Demokratie ist aus meiner Sicht die Überforderung des Einzelnen. Es sind viele Entscheidungen über komplexe Probleme zu treffen. [...] Bei Parteien gibt es viel Gestaltungsspielraum, Mitglieder können miteinander die Richtung verhandeln. Das ist in der gesamten Gesellschaft nicht so leicht. Die repräsentative Demokratie wollten wir gar nicht infrage stellen. Wir wollten erreichen, dass Parteien volksnäher werden. Damit wäre schon sehr viel gewonnen. [...]

Was für eine Form von Demokratie schwebt Ihnen vor?

Eine parlamentarische Demokratie mit Parteien, die jedoch wesentlich volksnäher sind als heute. Indem sie beispielsweise ihren Mitgliedern die direkte Mitbestimmung ermöglichen. Ohne diese gläserne Decke aus Delegierten, die letztlich zur Verselbstständigung von Politik führt. Dann würde die parlamentarische Demokratie wieder attraktiver. [...]

Interview: Kai Biermann, ZEIT ONLINE, 15. 2. 2013

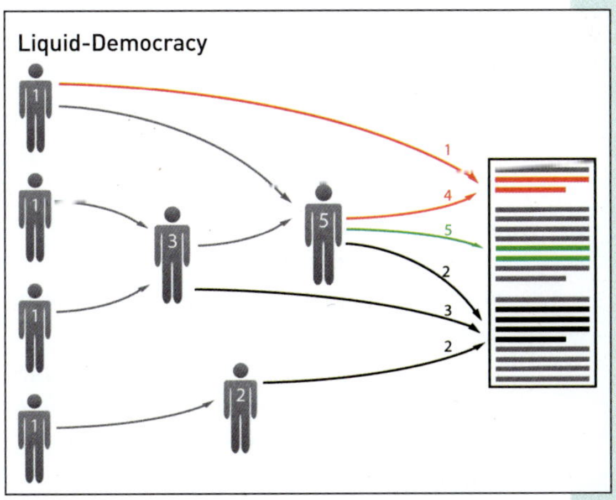

Nach: Liquid Democracy e. V.

Bei **Liquid-Democracy** haben die Bürger mehrere Möglichkeiten der Mitbestimmung. Sie können das Wahlverfahren selbst bestimmen und entscheiden, ob sie ihre Stimme direkt abgeben möchten oder ob sie lieber einem Delegierten oder auch einer Experten-Gruppe (vgl. Parteien) ihr Vertrauen schenken. Zudem können sie diese Entscheidung jederzeit und bei jedem Thema neu ändern und nicht nur alle paar Jahre.

wiki.piratenpartei.de/Liquid_Democracy

Aufgaben

1. Stellen Sie vor dem Hintergrund des gescheiterten Antrags der Piraten mögliche Vor- bzw. Nachteile von Online-Mitgliederversammlungen gegenüber (M 7).
2. Vergleichen Sie den Antrag der Piraten mit dem Aufbau der etablierten Parteien in Bezug auf die Umsetzung des Prinzips der innerparteilichen Demokratie (M 8, M 9).
3. Beurteilen Sie, inwiefern das Instrument der Liquid Democracy einen effizienten Beitrag zu einer besseren innerparteilichen Demokratie darstellt (M 9).

5.1.4 Sollten Parteien (weiterhin) staatlich finanziert werden?

Parteien-finanzierung

Im Jahre 1959 wurde in der Bundesrepublik Deutschland erstmals eine staatliche Parteienfinanzierung eingeführt, die seit 1994 eine allgemeine staatliche Teilfinanzierung der Parteien darstellt. Sie wird jedes Jahr neu berechnet.

Oskar Niedermayer, www.bpb.de, 31.5.2012

M 10 ● Woher erhalten die Parteien ihr Geld?

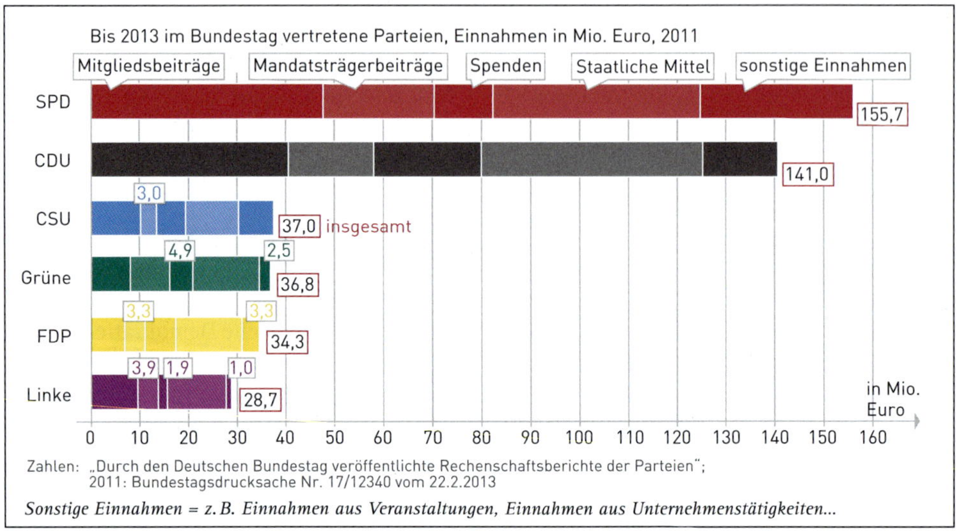

Bundeszentrale für politische Bildung, 2013, www.bpb.de

M 11 ● Staatliche Finanzierung als Ausdruck der Mittlerfunktion?

Maßgeblich für die Verteilung der staatlichen Mittel ist die Verwurzelung der Parteien in der Gesellschaft, die an ihren Wahlerfolgen und am Umfang der Zuwendungen natürlicher Personen gemessen wird. Anspruch auf staatliche Teilfinanzierung in einem bestimmten Jahr haben alle Parteien, die bei der jeweils letzten Europa- oder Bundestagswahl mindestens 0,5 Prozent oder bei einer der jeweils letzten Landtagswahlen mindestens 1 Prozent der abgegebenen gültigen Zweitstimmen erreicht haben. [...]

Für die ersten 4 Mio. Stimmen erhalten die Parteien 0,85 Euro pro Stimme, für jede weitere Stimme 0,70 Euro. Darüber hinaus bekommen die Parteien jährlich 38 Cent für jeden Euro, den sie als Zuwendung in Form von Mitgliedsbeiträgen, Mandatsträgerbeiträgen und Spenden erhalten haben, wobei nur Zuwendungen bis zu 3.300 Euro berücksichtigt werden. Allerdings gibt es eine absolute Obergrenze an Mitteln pro Jahr, die [...] 2012 150,8 Mio. Euro beträgt. [...] [Außerdem] dürfen die staatlichen Mittel nicht höher sein als die von der Partei erwirtschafteten Eigeneinnahmen des Vorjahres.

Oskar Niedermayer, www.bpb.de 28.8.2013

F Erörtern Sie, ob die Finanzierung innerparteilich demokratische Prozesse gefährdet.

F In den USA gibt es keine staatliche Parteienfinanzierung. Erörtern Sie die Vor- und Nachteile dieser Regelung.

Aufgaben

1. Vergleichen Sie die Finanzierung der verschiedenen Parteien (M 10).
2. Erläutern Sie, inwiefern die gesetzlich geregelte Parteienfinanzierung dazu beiträgt, dass Parteien ihren Aufgaben gerecht werden können (M 6, M 10, M 11).
3. „Soll die staatliche Parteienfinanzierung beibehalten werden?" Gestalten Sie Ihre Position als Rede in einer Bundestagsdebatte.

Wesen von Parteien

Parteien sind die zentralen Akteure der politischen Willensbildung. Als Zusammenschlüsse von Bürgern mit gemeinsamen politischen Grundüberzeugungen sind sie die eigentlichen **Träger des politischen Wettbewerbs**. Sie stellen ihre Forderungen in regelmäßig stattfindenden Wahlen zur Abstimmung.

Verfassungsrechtliche Stellung
M 5

Im Grundgesetz (Art. 21 GG) sind sie als **verfassungsmäßige Institution** verankert. Dies verdeutlicht ihre herausragende Bedeutung im politischen System der Bundesrepublik Deutschland, nicht zuletzt auch aus den Erfahrungen aus der Zeit der Weimarer Verfassung, in der Parteien nicht erwähnt waren.

Aufgaben und Funktion
M 6

Die Aufgaben der Parteien sind im Parteiengesetz konkretisiert. Dazu zählen z. B. die Mitwirkung am politischen Willensbildungsprozess, die Einflussnahme auf die öffentliche Meinung, die Förderung der Teilhabe am politischen Leben, die Rekrutierung des politischen Nachwuchses sowie die Aufstellung von Kandidaten für Wahlen.

Die zentrale Aufgabe der Parteien besteht in der **Mittlerfunktion** zwischen Staat und Gesellschaft. Als Regierungsparteien bringen sie die von ihnen erarbeiteten politischen Ziele in den Prozess der staatlichen Willensbildung ein und stellen die Verbindung zwischen Volk und politischer Führung her. Als Parteien, die nicht an der Regierung beteiligt sind, stellen sie sowohl die politische Opposition als auch eine Alternative für einen Regierungswechsel bei künftigen Wahlen dar. Parteien gleichen intern die unterschiedlichen Interessen in der Bevölkerung aus.

Innerparteiliche Demokratie
M 8

Artikel 21 des Grundgesetzes verlangt von den Parteien eine **demokratisch** organisierte **Binnenstruktur**: Willensbildung und Führungspersonal sind von unten nach oben zu legitimieren.

Allerdings führen die häufig streng hierarchischen Strukturen zu einer Unflexibilität, die Interessen der Bevölkerung angemessen zu repräsentieren. In diesem Zusammenhang wird „Liquid Feedback" oder „Liquid Democracy" diskutiert. Diese stellen einen Versuch dar, dem Mangel an innerparteilicher Demokratie und dem Mangel an Volksnähe entgegenzuwirken.

Parteienfinanzierung
M 11

Die 1959 eingeführte Parteienfinanzierung unterstreicht die besondere Rolle der Parteien im deutschen politischen System. Neben **staatlichen Mitteln** (z. B. Zuschüsse für Wählerstimmen) und Spenden bleiben vor allem Mitgliedsbeiträge eine wichtige Einnahmequelle für die Parteien.

5.2 Dynamik im deutschen Parteiensystem

5.2.1 Parteien – „Produkte“ gesellschaftlicher Konfliktlinien?

M 1 ● (Worin) Unterscheiden sich die Parteien?

Positionen deutscher Parteien zu inhaltlichen Schwerpunkten und zukünftigen Herausforderungen:

a) Der Schwerpunkt liegt auf der Wirtschaft und einer gemäßigten Modernisierung: z.B. verbindliche Lohnuntergrenzen in Bereichen ohne tarifvertraglich festgelegte Löhne, „Flexiquote“ für Frauen in Aufsichtsräten und Vorständen, bessere Vereinbarkeit von Familie und Beruf. In der Euro-Krise wird die Vergemeinschaftung von Schulden abgelehnt, eine starke politische Union Europas jedoch ebenso befürwortet wie eine stärkere Regulierung der Finanzmärkte.

b) Soziale Gerechtigkeit steht im Vordergrund: gesetzlicher Mindestlohn von 8,50 Euro pro Stunde, verbindliche Frauenquote, bessere Bildung und Kinderbetreuung, Deckelung von Mietpreisen, Bankenregulierung, Stärkung der Finanzen der Gemeinden. Gutverdiener sollen stärker belastet und eine Vermögenssteuer eingeführt werden. Altersarmut soll durch eine steuerfinanzierte Solidarrente von 850 Euro bekämpft werden.

c) Der wichtigste Punkt ist für diese Partei die Konsolidierung der Haushalte: 2015 soll der Bund keine neuen Schulden mehr aufnehmen, außerdem sollen die Steuerbelastungen für die Bürger nicht erhöht werden. In der Eurokrise verspricht diese Partei Solidarität, wehrt sich aber dagegen, die Schulden anderer Staaten zu übernehmen.

d) Hier geht es um Umverteilung: Mindestrente von 1.050 Euro, einen Hartz-IV-Regelsatz von 500 Euro und einen Mindestlohn von 10 Euro pro Stunde. Um das zu finanzieren, sollen unter anderem Einkommen und Vermögen stärker belastet werden, so soll der Spitzensteuersatz von 42 auf 53 Prozent steigen.

e) Schwerpunktthemen sind die Energiewende, soziale Gerechtigkeit und eine moderne Gesellschaftspolitik zu den zentralen Themen; z.B. Verabschiedung eines Klimaschutzgesetzes zur weiteren Reduzierung des Ausstoßes von Treibhausgasen, Einführung einer Bürgerversicherung zur Verhinderung der fortschreitenden „Zwei-Klassen-Medizin“, Abschaffung des Betreuungsgeldes sowie Schaffung einer Kindergrundsicherung.

Nach: Wichard Woyke, www.bpb.de, 1.4.2013

M 2 ● Gesellschaftliche Konfliktlinien bilden Parteien

Parteien sind ein Produkt gesellschaftlicher Konflikt- oder Spaltungslinien (cleavages). Diese stellen einerseits einen Reflex der sozialen Verhältnisse dar, können also an Merkmalen wie Erwerbsposition, Gruppenzugehörigkeit, Lebensstil u. a. festgemacht werden. Auf der anderen Seite dienen sie als analytische Klammer, um eine Vielzahl von politischen Streitfragen zu wenigen Grundkonflikten zusammenzufassen. In der heutigen Parteienforschung wird angenommen, dass für eine solche Zusammenfassung im Wesentlichen zwei Kategorien genügen. Alle Konflikte lassen sich danach entweder auf ökonomische oder kulturelle Gegensätze zurückverfolgen.

Die kulturelle Konfliktlinie hat ihren historischen Ursprung im Staat-Kirche-Gegensatz, der in Deutschland durch den konfessionellen Gegensatz zwischen Protestanten und Katholiken zusätzlich überlagert wurde. Er trennte im 19. Jahrhundert die liberalen von den konservativen Parteien und diese wiederum von der Zentrumspartei als politischem Arm des Katholizismus.

Die ökonomische Konfliktlinie bildete sich zuerst entlang des Stadt-Land-Gegensatzes heraus, bevor sie ausgangs des 19. Jahrhunderts vom Klassenkonflikt beherrscht wurde. Auf ihr positionierten sich die sozialdemokratischen und kommunistischen Parteien als Interessenvertreterinnen der Arbeiterschaft, während die konservativen und liberalen Parteien auf der Gegenseite für die Landbesitzer und das aufstrebende Bürgertum eintraten. [...]

Die Ära des stabilen Zweieinhalbparteiensystems währte knapp zwei Jahrzehnte, ehe ausgangs der siebziger Jahre eine „postmaterialistische“ Konfliktlinie die Etablierung der Grünen als vierter Partei nach sich zog. Charakteristisch für das neue cleavage war zum einen, dass es sich weniger an sozialstrukturellen als an Einstellungs- und Lebensstilmerkmalen festmachte. Zum anderen lag das Umweltthema, aus dem sich der Gegensatz Materialismus – Postmaterialismus speiste, quer zu den bestehenden kulturellen und ökonomischen Konfliktlinien. [...]

Die unverhofft möglich gewordene deutsche Vereinigung bescherte der Bundesrepublik 1989/90 eine nochmalige Erweiterung ihres Parteiensystems in Gestalt der postkommunistischen PDS. [...] Indem sie sich als Interessenvertreterin der Ostdeutschen stilisierte, profitierte die Partei massiv von den materiellen und mentalen Enttäuschungen, die der Vereinigungsprozess hinterließ. Mit der PDS hielt also ein regionalistisches cleavage in das Parteiensystem Einzug, das durch ökonomische und kulturelle Konflikte gleichermaßen unterfüttert wurde. Ablesen ließ sich das zum einen an der sozialstrukturellen Zusammensetzung der PDS-Wähler in Ostdeutschland, unter denen Arbeitslose und Leistungsempfänger keineswegs überrepräsentiert waren. [...]

Der Übergang von der Viereinhalb- zur Fünfparteienstruktur wurde möglich, nachdem sich in den alten Ländern 2005 eine Abspaltung von der SPD gebildet hatte und diese mit der ostdeutschen PDS zur Partei „Die Linke“ fusionierte. [...]

Frank Decker, Regieren im „Parteienbundesstaat“, Wiesbaden 2011, S. 81 ff.

M 3 ● Konfliktlinien (cleavages) im deutschen Parteiensystem: Ein Modell

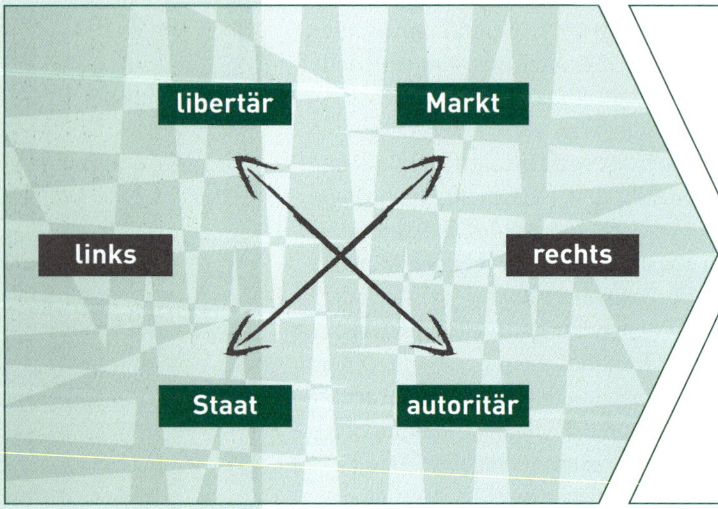

Die Grundausrichtung der politischen Parteien in Deutschland ist geprägt von unterschiedlichen Menschenbildern sowie von verschiedenen Vorstellungen davon, was ein Staat zu leisten hat. Auf der libertär - autoritären Achse geht es vor allem um das Verhältnis Staat-Bürger, z. B.: (Wie sehr) Soll der Staat in die Bürgerrechte eingreifen, um die Sicherheit seiner Bürger zu gewährleisten? Bei der Zuordnung der Parteien auf der Markt-Staat-Achse werden deren Aussagen zur Wirtschafts- und Sozialpolitik herangezogen, z. B.: Soll sich der Staat in die Wirtschaft einmischen? Soll der Staat für eine staatliche Grundsicherung sorgen?

Nach: Frank Decker, Regieren im „Parteienbundesstaat", Wiesbaden 2011, S. 84

M 4 ● Verschiebungen im politischen Koordinatensystem durch die Piraten?

Die Piraten sind keine Internet-, sondern eine Freiheitspartei. Ihr grundlegendes Anliegen besteht in einer Rückkehr zu humanistischen Prinzipien. Das Internet kann in diesem Zusammenhang als angewandte Metapher für ein zeitgenössisches Verständnis von Freiheit begriffen werden. Freiheit durch Gleichberechtigung, Freiheit durch Meinungsäußerung, Freiheit durch allgemeinen Zugang zu Bildung und Wissen. Freiheit durch die Erosion von Hierarchien und Autoritäten. Freiheit durch Teilhabe und Pluralismus. [...] Das meint Christopher Lauer, wenn er sagt: „Wir machen keine Politik für das Internet, sondern für eine durch das Internet veränderte Gesellschaft."

Das Thema „Freiheit" wird derzeit von keiner anderen Partei des Spektrums bedient. Die FDP, deren Niedergang mit dem Aufstieg der Piraten zusammenfällt, ist in der öffentlichen Wahrnehmung längst zu einer reinen Wirtschaftspartei mutiert, weshalb der bürgerliche Liberalismus schon lange kein politisches Zuhause mehr besitzt. Die Piraten füllen diese Lücke. Sie sind die einzige deutsche Partei, die „Freiheit" nicht nur als idealistische Utopie oder ökonomisches Programm, sondern als ganz reales Organisationsprinzip behandelt. [...] Es taucht in allen politischen Bereichen auf, weil es die grundlegende Verfasstheit einer Gesellschaft betrifft. Wie wollen wir leben? Was sind unsere Werte? Welches Menschenbild vertreten wir?

Wer Antworten auf solche Fragen sucht, zielt nicht auf eine politische Nische, sondern auf Veränderungen der Wirtschafts-, Arbeits-, Bildungs-, Familien-, Sozial- und Sicherheitspolitik. Seine Forderungen werden sich nicht an Sachzwängen, Kostengründen und anderen Alternativlosigkeiten orientieren, sondern zunächst einmal an der Grundüberzeugung. Auch Sozialdemokratie, Konservatismus, Liberalismus waren oder sind Querschnittsthemen, die einst zur Gründung von Parteien führten. [...]

Juli Zeh, Augen zu und durch, SZ Magazin 47/2011

M 5 ● Ein Versuch der Einordnung: europäische Piratenparteien im Parteiensystem

Auf der Konfliktlinie zwischen Marktfreiheit und sozialer Gerechtigkeit lassen sich die Piratenparteien eher in Richtung sozialer Gerechtigkeit verorten. Die Reform des Urheberrechts geht immer wieder auch einher mit der Ablehnung der Rechteinhaber oder Verwertungsgesellschaften, denen Profitinteressen unterstellt werden, verbunden mit der Aussage, es sei richtig, wenn diese in Zukunft weniger Gewinn machten. Auch die geforderte kostenlose Bereitstellung verschiedenster Güter (von wissenschaftlicher Literatur über Software und deren Quellcodes bis hin zu öffentlichem Personennahverkehr) sowie das von einigen Piratenparteien angedachte bedingungslose Grundeinkommen gehen eindeutig in diese Richtung. [...] Schließlich ist auch die in vielen Programmen angemahnte bessere – und vor allem für alle kostenlose – öffentliche Bildung und die Bereitstellung von Unterrichtsmaterialen für alle Schüler ein Indiz dafür, die Piratenparteien letztlich eher auf der Seite der sozialen Gerechtigkeit zu verorten.

Für eine Verortung auf der Seite der Marktfreiheit spräche vor allem das in verschiedensten Punkten immer wieder durchkommende Misstrauen gegenüber dem Staat, der sich aus vielem heraushalten solle; das ist aber weniger dem Wunsch nach mehr Marktfreiheit geschuldet, vielmehr scheint es eine Folge des noch unfertigen Programms zu sein, sodass dieser Punkt nicht allzu stark ins Gewicht fällt. Erwähnt werden sollte aber, dass die meisten dieser Punkte nicht in den inhaltlichen Kernbereich der Piraten fallen und daher innerhalb der jeweiligen [europäischen Piraten-] Parteien umstritten sind. In Deutschland beispielsweise ist der interne Widerstand gegen das bedingungslose Grundeinkommen beträchtlich. Auf der Achse zwischen Libertarismus und Autoritarismus besetzen die Piratenparteien ganz klar den libertären Pol [...]. Zu dieser Einschätzung trägt vor allem ihr Fokus auf Bürger- und Individualrechte bei. Meinungsfreiheit, Versammlungsfreiheit, strikte Ablehnung staatlicher Überwachung oder der Vorratsdatenspeicherung sind zentrale Punkte in allen Parteiprogrammen. Zensur wird nicht nur im Internet grundsätzlich abgelehnt und auch die Forderung nach besserem Datenschutz findet sich bei allen Piratenparteien. [...] Auch Forderungen wie die Legalisierung „weicher" Drogen, die stärkere Trennung von Staat und Kirche oder die Gleichstellung aller Arten von Lebensentwürfen, beispielsweise gleichgeschlechtlicher Paare, oder die Aufhebung des bipolaren Geschlechterbildes rechtfertigen die Einordnung der Piratenparteien am libertären Pol.

Carsten Koschmieder, Piraten und Possenreißer statt Politiker und Populisten, FES, September 2012, S. 6

Auf einem Treffen der Berliner Piratenpartei

Aufgaben

1. Ordnen Sie die Parteipositionen den im Bundestag vertretenen Parteien zu. Begründen Sie Ihre Zuordnung (M 1).
2. Erklären Sie die Entstehung von Parteien am Beispiel der Partei Die Linke (M 2).
3. Erstellen Sie ein Schaubild des deutschen Parteiensystems. Ordnen Sie dazu die im Bundestag vertretenen Parteien den im Schaubild (M 3) dargestellten Konfliktlinien (cleavages) zu.
4. Erläutern Sie, ob bzw. inwiefern sich die Piraten als freiheitlich-libertäre Partei charakterisieren lassen (M 4, M 5).

5.2.2 Wandel in der deutschen Parteiendemokratie?

M 6 ● Volksparteien?

Klaus Stuttmann

M 7 ● Haben die Parteien ein Mitgliederproblem?

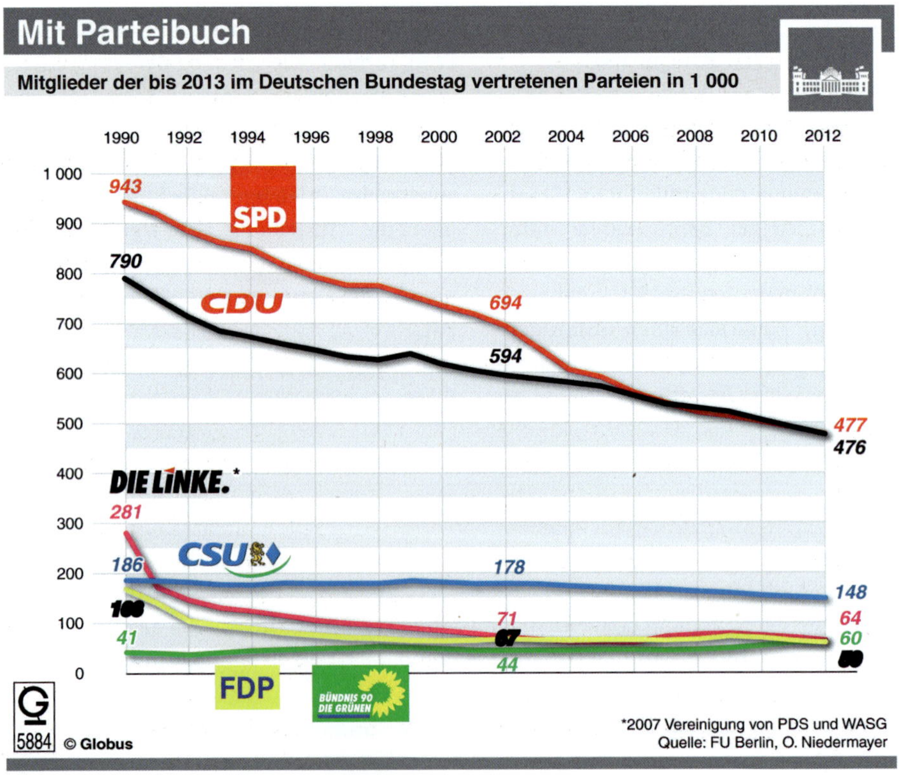

M 8 ● Gestaltwandel des Parteienwettbewerbs

Die Rede von der Krise der Parteiendemokratie ist gängige Münze. Sie stellt vor allem eine Krise der großen Volksparteien dar, welche die Stabilität der Nachkriegsdemokratie in Deutschland entscheidend geprägt haben.

Hauptindikator der Krise ist die nachlassende repräsentative Qualität der Parteien, die einerseits an rückläufigen Wahlbeteiligungen, Stimmenanteilen und Mitgliederzahlen abgelesen werden kann [...]. Zum anderen – und noch wichtiger – spiegelt sie sich innerhalb der Wählerschaft der zu „Mittelparteien" geschrumpften Großparteien wider. Diese wird sozial selektiver und bringt damit das wachsende Gefälle zwischen den profitierenden und den von der Wohlstandsentwicklung abgekoppelten Teilen der Bevölkerung zum Ausdruck. Es sind in erster Linie letztere, die sich von der Politik und den Parteien heute nicht mehr vertreten fühlen. Diese Gruppen stellen zugleich die wichtigste Wählerreserve der rechts- und linkspopulistischen Herausfordererparteien dar.

Um die Ursachen der Repräsentationskrise zu verstehen, ist ein Rückblick auf den Gestaltwandel des Parteienwettbewerbs notwendig, der sich im Übergang der Ende des 19. Jahrhunderts entstandenen Masseintegrationsparteien zu den Volksparteien der 1950er bis 1980er Jahre und deren heutigen Überresten abgespielt hat. [...]

In der Ära der Massenintegrationsparteien gab es einen Gleichklang von starker gesellschaftlicher Verwurzelung und ideologischer Polarisierung. Die Parteien [...] waren repräsentativ, indem sie für die Interessen und Wertvorstellungen ganz bestimmter Bevölkerungsgruppen standen. Pflegten sie diese Bindungen, konnten sie sich auf die Unterstützung ihrer natürlichen Anhängerschaft relativ sicher verlassen. [...]

Die sozialmoralischen Milieus der einstigen Massenintegrationsparteien, aus denen die Volksparteien hervorgingen und in denen sie verankert waren, sollten erst in den 1980er und 1990er Jahren allmählich absterben. Die Wettbewerbssituation der Volksparteien wurde dadurch schwieriger. Um das Abschmelzen ihrer Kernmilieus aufzufangen, mussten sie sich für neue Wählerschichten öffnen. Gerade damit liefen sie aber Gefahr, ihre verbliebenen Stammwähler noch mehr zu verprellen. [...]

Die Auflösung der Milieus, das Schwinden der einstmals identitätsstiftenden weltanschaulichen Gegensätze und die wachsenden Anforderungen an das Regieren haben die Bedingungen des Parteienwettbewerbs nachhaltig verändert. Die Parteien müssen heute um eine zunehmend wechselbereiter werdende Wählerschaft buhlen, die sich bei der Stimmabgabe nicht mehr an ideologische oder soziologische Gewissheiten gebunden fühlt.

Aus der Sicht der „Nachfrager" mag diese Entwicklung zu begrüßen sein, bedeutet sie doch, dass die Wähler tatsächlich „wählen". [...]

Heute bestehen die Unterschiede zwischen den Parteien weniger in den grundsätzlichen Konzepten (siehe etwa die programmatischen Annäherungen von CDU und SPD in der Familien- und in der Energiepolitik) als in den Techniken der Problemlösung. Deren Details sind aber in der Regel so kompliziert, dass ihre Darstellung das Wählerpublikum im Zweifel überfordern – oder langweilen – würde. Zweitens finden die Konflikte vermehrt in den Parteien selbst statt, wo sich beharrende und veränderungswillige Kräfte gegenüberstehen. Nach Ansicht des Berliner Politikberaters Tobias Dürr hat die Trennlinie zwischen „Traditionalisten" und „Modernisierern" die klassischen Gegensätze von „Markt" versus „Staat" oder libertäre versus autoritäre Werthaltungen im deutschen Parteiensystem längst überlagert. [...]

Die Antwort der Parteien auf beide Probleme besteht darin, in der Wähleransprache auf Personalisierung und Inszenierung

Seit 2001 ist Frank Decker Professor am Institut für Politische Wissenschaft und Soziologie der Rheinischen Friedrich-Wilhelms-Universität Bonn mit den Forschungsschwerpunkten westliche Regierungssysteme, Parteien, Populismus.

auszuweichen. Der Wettbewerb wird „entpolitisiert"; anstelle der komplexen Sachinhalte treten Image-Politiken, symbolische Handlungen und eine Rhetorik, die sich der Parteilichkeit bewusst entkleidet, indem sie das Volk zum zentralen Bezugspunkt macht. [...]

Der Gestaltwandel des Parteienwettbewerbs hat zur Folge, dass sich die öffentliche Darstellung der Entscheidungen von deren tatsächlichem Inhalt und Zustandekommen ablöst. Die Politikwissenschaftlerin Margaret Canovan bezeichnete dies als „demokratisches Paradoxon" der heutigen Politik. Je komplizierter und intransparenter für die Öffentlichkeit die realen Entscheidungsprozesse werden, umso mehr wächst bei den Wählerinnen und Wählern das Bedürfnis nach Eingängigkeit und Transparenz. Durch die Hinwendung zum Populismus versuchen die politischen Akteure diesem Bedürfnis zu entsprechen. [...]

Frank Decker , Aus Politik und Zeitgeschichte, Nr. 05 / 30.01.2012

M 9 ● Von der Volkspartei zur „professionellen Wählerpartei"?

Wenn die Verankerung der Parteien in der Gesellschaft schwächer wird [...], hat das naturgemäß auch für ihr Innenleben Folgen. Die Volks- oder Allerweltsparteien, die seit den sechziger Jahren in der Nachfolge der alten Massenintegrationsparteien entstanden waren, sind durch einen neuartigen Organisationstypus verdrängt worden, den man im Anschluss an Angelo Panebianco [...] als „professionelle Wählerpartei" bezeichnen konnte.

Der Begriff hat den Vorteil, dass er den Parteienwandel sowohl von der Nachfrage- als auch von der Angebotsseite her erfasst. Die Nachfrageseite betrifft die nachlassende gesellschaftliche Verankerung der Parteien, die sich in einem zunehmend sprunghafteren Wählerverhalten ausdrückt. Die Angebotsseite setzt bei den veränderten Möglichkeiten der politischen Kommunikation an. Begriffe wie die „moderne Kaderpartei" [...], „Partei der Berufspolitiker" [...] oder „professionalisierte Medienkommunikationspartei" [...] erscheinen demgegenüber als zu verengt, auch wenn sie sich in der inhaltlichen Konkretisierung von Panebianco kaum unterscheiden.

Zentrale Merkmale des „neuen" Parteimodells sind danach:

- die Aufgabenverlagerung von der traditionellen Parteienbürokratie hin zu professionell arbeitenden Spezialisten
- die Verselbständigung der einzelnen Organisationsebenen und -bereiche
- der Vorrang der elektoralen Funktion
- die direkte Ansprache der Wähler mittels moderner Kommunikationstechniken
- der Autonomiegewinn der Parteispitze gegenüber den Funktionären und Mitgliedern und - damit verbunden
- die Herausstellung der gehobenen Funktions- und Mandatsträger im Rahmen einer personalisierten Führungsstruktur

Ob es sich bei der „professionellen Wählerpartei" tatsächlich um einen neuen Typus handelt oder um eine bloße Fortentwicklung oder Spezifizierung der catch all-party, wird in der Literatur unterschiedlich eingeschätzt. Vieles spricht dafür, sie weniger als Ablösung denn als Anreicherung des vorangegangenen Modells zu betrachten.

Frank Decker, Regieren im „Parteienbundesstaat", Wiesbaden 2011, S. 93 f.

M 10 ● Parteien nach der Bundestagswahl 2013

Die Popularität der Kanzlerin und die Unzufriedenheit mit der aktuellen schwarz-gelben Regierung produzierten eine ungare Stimmung, die richtungslos unentschieden daherkam. Es drängt sich die folgende Interpretation auf: Erstmals in der Geschichte der Bundestagswahlen haben die Bürger eine Große Koalition absichtsvoll ins Amt gewählt. Eine Anwältin der deutschen Steuergelder und einen Rebellen gegen die Banken. [...]

Historisch zogen nur vier Parteien in den Bundestag ein [...].

Die Großen sind diesmal größer geworden. Nach der Großen Koalition schrumpften die Volksparteien 2009 erwartungsgemäß und die Kleinen feierten Superlative; eine systematische Konsequenz, die nach Großen Koalitionen die Regel ist. Auffallend diesmal: Seit 2002 legen die Union und die SPD erstmals wieder in Prozentwerten zu. Die Selbstverzwergung der Volksparteien scheint gestoppt. [...]

Das sogenannte bürgerliche Lager vertreten nur noch die Unionsparteien. Alle anderen drei Parteien im Bundestag sind deutlich kleiner und eher links von der Mitte positioniert. Diese linke Gruppierung hat rechnerisch die Mehrheit im Parlament. Doch das linke Lager bleibt bis zur kommenden Bundestagswahl 2017 defekt. Durch Wortbruch wird keine Kanzlerwahl zustande kommen. Das Parteiensystem zeigt sich vital, robust, belastbar. Neue Parteien haben sichtbar eine Chance. Alte Parteien gehen unter, wenn sie keine gesellschaftlichen Grundkonflikte mehr abbilden. [...]

Historische Dimensionen hatte die Wahl, weil seit 1949 die FDP nun erstmals nicht mehr im Bundestag vertreten ist. Eine Funktions- und Mehrheitsbeschafferpartei hat ihre Funktion verloren, wenn die Mehrheit eine Große Koalition will oder sich andere Optionen für die Kanzlerin zur Regierungsbildung auftun, wie z.B. mit Schwarz-Grün. Zudem blieb bis zum Schluss unklar, worin das inhaltliche Korrektiv einer FDP in erneuter Regierungsverantwortung bestehen könnte, um die Union zu disziplinieren oder zu ermuntern. [...]

Die Fast-Parlamentarisierung der AfD aus dem Stand heraus deutet auch eine weitere Europäisierung des deutschen Parteienwettbewerbs an. Denn überall sind europakritische Parteien in die Parlamente gewählt worden, mal populistisch, mal extremistisch. Die AfD ist vom Programm her nicht europakritisch, aber Euro-kritisch, was den Krisenmechanismus europäischer Problemlösungen aber im Kern mit betrifft.

Karl-Rudolf Korte, www.regierungsforschung.de, 23.9.2013

Karl-Rudolf Korte, Politikwissenschaftler in Duisburg und Leiter der Forschungsgruppe Regieren.

Aufgaben

1. Vergleichen Sie die Aussage der Karikatur (M 6) mit der Aussage der Grafik (M 7).
2. Arbeiten Sie Merkmale für einen Gestaltwandel im deutschen Parteiensystem heraus (M 8).
3. Der Parteienforscher Professor Korte hat Volkspartei einmal definiert als „Partei, die alle Schichten anspricht und die auch den Anspruch hat, für alle Politik zu machen." Überprüfen Sie die Gültigkeit dieser Definition (M 8).
4. Unterscheiden Sie den Typus „Volkspartei" vom Parteimodell der „professionellen Wählerpartei" (M 9).
5. Beurteilen Sie die Bedeutung der Wahlergebnisse für das deutsche Parteiensystem (M 9, 10).

F Überprüfen Sie, inwiefern es sich bei den im Bundestag vertretenen Parteien jeweils um eine „professionelle Wählerpartei" (M 9) handelt.

ORIENTIERUNGSWISSEN

Entstehung von Parteien
M 3

Parteien können als Produkt **gesellschaftlicher Konfliktlinien** (cleavages) aufgefasst werden. Diese parteibildenden Konfliktlinien, entlang derer sich Parteien ansiedeln, haben neben dem Wahlrecht (Mehrheitswahlrecht bzw. Verhältniswahlrecht) einen erheblichen Einfluss auf die Strukturierung des Parteiensystems. Die dominierenden Konfliktlinien in der Bundesrepublik Deutschland bewegen sich zwischen den Polen **Liberalität**, **Autorität**, **Marktfreiheit** und dem staatlichen Bemühen um **sozialen Ausgleich**.

Parteiensystem in Deutschland
M 2

Das nach der Gründung der Bundesrepublik 1949 entstandene Parteiensystem stand zunächst als Vielparteiensystem in der Tradition der Weimarer Republik. Die weitere Entwicklung des deutschen Parteiensystems seit 1949 kann in verschiedene Phasen eingeteilt werden:

- Konzentration auf ein symmetrisches Zweieinhalb- bzw. Drei-Parteiensystem bis in die 1980er Jahre (CDU/CSU, SPD, FDP),
- durch die Gründung und Etablierung der Grünen Erweiterung auf ein Zwei-Parteigruppensystem mit CDU/CSU, FDP auf der einen und SPD und Grünen auf der anderen Seite,
- in den 1990er Jahren nochmalige Erweiterung des Parteiensystems durch die PDS auf ein asymmetrisches Viereinhalb-Parteiensystem, durch die Fusion von PDS und WASG zur Partei DIE LINKE seit 2007 **Fünf-Parteiensystem**.

Mitgliederentwicklung
M 7

Alle Parteien, insbesondere die Volksparteien CDU und SPD, leiden unter einem massiven **Mitgliederschwund**. Dieser Trend verschärft das Glaubwürdigkeits-, Legitimations- und Imageproblem der Parteien. Ebenso würde das verfassungsrechtlich verankerte Gebot der innerparteilichen Demokratie ohne einen Mindestbestand an Parteimitgliedern wirkungslos werden. Die Parteien versuchen deshalb, durch neue Kommunikationsformen ebenso wie durch neue Formen der Mitwirkung nach innen und außen wieder attraktiver zu werden.

Volksparteien und „professionelle Wählerparteien"
M 10

Eine schwächere Verankerung der Parteien in der Gesellschaft, nicht zuletzt durch die rückläufigen Mitgliederzahlen, begünstigt die Entstehung neuer Organisationstypen. Es bleibt abzuwarten, ob sich die sogenannte Volkspartei, d.h. ein Parteitypus, der alle Schichten ansprach und damit beanspruchte, für möglichst alle Politik zu machen, zu einem neuen Organisationstypus, der „professionellen Wählerpartei" weiterentwickelt.

Ausblick: Zehn Thesen für eine politische „Partei mit Zukunft“

Die „Partei mit Zukunft“ besitzt durchgängig hohe Standards im Umgang mit Neumitgliedern und Interessenten

Die „Partei mit Zukunft“ nutzt das Netz zur Profilschärfung

Die „Partei mit Zukunft“ erlaubt kommunikative Durchlässigkeit und Transparenz

Die „Partei mit Zukunft“ fördert unterschiedlichste Formen der Partizipation

Die „Partei mit Zukunft“ befähigt ihre Mitglieder

Die „Partei mit Zukunft“ katalysiert bürgerschaftliches Engagement

Die „Partei mit Zukunft“ betreibt verantwortungsbewusste Nachwuchsarbeit

Die „Partei mit Zukunft“ ist Klarheit und Leidenschaft verpflichtet

Die „Partei mit Zukunft“ benötigt einen flexibleren Rechtsrahmen

Die „Partei mit Zukunft“ befördert innerparteiliche Innovation

Knut Bergmann u. a., Policy-Brief, stiftung neue verantwortung, 01/2010

Aufgaben

1. a) Wählen Sie 2–3 Thesen aus. Begründen Sie Ihre Auswahl.
   b) Beschreiben Sie, was konkret Sie mit „Ihren“ Thesen verbinden.
2. Erläutern Sie, inwiefern die „Partei mit Zukunft“ den im Parteiengesetz formulierten Aufgaben und Funktionen gerecht werden kann.
3. Beurteilen Sie, ob die politischen Parteien im politischen System Deutschlands auch zukünftig eine zentrale Rolle spielen werden. Beziehen Sie Überlegungen zum Organisationstypus einer zukunftsfähigen Partei in Ihre Überlegungen mit ein.

Blumentopf: „... geh zur Wahl!“

Wenn Kandidaten nominiert sind, dann denkst Du ans Big-Brother-Haus. Du warst nie auf Jamaika und kennst Dich nicht mit Ampeln aus, gehst nicht zur Wahl, sitzt lieber den ganzen Sonntag am Sofa und spielst Playstation unter Deinem Barack-Obama-Poster. Du kennst nicht Volker Kauder, Du kennst nur Kader Loth, hältst die SPD für die „sozialpolitische Union“. In Deiner Daily-Soap spielt kein Cem und auch kein Guido, Zeitung lesen ist nicht Deins, und Urnen kennst Du nur vom Friedhof. Du hast fünfmal gevotet bei Deutschland sucht den Superstar und checkst nicht das Prinzip mit den zwei Stimmen für den Bundestag, fragst Dich, wann die Wahl mal Stefan Raab moderiert und ob die Jury Montagabend noch wen nachnominiert. Sind wir mal ehrlich: Bisher ist Dir das alles egal, denn das Wahllokal ist nicht das Lokal Deiner Wahl. Doch Du bist 'n Trottel, wenn Du Deine Stimme nicht nutzt! Frag jeden Rapper da draußen, wir haben's schon immer gewusst. Also hör auf so zu tun, als ob Politik Dich nix angeht. Demokratie lebt „wenn sich auch Dein Arsch mit bewegt“. Eine Stimme ändert nix, man weiß nie was los ist. Frag mal Al Gore oder Heide Simonis. Also hör auf zu jammern: „Aber was soll ich denn nur wählen?“ Das musst Du selber wissen – bei uns ist das Volk der Souverän. Und es ist nicht selbstverständlich, es ist schon was Besonderes, wenn die Sonntagsfrage mehr ist als nur Pizza oder Pommes. Informier Dich jetzt, dafür ist es im Wahllokal zu spät. Geh einfach 15 Minuten lang auf Wahl-O-Mat.de. Dann kannst Du sogar Samstag feiern, mach die Nacht ruhig durch, denn Dein Wahllokal ist offen bis um 18:00 Uhr. Beweg Dein' Arsch, geh zur Wahl! Deine Stimme wegwerfen, das geht nicht klar. Also, beweg Dein' Arsch, und geh zur Wahl, Du musst vier Jahre warten bis zum nächsten Mal.

Die Band Blumentopf

Wahlaufruf zur Bundestagswahl von Blumentopf, www.bpb.de, 08.2009

Wählen – Mitentscheiden für die Zukunft

6

„Wir sind das Volk"... und (nur) einmal in vier Jahren können wir per Wahl über die Zusammensetzung unserer Regierung entscheiden.
Vor dem Hintergrund einer immer stärker ansteigenden Zahl von Nichtwählern stellt sich jedoch zunehmend die Frage nach der Legitimation politischer Entscheidungen. Dies gilt umso mehr, wenn die politischen Entscheidungsträger nur noch von einem Bruchteil des Volkes, dem eigentlichen Souverän, getragen werden und ganze Bevölkerungsgruppen von ihrem Recht, wählen gehen zu dürfen, keinen Gebrauch machen.
Die Gründe für diese Tendenz sind vielschichtig und reichen von Überforderung, Desinteresse und Enttäuschung bis hin zur Politikverdrossenheit.
Dieses Kapitel geht der Frage nach der Grundfunktion von Wahlen ebenso nach wie der Frage, wer wen warum wählt und wie sich Wählerverhalten theoretisch begründen lässt. Dabei wird auch die Wirkweise verschiedener Wahlsysteme untersucht, um diese mit Blick auf die tatsächliche Abbildung des Wählerwillens abschließend beurteilen zu können.

KOMPETENZEN

Am Ende dieses Kapitels sollten Sie Folgendes wissen und können:

... erklären, ob Wahlen die ihnen zugeschriebenen Funktionen trotz steigendem Nichtwähleranteil (noch) erfüllen.

... Wählerstruktur und Wählerverhalten erläutern.

... das eigene (zukünftige) Wahlverhalten mit Hilfe theoretischer Ansätze erklären sowie diese Ansätze auf ihren Erklärungswert hin überprüfen.

... das Wahlsystem zum Deutschen Bundestag erklären sowie dessen Reformbedürftigkeit beurteilen.

Aufgaben

1. a) Beantworten Sie die Frage „Wählen – wozu?".
   b) Vergleichen Sie Ihre Antworten mit denen Ihrer Kursmitglieder. Gibt es Gemeinsamkeiten, Unterschiede?
2. Die Gruppe Blumentopf versucht auf ihre Weise, einen Beitrag zu höherer Wahlbeteiligung zu leisten. Welche Form von Wahlaufruf spricht Sie an? Gestalten Sie selber einen Wahlaufruf.

6.1 Wer wählt wen warum?

6.1.1 Warum wählen?

M 1 „... eigentlich ist es logisch, wählen zu gehen"

Wählen oder nicht wählen? Gibt es „richtige" oder „falsche" Parteien? Ein Schlagabtausch unter Erst(nicht)wählern.

Luisa: Ich finde es ist meine Pflicht, wählen zu gehen. Andere Menschen auf der Welt haben dieses Recht gar nicht. Dann kann ich doch dieses Recht nicht einfach so wegschmeißen, wenn Menschen in anderen Ländern sich darum schlagen, wählen zu dürfen.

Alex: Jede Stimme, die nicht abgegeben wird, ist eine Stimme für eine extreme Partei.

Christian: Die Wahl könnte für mich ein Weg sein für meine Ziele und Wünsche. Eine Partei zu wählen, die meine Vorstellungen in gewisser Weise bestmöglich vertreten kann. [...]

Luisa: Mir geht es beim Wählen darum, dass auf keinen Fall eine falsche Partei an die Macht kommen darf. Das möchte ich verhindern. [...] Wenn ich mal gucke, was in der Vergangenheit durch politische Fehlentscheidungen passiert ist, wenn ich nur ans Dritte Reich denke, dann wird mir schon klar, wen ich garantiert nicht wähle. Nämlich die rechte Partei, NPD und so. [...]

Doreen: Von dem Argument würde ich mich noch am ehesten überzeugen lassen, obwohl ich eigentlich mit den Bundestagswahlen nichts am Hut habe.

Wolfram: Na ja, vielleicht gibt es doch falsche Parteien. Aber wenn jetzt alle die falsche Partei wählen, dann regeln das sowieso die anderen Parteien untereinander durch eine Koalition. Jedenfalls, das Thema interessiert mich nicht, und es schlägt mir keiner den Kopf ab, wenn ich nicht wähle. Es ändert sich einfach nichts für mich durch die Wahlen.

Andrea: Eigentlich ist es logisch, dass man wählen gehen sollte, wenn man das Recht dazu hat. Aber bei mir ist einfach mein Desinteresse größer! Denn es wird sich nix ändern, egal ob ich wählen gehe oder nicht.

Anne-Katrin: Genau das ist es: Es ändert sich morgen nichts dadurch, dass ich heute nicht wählen gehe – das ist der Grund, warum die jungen Leute nicht so einen Bezug zur Politik haben oder nie hatten. Denn auf lange Sicht macht es schon einen Unterschied, ob eine Partei an der Macht ist, die viel für Sozialpolitik macht, wenn ich irgendwann mal eine Familie gründen will. Im Vergleich zu einer Partei, die alles in die Wirtschaft buttert oder in die Rüstung.

Alex: Ist doch egal, wohin die das buttern, weil nach vier Jahren die nächste Partei kommt und alles wieder ändert.

Fabian: Eure Argumente überzeugen mich überhaupt nicht! Ihr habt alle möglichen Gründe, warum ihr wählen geht, und kein einziger davon hat mich überzeugt. Ich kann doch wählen, wen ich will – es versprechen alle dasselbe. Also ist meine Stimme doch komplett egal! Egal, in welche Partei ich sie reinstecke.

Wolfram: Toll wäre es, wenn mir die Partei 500 Euro rübergeben würde, dafür, dass ich sie wähle. Das wäre eine schöne Sache! Das wäre für mich persönlich ein Anreiz. Denn so ist nun mal mein Leben, als Auszubildender brauche ich Geld. Für Geld würde ich wählen gehen!

Interview: Alexandra von Streit, Fluter Nr. 3/Juni 2002

Es ist DEINE Wahl - unter diesem Motto haben Diakonie und DGB in Berlin und Brandenburg eine Facebook-Aktion im Vorfeld der Bundestagswahl gestartet. Mit Hilfe eines Online-Tools der Diakonie-Kampagne „Soziale Berufe - kann nicht jeder" konnte jede und jeder Teilnehmende ein eigenes Wahlplakat basteln.

M 2 ● Grundfunktionen von Wahlen

- *Repräsentation des Volkes*

Die Gewählten, zum Beispiel die Abgeordneten, repräsentieren die Gesamtheit der Bürgerinnen und Bürger. Repräsentiert wird das gesamte Volk. Jede soziale Gruppe muss sich an dem politischen Wettbewerb beteiligen können, um die Offenheit der Machtkonkurrenz zu gewährleisten. Repräsentative Demokratien verlangen Mehrheitsentscheidungen.

- *Legitimation und Kontrolle von politischer Herrschaft*

Durch Wahlen legitimieren die Wählerinnen und Wähler bestimmte Personen, politische Funktionen auszuüben. Diese sind legitimiert, im Namen aller und für alle verbindlich zu entscheiden. Durch die regelmäßige Wiederholung der Wahl gewinnt sie die Funktion der Machtkontrolle. Die Opposition muss immer die Chance haben, an die Macht zu kommen.

- *Integration der Meinungen*

Die Wahl ist die Stimmabgabe jedes einzelnen Wahlberechtigten. Das Wahlergebnis spiegelt insgesamt die Willensartikulation der Wählerinnen und Wähler wider. Durch die Wahlen erfolgt eine Integration des gesellschaftlichen Pluralismus und die Bildung eines politisch aktionsfähigen Gemeinwillens. Letzteres ist jedoch auch vom jeweiligen Wahlsystem abhängig, das die Integration der Wählerschaft fördern oder auch hemmen kann. Nicht immer geht aus dem Wahlprozess eine handlungsfähige Regierung hervor.

Karl-Rudolf Korte, Wahlen in Deutschland, bpb, Bonn 2013, S. 13 f.

M 3 ● Wählen oder Nicht-Wählen?

a) Beteiligung an Bundestagswahlen (1949-2013)

Jahr	Wahlbeteiligung	West	Ost
1949	78,5		
1953	86,0		
1957	87,8		
1961	87,7		
1965	86,8		
1969	86,7		
1972	91,1		
1976	90,7		
1980	88,6		
1983	89,1		
1987	84,3		
1990	77,8	78,6	74,5
1994	79,0	80,5	72,6
1998	82,2	82,2	80,0
2002	79,1	80,6	72,8
2005	77,7	78,5	74,3
2009	70,8	72,2	64,7
2013	71,5	72,5	67,6

b) Wahlbeteiligung nach Altersgruppen

Anteil der Wähler bei der Bundestagswahl 2013 in diesem Alter

unter 21 Jahre	64,2
21–24 Jahre	60,3
25–29 Jahre	62,4
30–34 Jahre	65,5
35–39 Jahre	68,7
40–44 Jahre	72,4
45–49 Jahre	74,7
50–59 Jahre	75,5
60–69 Jahre	79,8
70 und älter	74,8

Zahlen: Bundeswahlleiter
Angaben in % der Wahlberechtigten

M 4 • Wer wählt nicht?

Der Politologe Oskar Niedermayer unterscheidet folgende drei Typen von Nichtwählern:

- **Unechte Nichtwähler** (3-4 % der Wahlberechtigten), die in der Wahlstatistik als Nichtwähler auftauchen, obwohl überhaupt nicht bekannt ist, ob sie sich willentlich für oder gegen eine Wahlteilnahme entschieden haben. Fehler im Wählerverzeichnis oder die nicht (rechtzeitig) erfolgte Zustellung (z.B. bei Umzug) bzw. Rücksendung von Briefwahlunterlagen können somit zur Registrierung als Nichtwähler führen. Das Gleiche gilt auch für Wahlberechtigte, die wegen einer Erkrankung bzw. eines Unfalls kurz vor dem Wahltag nicht zur Wahl gehen können oder diejenigen, die verstorben sind, ohne aus dem Wählerverzeichnis gelöscht worden zu sein.
- **Politikferne Nichtwähler** (die Mehrheit der gesamten Nichtwähler), zeichnen sich durch fehlendes Interesse am politischen Geschehen aus.
- Den **unzufriedenen Nichtwähler** kennzeichnet seine Unzufriedenheit mit den politischen Führungspersonen (bzw. ihrer Politik) und/oder den politischen Institutionen (insbesondere den Parteien) und/oder der demokratischen politischen Ordnung insgesamt.

Nach: Oskar Niedermayer, www.bpb.de, 31.5.2012 (stark gekürzt)

M 5 • Triumpf der Nichtwähler?

Klaus Stuttmann

Aufgaben

1. Vergleichen Sie Ihre eigene mit der Position der Erstwähler (M 1).
2. Erklären Sie die in M 2 von Professor Korte benannten Funktionen von Wahlen in Ihren eigenen Worten (M 2).
3. a) Analysieren Sie die Daten (M 3).
   b) Nennen Sie mögliche Gründe für die Entwicklung der Wahlbeteiligung bei den Bundestagswahlen (M 3).
4. Beurteilen Sie, ob Wahlen die ihnen zugeschriebenen Funktionen bei sinkender Wahlbeteiligung noch erfüllen können (M 1–M 4).
5. Bewerten Sie die Aussage der Karikatur (M 5).

H zu Aufgabe 5
Beziehen Sie in Ihre Bewertung insbesondere die Repräsentationsfunktion von Wahlen mit ein.

6.1.2 Wer wählt wie?

M 6 ● Ergebnisse der Bundestagswahl 2013

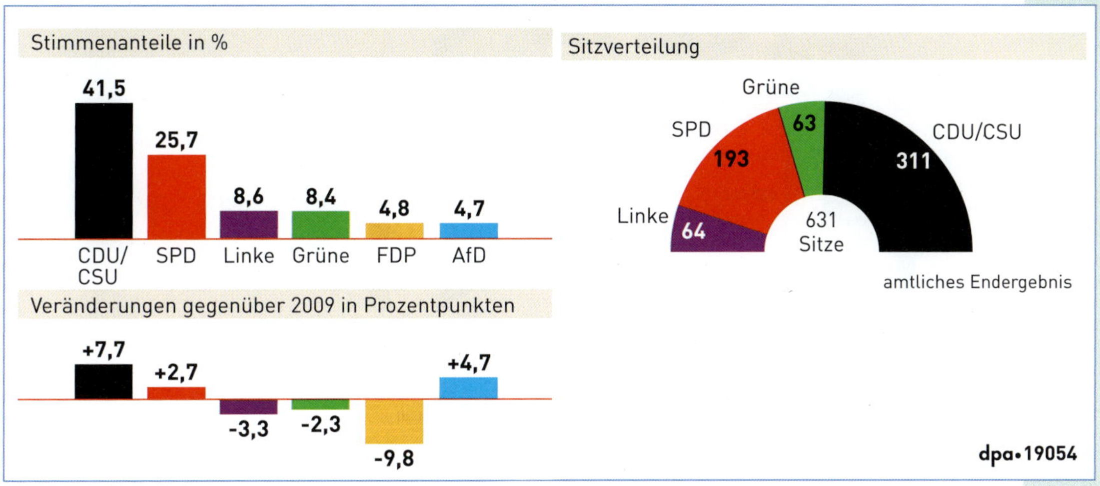

M 7 ● Wählerstruktur bei der Bundestagswahl 2013

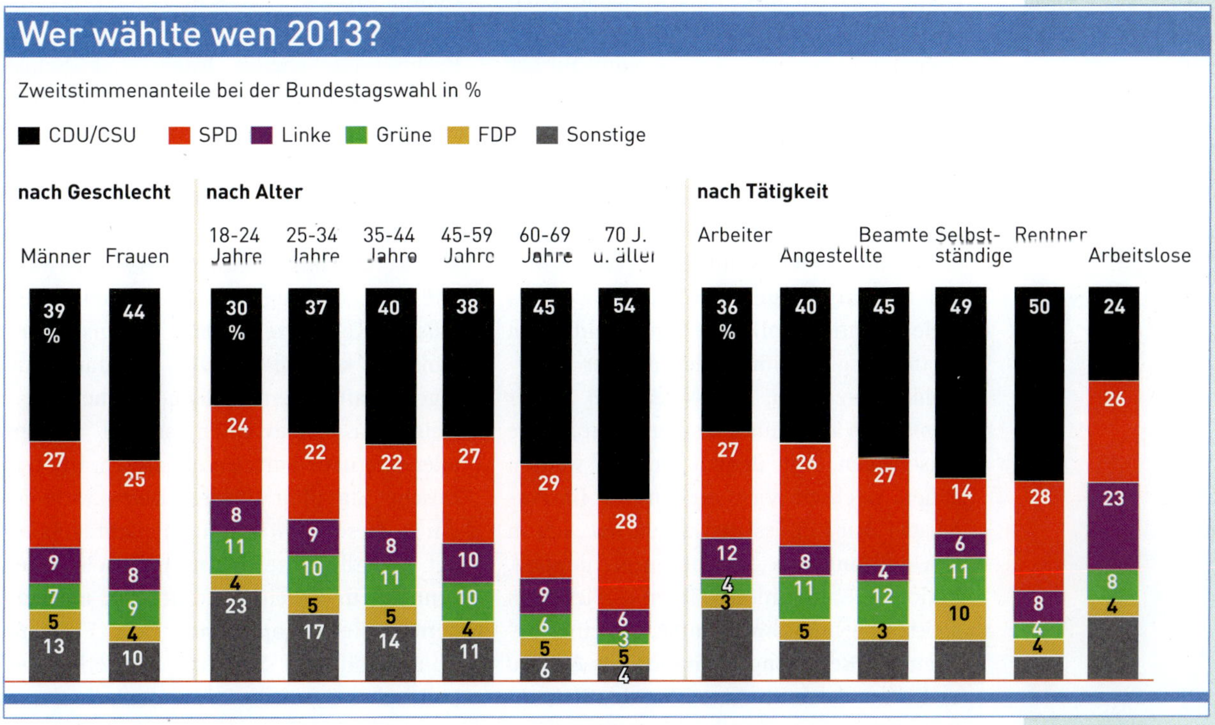

dpa 19901 (erweitert); Zahlen: infratest dimap

M 8 ● Wie verlässlich ist der Wähler?

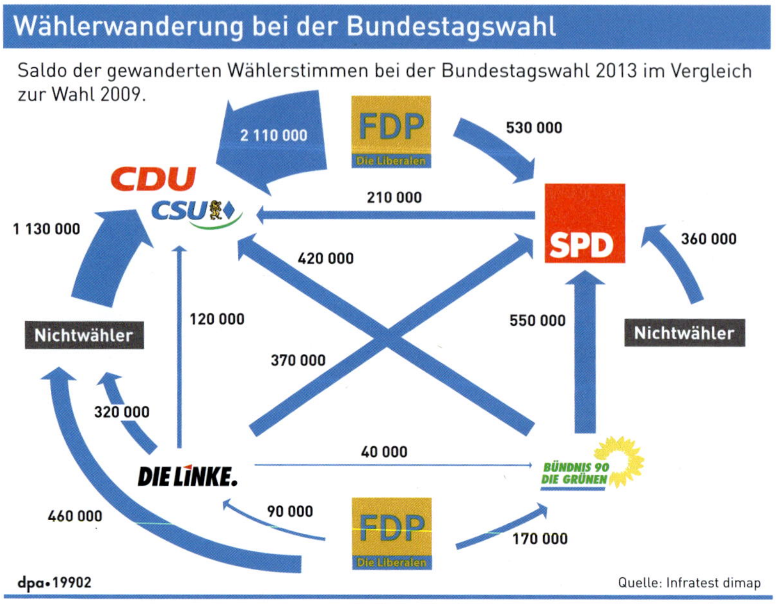

M 9 ● Der Wähler der Zukunft – flüchtig oder treu?

Der Wähler hat aus einem beschaulichen Parteiensystem einen Koalitions- und Parteienmarkt gemacht. Er ist vom Bürger zum Kunden geworden, der von den Parteien erwartet, dass sie seinen Lebensstil widerspiegeln. Hing seine Wahlentscheidung früher davon ab, wie sehr er sich an eine Partei gebunden fühlte, so fragt er sich heute in der Wahlkabine: Was bringt mir die Partei eigentlich? [...] Obwohl es viele wichtige politische Entscheidungen zu treffen gibt, nimmt die Zahl der Nichtwähler derzeit zu, sodass letztlich immer weniger Wähler über immer mehr Dinge entscheiden. Von denjenigen, die wählen gehen, wechseln viele die Partei – ihr Anteil bei den Bundestagswahlen hat sich in den vergangenen 20 Jahren verdoppelt. Rationale Koalitionswähler wiederum splitten bewusst ihre Stimme, um einer bestimmten Regierungsformation ins Amt zu verhelfen. Auch ihr Anteil hat deutlich zugenommen. Unpolitische Gesinnungswähler hingegen legen sich erst wenige Stunden vor der Wahl fest. [...]

Der Wähler ist wählerischer geworden. Doch das ist nur ein Teil der Wahrheit. Denn obwohl der deutsche Wähler flüchtig ist, kann er sich dennoch nicht vom Rechts-links-Schema lösen. [...] Selbst wenn er sich nicht mehr mit ihr identifiziert, ist die Bindung an eine Partei immer noch wahlentscheidender als die Sympathie für einzelne Politiker oder aktuelle Themen. [...]

Wir werden uns künftig auf das Unerwartete im Parteienwettbewerb einstellen müssen. Komplexe Systeme wie unsere Demokratie können jederzeit spontan neue Eigenschaften herausbilden, wie beispielsweise, dass Neuwahlen normal werden oder sich neue Parteien etablieren. Die politische Stabilität unserer Demokratie ist durch diese Entwicklungen nicht gefährdet. [...] Alle Parteien sind politisch mittezentriert und weit entfernt vom antimodernen Rechtspopulismus. [...] Ein auf Kontinuität und Stabilität ausgerichtetes politisches System wie das deutsche kann eine solche Mixtur aus Überraschungen nicht so leicht destabilisieren.

Karl-Rudolf Korte, Deutsch und unordentlich, Die Zeit, 24.6.2012

M 10 ● Welchen Einfluss haben Meinungsumfragen?

Heiko Sakurai (5.8.2006)

Wie wirken Umfragen im Bundestagswahlkampf? Die kommerzielle Meinungsforschung misst mit ihren demoskopischen Daten kurzfristige Momentaufnahmen mit baldigem Verfallsdatum. Der direkte Einfluss von Demoskopie auf das konkrete Wahlverhalten ist in der Forschung umstritten. Gleichwohl hat der indirekte Einfluss in den letzten Jahren bei zunehmend wählerischen Wählern zugenommen.

Demoskopische Erkenntnisse dienen verlässlich dem Fein-Tuning der Wahlkampfausrichtung. Sie sind aus dem Alltag der Parteizentralen für strategische Überlegungen nicht mehr wegzudenken. Hier entfaltet die Demoskopie ihre stärkste Wirkung, wenn es darum geht, Strategien zur gezielten Beeinflussung der Wählerschaft zu erreichen.

Umfragen sind nicht wahlentscheidend. Aber über sie wird in Familien und am Arbeitsplatz gesprochen. Dort wird abgewogen, was das Ergebnis bedeutet. Kann ich mit meiner Stimme dazu beitragen, dass eine Partei über die 5-Prozent-Hürde gelangt? Wie kann ich eine Koalitionspräferenz unterstützen, die Aussicht auf Erfolg hat? Gerade in Zeiten von Koalitionslotterie bei eingefrorenen Lagerkonstellationen sind solche Überlegungen wichtig. Wähler lieben nicht nur Favoriten, sondern wollen auch gerne bei den Siegern sein. Umfragen können insofern auch demobilisieren, wenn es aussichtslos erscheint und ebenso mobilisieren, wenn es knapp werden könnte. [...]

Wichtig ist, dass Umfragen publiziert werden, die auch entsprechende Angaben über statistische Fehler enthalten. Ebenso bedeutend ist, dass Umfragen bis einen Tag vor der Wahl zugänglich gemacht werden. Denn die Wahlentscheidung sollte auf der Höhe von potenziellen Informationen getroffen werden – bei fast 50 Prozent Spätentscheidern – und nicht auf Informationen, die veraltet oder unseriös sind. Umfragen sind nur ein kleiner Baustein für Wähler, um sich ein Bild über die Zukunftsfähigkeit von Parteien und Personal zu machen. Doch kein unbedeutender!

Karl-Rudolf Korte, in: Westdeutsche Allgemeine Zeitung, 7.8.2013

Aufgaben

1. a) Erstellen Sie ein Profil des „typischen" Wählers zu den einzelnen im Bundestag vertretenen Parteien (M 6, M 7).
   b) Prüfen Sie, ob Sie sich selber in dieser Übersicht wiederfinden.
2. Analysieren Sie die Grafik zur Wählerwanderung (M 8).
3. Charakterisieren Sie den „Wähler der Zukunft" (M 9).
4. Überprüfen Sie vor dem Hintergrund der Wählerwanderung, ob bzw. inwiefern sich Kortes Thesen belegen bzw. widerlegen lassen (M 8, M 9).
5. „Umfragen sind nur ein kleiner Baustein für Wähler, [...] aber kein unbedeutender." (M 10). Erläutern Sie vor dem Hintergrund von M 9, was diese These über den Wähler aussagt.

F Entwickeln Sie Maßnahmen zu einer Kultur des Mitentscheidens insbesondere aus der Perspektive von Jungwählern, um der rückläufigen Wahlbeteiligung entgegenzuwirken.

Motive für Wahlverhalten

Christian: Die Wahl könnte für mich ein Weg sein für meine Ziele und Wünsche. Eine Partei zu wählen, die meine Vorstellungen in gewisser Weise bestmöglich vertreten kann.

Anne-Katrin: Auf lange Sicht macht es schon einen Unterschied, ob eine Partei an der Macht ist, die viel für Sozialpolitik macht, wenn ich irgendwann mal eine Familie gründen will. Im Vergleich zu einer Partei, die alles in die Wirtschaft buttert oder in die Rüstung.

Wolfram: Toll wäre es, wenn mir die Partei 500 Euro rübergeben würde, dafür, dass ich sie wähle. Das wäre für mich persönlich ein Anreiz.

Aus: Interview: Alexandra von Streit, Fluter Nr.3/Juni 2002

6.1.3 (Wie) Lässt sich Wählerverhalten erklären?

M 11 ● Der soziologische Erklärungsansatz

Ein erster klassischer Ansatz betont die verhaltensrelevante Bedeutung des sozialen Umfelds: Wahlverhalten ist Gruppenverhalten. [...] Weniger der ursprünglich angenommene Einfluss der Massenmedien oder der Wahlpropaganda als vielmehr die Zugehörigkeit zu verschiedenen sozialen Gruppen mit festen politischen Verhaltensnormen bestimmte demnach die individuelle Wahlentscheidung. Das Zusammenspiel der verschiedenen Gruppenzugehörigkeiten konnte mithilfe der Merkmale sozioökonomischer Status, Konfessionszugehörigkeit und Größe des Wohnorts in hohem Ausmaß nachgewiesen werden. [...] Bis zu den jüngsten Wahlanalysen konnten auch neuere Untersuchungen immer wieder den großen Einfluss des sozialen Umfelds auf den individuellen politischen Meinungsbildungsprozess nachweisen. Die Mitgliedschaft in einer Gewerkschaft, eine starke Bindung an die katholische Kirche oder auch eine Verwurzelung im protestantischen Selbstständigen- bzw. Handwerkermilieu haben auch heute noch – insbesondere bei Koppelung mehrerer Faktoren – einen hohen Vorhersagewert für die Wahlentscheidung.

Das Erklärungsmodell sieht das Individuum idealtypisch im Mittelpunkt konzentrischer, sich gegenseitig verstärkender sozialer Einflusskreise und veranschaulicht aus dieser Perspektive in besonderer Weise ein stabiles, über einen längeren Zeitraum hinweg konstantes Wahlverhalten. Kurzfristige Änderungen der Wahlentscheidung können auf diese Weise hingegen nur unzureichend erklärt werden.

Karl-Rudolf Korte, Wahlen in Deutschland, bpb, Bonn 2013, S. 105 ff.

M 12 ● Der individualpsychologische Erklärungsansatz

Einen deutlichen Perspektivenwechsel nimmt der zweite klassische Erklärungsansatz vor: Wahlverhalten ist Ausdruck einer individuellen psychologischen Beziehung zu einer Partei. [...] Kernstück dieses als individualpsychologisches „Ann Arbor-" oder „Michigan-Modell" bezeichneten Ansatzes bildet die individuelle Parteiidentifikation. Damit ist eine längerfristige emotionale Bindung der Wählerinnen und Wähler an ihre Partei gemeint. Sie wird erworben bei der politischen Sozialisation durch Elternhaus, Freundeskreis oder Mitgliedschaft in politischen Gruppen und beeinflusst – einmal ausgeprägt – die Wahrnehmung sowie die Bewertung politischer Ereignisse in hohem Maße. Neben dieser Langzeitvariable Parteiidentifikation existieren zwei weitere Einflussfaktoren: die Bewertung der Kandidatinnen und Kandidaten sowie die Einstellungen zu aktuellen politischen Streitfragen (die sogenannte Issue-Orientierung). Die individuelle Wahlentscheidung resultiert nun aus dem spezifischen Zusammenspiel dieser drei Faktoren (Parteiidentifikation, Kandidatenorientierung, politische Streitfragen) [...].

Karl-Rudolf Korte, Wahlen in Deutschland, bpb, Bonn 2013, S. 109 f.

M 13 ● Das Modell des rationalen Wählers

Ein anderer Blick auf den Prozess der Wahlentscheidung kennzeichnet den dritten wichtigen Erklärungsansatz. In seiner in den fünfziger Jahren entwickelten ökonomischen Theorie der Demokratie konzentriert sich Anthony Downs ganz auf die Analyse von individuellen Entscheidungskalkülen: Die persönliche Wahlentscheidung wird bestimmt durch ihren maximal zu erzielenden politischen Nutzen. Ein „rationaler Wähler" entscheidet sich demnach für diejenige Partei, von deren Politik er sich den größten Vorteil verspricht. [...] In der wissenschaftlichen Wahlforschung wird rationales Wahlverhalten im Allgemeinen mit der Orientierung der Wählerinnen und Wähler an aktuellen politischen Streit- und Sachfragen (issue-voting) gleichgesetzt. [...] Soziale Loyalitäten oder längerfristige emotionale Parteineigungen spielen aus dieser Perspektive nur eine untergeordnete Rolle. [...]

Allerdings hat auch das rationale Erklärungsmodell seine Grenzen. Innerhalb seiner engen Modellannahmen lässt sich die Frage, warum jemand überhaupt an einer Wahl teilnimmt, nicht schlüssig beantworten. Die Wirkung der eigenen Stimme, also der Nutzen einer Beteiligung, ist verschwindend gering gegenüber den entstehenden Kosten, den Mühen einer Teilnahme. Ebenfalls unbefriedigend bleibt die Erklärung der Wahlentscheidung zugunsten kleiner Parteien, die keine Chance auf eine Regierungsbeteiligung haben.

Karl-Rudolf Korte, Wahlen in Deutschland, bpb, Bonn 2013, S. 110

M 14 ● Das Modell des sozialen Milieus

Seit den achtziger Jahren ist ein neuer Zugang zur Erklärung von Wahlverhalten entwickelt worden: die Einteilung der Wählerinnen und Wähler in sozial-moralische Milieus. [...] Die Einteilung der Gesellschaft in soziale Milieus erfolgt [...] durch die Identifikation fundamentaler Wertorientierungen, die die jeweilig vorherrschenden Lebensstile und -strategien bestimmen. Und auch die Einstellungen zu Arbeit, Familie oder Konsumverhalten werden dabei genauso einbezogen wie Wunschvorstellungen, Ängste oder Zukunftserwartungen. [...]

Den Vorteil des Milieukonzepts sehen seine Entwickler darin, dass es damit den politischen Parteien möglich ist, zielgruppengerechter zu agieren und auf diese Weise neue Wählerpotenziale zu erschließen. [...]

Karl-Rudolf Korte, Wahlen in Deutschland, bpb, Bonn 2013, S. 111

Aufgaben

1. Vergleichen Sie Ihr eigenes Wahlverhalten mit den Äußerungen aus der Randspalte.
2. Stellen Sie die Merkmale der Erklärungsansätze von Wählerverhalten in einer Übersicht dar (M 11-M 14).
3. Ordnen Sie die Aussagen der Erstwähler (Randspalte) den einzelnen Erklärungsansätzen (M 11-M 14) zu. Begründen Sie jeweils Ihre Entscheidung.
4. Überprüfen Sie die Erklärungsansätze (M 11-M 14) auf ihren Erklärungswert.

H zu Aufgabe 2
Unterscheiden Sie z. B. nach folgenden Kriterien: Entstehungshintergrund, Wählerstruktur, Einflussfaktoren auf die Wahlentscheidung, Kritik.

ORIENTIERUNGSWISSEN

Grundfunktionen von demokratischen Wahlen
M 2

Dem amerikanischen Politikwissenschaftler Robert A. Dahl zufolge wird Demokratie bestimmt durch politische Partizipation und den politischen Wettbewerb.
Parteien als wesentliche Akteure stehen im politischen Alltag in einem Spannungsverhältnis – zwischen ihrem Einfluss auf Parlament und Regierung, dem Beteiligungswillen der Parteimitglieder, den Strategien der Parteielite und der Notwendigkeit, sich dem Wähler als attraktive Alternative präsentieren zu müssen. Folglich müssen demokratische Wahlen verschiedene Funktionen zugleich erfüllen:

- **Repräsentation** des Wählerwillens,
- **Legitimation** und **Kontrolle** der Regierenden,
- **Integration** der Wähler in das politische System,
- Konkurrenz personeller und **programmatischer Alternativen**.

Durch das Grundgesetz wird die Bundesrepublik Deutschland als repräsentative Demokratie definiert, in der die Bürger nicht ständig selbst politische Entscheidungen treffen, sondern Abgeordnete wählen, die dies in ihrem Auftrag tun.
Weltweit gelten freie Wahlen als ein zentrales Merkmal der Staatsform Demokratie.

Wählerstruktur
M 7

Die veränderten gesellschaftlichen Bedingungen lassen gegenwärtig einen Wandel im Wählerverhalten beobachten. Die Bindung an eine Partei ist immer noch wahlentscheidender als die Sympathie für einzelne Politiker oder aktuelle Themen. Zwar haben **langfristige Parteibindungen**, die durch soziostrukturelle Merkmale (Konfession, Beruf ...) beeinflusst sind, tendenziell abgenommen. Ob aber zukünftig mit größeren **Wählerwanderungen** aufgrund kurzfristiger und rationaler Überlegungen zu rechnen ist, bleibt abzuwarten.

Demoskopie
M 10

Die Meinungsforschung (Demoskopie) dient der Ermittlung von Einsichten, Einstellungen, Stimmungen oder Wünschen der Bevölkerung. Durch Befragungen werden auf der Basis eines repräsentativen Querschnitts der Bevölkerung Daten und Meinungen, unter anderem zur beabsichtigten Wahlentscheidung, gesammelt und interpretiert. Die Berichterstattung darüber hat deutlich zugenommen. Ein Einfluss auf den Wahlausgang wird jedoch nicht beobachtet.

Theoretische Ansätze zur Erklärung von Wählerverhalten

Mit Hilfe theoretischer Modelle wird versucht, Wählerverhalten zu erklären und zukünftige Wahlentscheidungen zu prognostizieren. Die Modelle sollen sowohl einen theoretisch plausiblen als auch einen empirisch überprüfbaren Bezug herstellen zwischen dem Wahlverhalten und entsprechenden **sozio-ökonomischen Einflussfaktoren** wie z. B. Alter, Beruf, Einkommen oder Geschlecht. Unterschieden werden der soziologische Erklärungsansatz, das Modell des rationalen Wählers, der individualpsychologische Erklärungsansatz sowie das Modell der sozialen Milieus. Grundsätzlich bleibt der Erklärungsgehalt dieser Modelle für Wahlkampfstrategen allerdings umstritten.

Fiktive Wählerprofile: Markus, Philippa und Constanze

Noch während *Markus* (23) seine Wahlbescheinigung vorlegt, hat er sich nicht entschieden. Er stammt aus einer Angestelltenfamilie. Sein Vater ist als Versicherungskaufmann stellvertretender Leiter einer kleinen Filiale der Bausparkasse. Seine Mutter hat im Büro eines großen Autozulieferers eine kaufmännische Ausbildung gemacht, arbeitet aber erst wieder halbtags, seit Markus aus dem Haus ist. Alle haben bislang immer die „Blauen" gewählt. Aber seit einiger Zeit ist Markus auf der Universität – er studiert Landschaftsarchitektur – , und hat auch eine Freundin, die sich privat für den Erhalt eines Moorgebiets einsetzt. Soll er jetzt deswegen aber gleich die „Weißen" wählen, die ihr Parteiprogramm sehr stark auf Ökologie ausrichten?

Philippa (22) identifiziert sich seit sie 15 Jahre alt war mit den „Gelben". Sie schloss sich damals nach vielen Diskussionen mit den Eltern der Partei an, vor allem da diese sich innenpolitisch für eine radikale Reform des Bildungssystems und außenpolitisch für einen drastischen Ausbau der Entwicklungspolitik einsetzte. Philippa wurde sogar Mitglied der Nichtregierungsorganisation „Gerechte Welt". Philippas politische Meinung festigte sich dadurch, dass sie bereits bei insgesamt drei Landtags- und Bundestagswahlen für die „Gelben" gestimmt hat. Die nächste Wahl steht in drei Wochen an und Philippa ist schon beinahe umgeschwenkt. Zwar hegt sie immer noch die stärksten Sympathien für die „Gelben", aber der größte Konkurrent, die „Violetten", sprechen sich eindeutig gegen die Beteiligung an einem drohenden Krieg am anderen Ende der Welt aus. Außerdem haben die „Violetten" das erste Mal in der Geschichte eine Kandidatin für das höchste Regierungsamt aufgestellt, die Philippa dazu noch einen sehr kompetenten Eindruck vermittelt.

Constanze (26) hat vor einem Jahr ihr Informatikstudium abgeschlossen. Sie arbeitet in einem mittelständischen High-Tech-Unternehmen und hat allerbeste Chancen aufzusteigen. Constanze lebt mit ihrem gleichaltrigen Freund, einem Ingenieur, in einer hübschen und für zwei Personen recht großen Stadtwohnung. Die beiden planen, zwei oder drei Kinder zu haben und sich ein Haus mit Garten am Stadtrand zu kaufen. Constanze hat sich schon bei ihrer ersten Wahl eine Liste mit einer Rangfolge ihrer drei wichtigsten Interessen gemacht. Die Partei, die ihren Interessen damals am nächsten kam, war die der „Roten". Heute steht auf ihrem Zettel: „1. Ausbau des Kinderbetreuungssystems; 2. Steuersenkungen für mittlere und höhere Einkommensgruppen; 3. Förderung des öffentlichen Nahverkehrs, um auch von Randlagen in die Innenstadt zu kommen". Nach Auswertung der Wahlprogramme steht für Constanze fest: Diesmal setzt sie ihr Kreuz bei den „Pinken". Vielleicht gibt sie ihre Zweitstimme den „Grauen", denn es ist wahrscheinlich, dass die mit den „Pinken" koalieren und dadurch eine Regierungsmehrheit erhalten.

Autorentexte

Aufgaben

1. Erklären Sie das Wahlverhalten von Markus, Philippa und Constanze mit Hilfe der theoretischen Ansätze.
2. Entwerfen Sie Ihr eigenes „Wählerprofil".
3. Überprüfen Sie, inwiefern Sie Ihr (zukünftiges) Wahlverhalten mit Hilfe der theoretischen Ansätze erklären können.

6.2 Wahlrecht und Wahlsysteme: Abbildung des Wählerwillens?

6.2.1 Wann sind Wahlen demokratisch?

M 1 Freie Wahlen?

Kiew. [...] Bei der Parlamentswahl gab es offenbar mehr Manipulationen und Verletzungen der Wahlgesetze als bei der Präsidentenwahl 2010 und der vorigen Parlamentswahl 2007. Das geht ebenfalls aus einer ersten Stellungnahme des Europäischen Netzes der Wahlbeobachtungsorganisationen (Enemo) hervor, die am Wahlabend verbreitet wurde. Auch nach Angaben der ukrainischen Organisation Opora ist es an vielen Orten zu Manipulationsversuchen gekommen. So wurde beobachtet, dass Wähler zweimal abstimmten; in einigen Fällen wurden Beobachter, die auf Verstöße gegen das Wahlgesetz hinwiesen, aus den Wahllokalen verbannt. Zudem registrierten Wahlbeobachter seit Tagen eine sprunghaft steigende Zahl von Anträgen von Wählern, wegen Krankheit zu Hause wählen zu dürfen. Diese Art der Stimmabgabe, zu der die lokalen Wahlkommissionen mit einer Urne zu den Wählern kommen, gilt als Gelegenheit, besonderen Druck auf Wähler auszuüben. [...]

Reinhard Veser, Konrad Schuller, Frankfurter Allgemeine Zeitung, 29.10.2012

Moskau. Die Wahllokale haben noch nicht einmal geschlossen, da mehren sich bereits die Berichte über Unregelmäßigkeiten bei der Kür des neuen russischen Präsidenten. [...] So berichtet die regierungskritische Zeitung „Nowaja gaseta“ auf ihrer Internetseite, zahlreiche Studenten oder Fabrikarbeiter würden reihum in Wahllokale gefahren, um mehrmals Stimmen abzugeben. [...]

ric/AP/dpa, www.spiegel.de, 4.3.2012

Art. 28 Abs. 1, Satz 2 GG:

In den Ländern, Kreisen und Gemeinden muss das Volk eine Vertretung haben, die aus allgemeinen, unmittelbaren, freien, gleichen und geheimen Wahlen hervorgegangen ist.

Art. 38 Abs. 1, Satz 1 GG:

Die Abgeordneten des Deutschen Bundestages werden in allgemeiner, unmittelbarer, freier, gleicher und geheimer Wahl gewählt.

M 2 Wahlrechtsgrundsätze in Deutschland

Allgemein
Alle Bürgerinnen und Bürger sind wahlberechtigt, soweit sie die allgemeinen Voraussetzungen dafür erfüllen. Keine Gruppe ist aus sozialen, politischen oder wirtschaftlichen Gründen von der Wahl ausgeschlossen.

Frei
Die Stimme kann frei von staatlichem Zwang oder sonstiger unzulässiger Beeinflussung abgegeben werden. Niemand wird wegen seiner Wahlentscheidung benachteiligt.

Unmittelbar
Die Wählerstimmen werden direkt für die Zuteilung der Abgeordnetensitze verwertet. Es gibt keine Zwischeninstanz wie z. B. Wahlmänner.

Gleich
Alle Wahlberechtigten haben gleich viele Stimmen zu vergeben. Alle Stimmen haben gleiches Gewicht. Eine Ausnahme von dieser Regel macht die Fünfprozentsperrklausel.

Geheim
Es darf nicht feststellbar sein, wie jemand gewählt hat.

M 3 ● Wahlpflicht einführen?

a) Stefan Mayers: Pro

[...] Motiviert durch die positiven Erfahrungen anderer Länder – wie Belgien oder Italien – bin ich zu der persönlichen Überzeugung gekommen, dass eine Wahlpflicht zu einer deutlich höheren Wahlbeteiligung und somit auch zu einer deutlich besseren demokratischen Legitimation der neu Gewählten führen könnte. Sie wäre zudem ein deutliches Signal für die konstituierende Bedeutung der Wahl als Element der Demokratie. Gleichzeitig müsste die Möglichkeit der Enthaltung auf dem Wahlzettel aufgeführt werden, um die Wahlfreiheit zu gewährleisten und um ausdrücken zu können, dass keines der politischen Angebote unterstützt wird. Von etwaigen Sanktionen zur Durchsetzung der Wahlpflicht halte ich hingegen nichts.

Wenn auf diesem Wege die Repräsentationskraft der Gewählten gesteigert wird, wäre das sicher ein erheblicher Gewinn für die demokratische Kultur in unserer Gesellschaft. Demokratie braucht die Beteiligung von allen – zumindest in der Form, dass die Wählerinnen und Wähler in Deutschland von ihrem aktiven Wahlrecht auch tatsächlich Gebrauch machen. Ich empfinde es als Bürgerpflicht, über die politische Richtungsentscheidung alle vier Jahre mitzubestimmen.

Stefan Mayer ist seit 2002 Mitglied des Deutschen Bundestages. Für die CDU/CSU-Fraktion gehört er dem Innen- und dem Sportausschuss des Parlaments an.

b) Stefan Ruppert: Kontra

Kann man die Bürger zur Demokratie zwingen? Und bei Nichtteilnahme an Wahlen gar mit Strafgeld oder Gefängnis drohen? Die klare liberale Antwort lautet: Nein! Eine lebendige Demokratie lebt von innerer Überzeugung, nicht von äußerem Zwang. Wir müssen jeden Bürger überzeugen, dass er Verantwortung für das Gemeinwesen hat. Zuschauen reicht nicht. Trotzdem muss jeder Bürger für sich selbst die Entscheidung treffen, ob er zur Wahl geht oder eben nicht. Das garantiert die im Grundgesetz festgeschriebene Wahlfreiheit. [...]

Mit einer Wahlpflicht würde man nur die Symptome des Problems bekämpfen, nicht die tieferliegenden Ursachen. Viele Bürger würden bei einer Pflicht zwar wählen gehen, allein um Sanktionen zu vermeiden. Aber vermutlich würden diejenigen, die sich zur Wahl gedrängt fühlen, eher ungültige Stimmzettel abgeben oder Protestparteien wählen. [...]

Politik und Gesellschaft müssen weiter die wahren Ursachen der Politikverdrossenheit angehen. Ein kontinuierliches Werben für unsere Demokratie und die Beteiligung der Bürger daran ist ein notwendiger Schritt. Ein sachlicher, lösungsorientierter und verlässlicher Politikstil, der auch die bestehenden Gemeinsamkeiten der Demokraten betont, ist ein weiterer. Zudem ist es wichtig, mehr direktdemokratische Elemente auf Bundesebene einzuführen, ohne unser repräsentatives System zu schwächen. Ebenso müssen sich Parteien für neue Beteiligungsformen der Bürger weiter öffnen. [...]

Stefan Ruppert (FDP) gehörte dem Bundestag von 2009 – 2013 an. Seit 2013 war er Parlamentarischer Geschäftsführer der FDP-Fraktion und Mitglied im Innen- und im Wahlausschuss.

www.politik-kommunikation.de, 26.6.2013

Aufgaben

1. Erläutern Sie mögliche Verstöße gegen demokratische Wahlen, die in den Zeitungsmeldungen (M 1) genannt werden.
2. Gestalten Sie ein Streitgespräch zwischen einem Befürworter und einem Gegner einer rechtlich verankerten Wahlpflicht (M 3).

H zu Aufgabe 1
Nennen Sie zunächst die Grundsätze, die Sie vor dem Hintergrund unseres Grundgesetzes, insbesondere von Artikel 38 GG, als gefährdet ansehen.

F Einzelne Wahlrechtsgrundsätze stehen im Spannungsverhältnis zueinander. Nennen Sie diese und begründen Sie Ihre Auswahl.

6.2.2 Wie funktioniert das deutsche Wahlrecht?

M 4 • Wie erfolgt die Wahl zum deutschen Bundestag?

Bei der Bundestagswahl haben die Wählerinnen und Wähler die Möglichkeit, zwei Stimmen abzugeben:

Mit der Erststimme

... entscheidet der Wähler über den Kandidaten seines Wahlkreises. Sie hat mit dem Kräfteverhältnis der Parteien zunächst nichts zu tun. Es gewinnt, wer im jeweiligen Wahlkreis die meisten Stimmen hinter sich bringen kann. Dazu reicht die einfache Mehrheit.
Nur ausnahmsweise hat die Erststimme etwas mit der Stärke einer Partei im Parlament zu tun. Dann nämlich, wenn eine Partei zwar bundesweit bei den Zweitstimmen an der Fünf-Prozent-Hürde gescheitert ist, aber mindestens drei ihrer Kandidaten per Erststimme erfolgreich sind: Dann zieht sie doch in den Bundestag ein.
Und außerdem kommt jeder Wahlkreisgewinner in den Bundestag, völlig unabhängig davon, ob seine Partei die Fünf-Prozent-Hürde überwindet oder nicht.

Mit der Zweitstimme

... wählt er die Landesliste einer Partei. Für die Zusammensetzung des Bundestags ist letztlich die Zweitstimme entscheidend, weil sie bestimmt, welche Partei die meisten Parlamentssitze errungen hat und somit die Macht besitzt, den Kanzler zu stellen und die Regierung zu bilden.
Sobald bundesweit alle Zweitstimmen zusammengezählt sind und feststeht, wie viele Sitze die einzelnen Parteien im Verhältnis zueinander bekommen, wird ermittelt, wie viele Abgeordnete über die jeweiligen Landeslisten in den Bundestag einziehen. Deshalb stehen auf der rechten Stimmzettelhälfte hinter den Parteien auch die erstplazierten Bewerber der jeweiligen Landesliste der Parteien.

Landeszentrale für politische Bildung Baden-Württemberg, www.bundestagswahl-bw.de/wahlsystem1.html (26.8.2013)

M 5 • Wie werden die Stimmen ausgezählt und die Sitze zugeteilt?

Erklärfilm zur Bundestagswahl (Mediencode 73001-05)

In einem ersten Schritt werden vor der Wahl die 598 regulären Abgeordnetensitze des Bundestags auf die 16 Bundesländer verteilt. Jedes Land erhält eine feste Anzahl an Sitzen entsprechend seiner Bevölkerungsgröße.
Parteien, die im gesamten Wahlgebiet unterhalb eines Anteils von fünf Prozent der gültigen Stimmen geblieben sind, werden bei der Verteilung der Sitze nicht berücksichtigt (sogenannte „Fünf-Prozent-Klausel"). Wenn ein Wahlkreisbewerber jedoch seinen Wahlkreis erobert hat, behält er seinen Sitz im Bundestag auch dann, wenn seine Partei bei den Zweitstimmen an der Fünf-Prozent-Hürde gescheitert ist. Außerdem gilt, dass bei einer Partei, die in drei oder mehr Wahlkreisen das Direktmandat erringt, die Fünf-Prozent-Klausel nicht angewendet wird. Stattdessen wird sie bei der Mandatszuweisung aufgrund ihres Zweitstimmenanteils berücksichtigt [...].
Nach der Wahl wird in jedem Bundesland nach der Divisormethode mit Standardrundung (Sainte-Laguë/Schepers) berechnet, wie viele Mandate jede Partei nach ihrem Zweitstimmenanteil in diesem Land erhält. Dabei werden nur Landeslisten von Parteien berücksichtigt, die bundesweit mindestens fünf Prozent der Zweitstimmen oder mindestens drei Direktmandate errungen haben (Fünf-Prozent-Hürde).
Von der Anzahl der Sitze, die eine Partei in dem Bundesland erhält, wird die Anzahl der Direktmandate abgezogen. Die ihr verbleibenden Sitze werden mit Listenkandidaten besetzt. Hat eine Partei mehr Direktmandate gewonnen, als ihr Mandate nach dem Zweitstimmenergebnis zustehen, erhält sie sogenannte „Überhangmandate" – zusätzliche zu den Sitzen, die dem Land eigentlich zustehen.

Landeszentrale für politische Bildung Baden-Württemberg, www.bundestagswahl-bw.de (26.8.2013)

M 6 ● Die Crux mit den Überhangmandaten

Da die Überhangmandate das Zweitstimmenergebnis verfälschen können, erfolgt in einem weiteren Schritt eine Ergänzung des Bundestages um sogenannte Ausgleichsmandate. Dabei werden die Überhangmandate durch Ausgleichsmandate ausgeglichen, damit das Größenverhältnis der Parteien entsprechend des Zweitstimmenergebnisses gewahrt bleibt. Für diesen Ausgleich wird auf Bundesebene die Zahl der zu verteilenden Gesamtsitze bis zu dem Punkt erhöht, ab dem alle Parteien über so viele Sitze verfügen, wie ihnen nach dem Zweitstimmenergebnis zustehen. Am Ende werden die so auf Bundesebene ermittelten zusätzlichen Mandate auf die Landeslisten der Parteien verteilt.

Ein Beispiel: Partei A hat bundesweit 200 Sitze nach Zweitstimmen errungen, die Partei B 100. Dazu kommen bei der Partei A noch 20 Überhangmandate. Damit das Größenverhältnis zwischen den Parteien gewahrt bleibt, wird die Zahl der Sitze im Bundestag so lange erhöht, bis Partei B im Vergleich zur Partei A wieder die Hälfte der Mandate hat. Partei A käme dann auf 220 und Partei B auf 110 Sitze.

Der Vorteil der Neuregelung ist, dass das Größenverhältnis der Fraktionen zueinander auch erhalten bleibt, wenn eine Partei überdurchschnittlich viele Überhangmandate auf sich vereint. Der Nachteil ist, dass das Parlament möglicherweise deutlich größer wird. Wäre der aktuelle Bundestag schon nach dem neuen Wahlrecht gewählt worden, dann säßen 671 statt derzeit 620 Abgeordnete im Bundestag.

Landeszentrale für politische Bildung Baden-Württemberg, www.bundestagswahl-bw.de/wahlsystem1.html (26.8.2013)

Bundestagswahl 2009, Stimmen je Mandat

Parteien	ohne Überhangmandate	mit Überhangmandaten
CDU	68.351	60.953
SPD	68.417	keine Veränderung
FDP	67.882	keine Veränderung
CSU	67.386	keine Veränderung
Bündnis 90/Grüne	68.253	keine Veränderung
Die Linke	67.814	keine Veränderung

Karl-Rudolf Korte, Wahlen in Deutschland, bpb, Bonn 2009, S. 71

Modellrechnung Sitzverteilung Bundestagswahl 2009 nach neuem Wahlrecht

Gesamt:
671 Sitze, davon 26 Überhangmandate und 47 Ausgleichsmandate

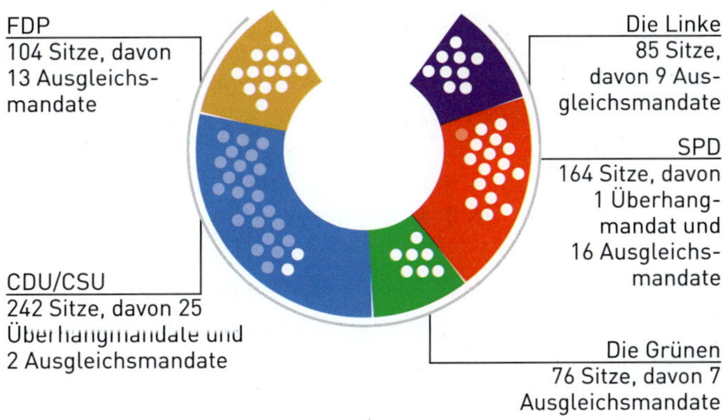

Die graue Kontur verdeutlicht den Unterschied zur tatsächlichen Sitzverteilung nach bisherigem Wahlrecht.

Nach: Das Parlament (Nr. 38), 17.12.2012

Aufgaben

1. Erklären Sie die Aussage „Auf die Zweitstimme kommt es an“ (M 4-M 6).
2. Wenn der Wahlakt die wichtigste Form der politischen Partizipation darstellt, so wie häufig behauptet wird, dann muss ein Wahlrecht so konstruiert sein, dass möglichst jede Stimme (gleich viel) zählt. Beurteilen Sie diese Auffassung vor dem Hintergrund des deutschen Wahlsystems.

6.2.3 Machtverteilung: (Nur) Ein Ergebnis des geltenden Wahlsystems?

M 7 ● Ein Gedankenspiel: Was wäre, wenn ...

... der Deutsche Bundestag nach britischem oder nach italienischem Wahlrecht gewählt würde?

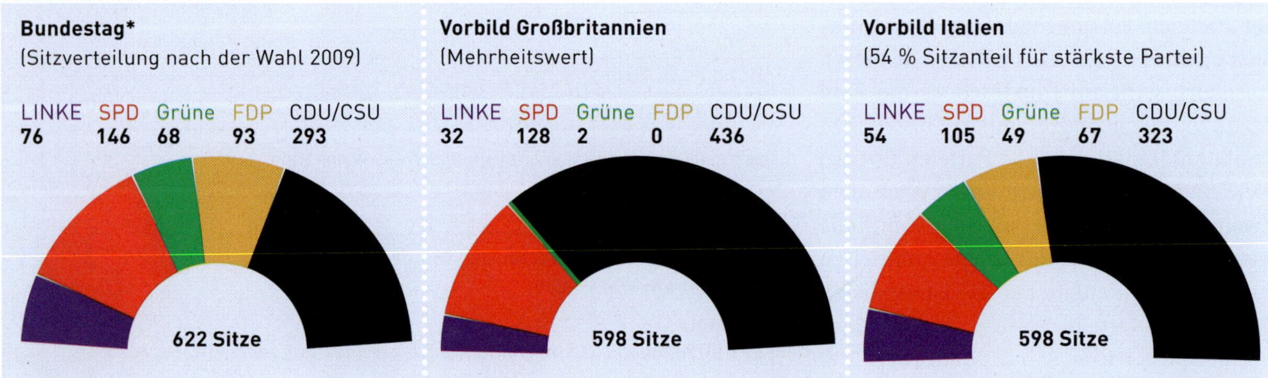

*CDU und CSU werden für diese Modellrechnung als eine Partei behandelt, weil einige Wahlverfahren sonst nicht sinnvoll darstellbar gewesen wären. Die Ergebnisse stehen auch unter dem Vorbehalt, dass ein anderes Wahlsystem vermutlich das Wahlverhalten der Menschen beinflussen würde.

Claudia Henzler, Süddeutsche Zeitung, 4.6.2012

M 8 ● Wahlsysteme: Ein Überblick

Das Ergebnis der Wahl kann je nach Wahlsystem – bei gleicher Stimmverteilung – ganz unterschiedlich aussehen. [...] Laut Bundeswahlgesetz wird der Bundestag „nach den Grundsätzen einer mit der Personenwahl verbundenen Verhältniswahl" gewählt. Das Wahlsystem der Bundesrepublik ist aber nur eines von mehr als 250 verschiedenen Wahlverfahren. Diese lassen sich auf zwei Grundtypen zurückführen: Mehrheitswahl und Verhältniswahl. Sie unterscheiden sich in der Art und Weise, wie die Stimmen der Wählerinnen und Wähler in Mandate verwandelt werden. Dabei handelt es sich um mehr als ein bloß formelles Problem. Die Zusammensetzung des Parlaments fällt je nach Wahlsystem unterschiedlich aus. In der parlamentarischen Demokratie bestimmt das Wahlsystem darüber, wer die Regierung stellen kann. [...]

Verhältniswahl

Die Grundvorstellung der Verhältniswahl ist, dass im Parlament alle gesellschaftlichen Gruppen gemäß ihrem Anteil an Wählerstimmen vertreten sind. Es soll die „Landkarte" der Gesellschaft sein. Deshalb ist die Anzahl der Sitze, die jede Partei erhält, proportional zu der Anzahl ihrer Stimmen. So gehen nicht wie bei der Mehrheitswahl Stimmen verloren. Sie zählen alle gleich und haben den gleichen Erfolgswert. [...]

Relative Mehrheitswahl

Bei der relativen Mehrheitswahl wird das Wahlgebiet in so viele Wahlkreise unterteilt, wie Abgeordnete zu wählen sind. Jeder Wahlkreis wählt einen Abgeordneten. Man spricht daher von Einpersonenwahlkreisen. Der Wähler hat eine Stimme, die er einem der Kandidaten gibt. Der Kandidat, der mehr Stimmen als jeder andere seiner Mitbewerber (d.h. die relative Mehrheit) auf sich vereinigt, zieht ins Parlament ein. Die Stimmen für die unterlegenen Kandidaten gehen verloren („The winner takes it all"-Prinzip). Die Zusammensetzung des Parlaments ist leicht durchschaubar, da sich in der Regel klare Mehrheiten bilden. Die relative Mehrheitswahl hat einen „mehrheitsbildenden Effekt".

Absolute Mehrheitswahl

Bei der absoluten Mehrheitswahl wird wie bei der relativen Mehrheitswahl in Einpersonenwahlkreisen gewählt. Ein Kandidat schafft im ersten Wahlgang den Einzug ins Parlament nur, wenn er die absolute Mehrheit (also mehr als 50 Prozent der Stimmen) erringt. Da dies selten gelingt, fällt gewöhnlich ein zweiter Wahlgang an. In ihm ist die relative Mehrheit der Stimmen ausreichend. Im zweiten Wahlgang kommt es meist zu Wahlabsprachen. Parteien, deren Chancen von vornherein gering sind, empfehlen ihren Wählern die Wahl eines ihnen genehmen und aussichtsreichen Kandidaten. Die Wahlempfehlungen signalisieren meist, welche Parteien miteinander koalieren würden. [...] Die absolute Mehrheitswahl soll wie die relative Mehrheitswahl zu klaren Mehrheiten im Parlament führen. Der mehrheitsbildende Effekt ist in diesem Fall aber nicht so stark wie bei der relativen Mehrheitswahl. [...]

Nach: Karl-Rudolf Korte, Wahlen in Deutschland, Bonn 2013, S. 25

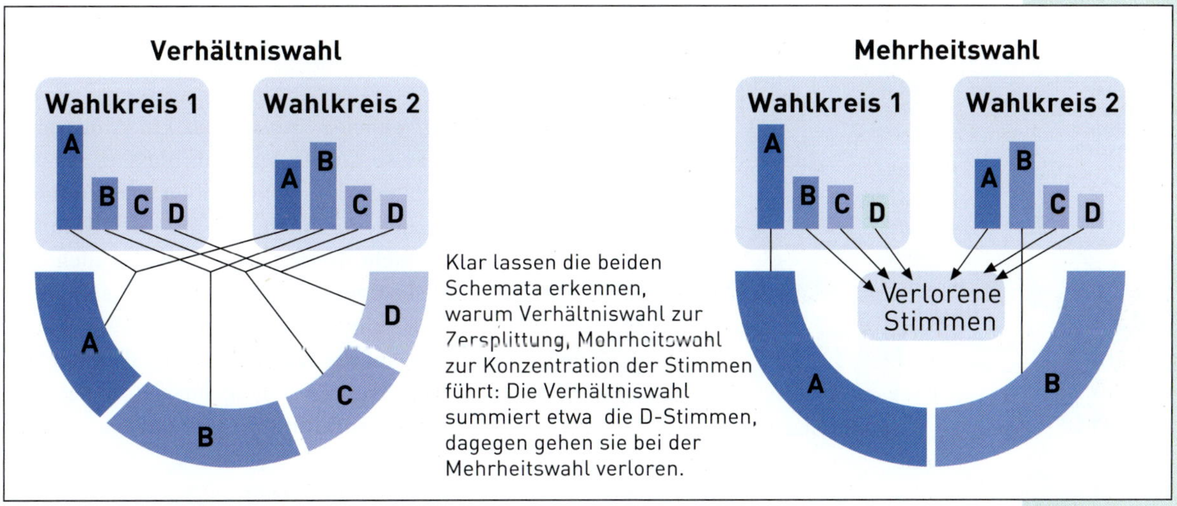

Klar lassen die beiden Schemata erkennen, warum Verhältniswahl zur Zersplittung, Mehrheitswahl zur Konzentration der Stimmen führt: Die Verhältniswahl summiert etwa die D-Stimmen, dagegen gehen sie bei der Mehrheitswahl verloren.

M 9 ● Was muss ein Wahlsystem leisten?

[...] Die Entscheidung, welches System das Beste ist, [...] hängt weniger von der Präferenz für den einen oder anderen Grundtyp ab als davon, ob die Wahlsysteme die Funktionserwartungen erfüllen, die in einer gegebenen Situation an sie gerichtet werden. Maßgeblich dafür sind die jeweiligen gesellschaftlichen und politischen Bedingungen, also z.B. die Homogenität der Konfliktstruktur, die Fragmentierung und Polarisierung des Parteiensystems, die wahlgeografische Verteilung der Wählerstimmen oder die Verhaltensmuster der politischen Eliten. Geht man von einer historisch-empirischen Betrachtung aus, die diese Kontextbedingungen berücksichtigt, lassen sich [...] vier allgemeine Funktionserwartungen an ein Wahlsystem identifizieren:

Repräsentation Ein Wahlsystem muss einerseits dafür Sorge tragen, dass die in der Gesellschaft vorhandenen Meinungen und Interessen im Parlament annähernd spiegelbildlich vertreten sind (Proportionalität). Zum anderen sollte es benachteiligten Gruppen wie den Frauen und strukturellen Minderheiten eine faire Repräsentation gewähren. Auch Fachleute sollten in ausreichender Zahl vertreten sein.

Konzentration / Regierungsfähigkeit Ein Wahlsystem muss die Bildung einer regierungsfähigen Mehrheit ermöglichen (was Minderheitsregierungen durchaus mit einschließt). Dazu gilt es die Zahl der Parteien, die Mandate erhalten und im Parlament vertreten sind, im Vergleich zu den zur Wahl angetretenen Parteien zu reduzieren (Disproportionalität). Die Regierungsstabilität kann an der durchschnittlichen Lebensdauer der Kabinette sowie der Häufigkeit vorgezogener Neuwahlen gemessen werden.

Partizipation / Personalisierung Ein Wahlsystem muss dem Wähler die Möglichkeit geben, einerseits auf die parteipolitische Zusammensetzung der Regierung und andererseits auf die personelle Zusammensetzung der Parlamente Einfluss zu nehmen. Letzteres führt zu einer Stärkung der „gelebten" Verbindung zwischen Wählern und Gewählten, die sich auch auf die Funktionsweise des Parlamentarismus auswirkt (indem es die Abgeordneten im Verhältnis zu ihrer Partei unabhängiger macht). Ein Wahlsystem sollte außerdem dazu beitragen, dass die Bürger zur Wahl ermuntert werden (Wahlbeteiligung).

Einfachheit / Transparenz Ein Wahlsystem muss so konstruiert sein, dass es für alle verständlich ist. Die Wähler müssen nachvollziehen können, was mit ihren Stimmen geschieht. Diese dürfen sich also nicht zufallsbedingt anders auswirken als intendiert. Ein zu kompliziertes Wahlsystem kann auf die Wahlbeteiligung drücken und / oder zu einer unangemessen hohen Zahl ungültiger Stimmen führen.

Frank Decker, Regieren im „Parteienbundesstaat", Wiesbaden 2011, S. 144 f.

Heiko Sakurai (5.7.2008)

Aufgaben

1. Vergleichen Sie die Modellrechnungen mit der tatsächlichen Sitzverteilung im Deutschen Bundestag nach der Wahl 2009 (M 7).
2. „Das Heil der Demokratien, von welchem Typus und Rang sie immer seien, hängt von einer geringfügigen technischen Einzelheit ab: vom Wahlrecht. Alles andere ist sekundär." *José Ortega y Gasset, 1956*

   Erläutern Sie die Aussage vor dem Hintergrund des Gedankenspiels in M 7 und den Informationen in M 8.
3. Stellen Sie die Vorteile des Verhältniswahlsystems denen des Mehrheitswahlsystems gegenüber (M 8, M 9).
4. Beurteilen Sie das deutsche Wahlsystem (M 8, M 9).

H zu Aufgabe 4
Berücksichtigen Sie insbesondere die Kernfunktionen von Wahlsystemen.

F „Wahlsysteme strukturieren Parteiensysteme." Beurteilen Sie diese häufig vertretene Auffassung (M 7 - M 9).

METHODE

Urteilsbildung
„Soll das deutsche Wahlsystem in seiner gegenwärtigen Ausgestaltung beibehalten werden?“

Bei kontroversen politischen Fragestellungen wird häufig spontan und „aus dem Bauch heraus“ geurteilt. Ein fundiertes politisches Urteil setzt jedoch einen gründlichen Urteilsbildungsprozess voraus. Dieser Prozess ist ein Entscheidungsfindungsprozess, der trainiert werden kann. In der Regel geht es dabei um politische Probleme, deren Dringlichkeit für die Betroffenen ein Handeln erfordern, hier z. B. „Soll das deutsche Wahlsystem in seiner gegenwärtigen Ausgestaltung beibehalten werden?“ Als Ergebnis stehen in der Regel Ja/Nein-Entscheidungen. Je nach Perspektive wählt der Betroffene unter verschiedenen Alternativen aus. Die Entscheidung erfolgt unter Berücksichtigung verschiedener Kriterien, die es offen zu legen gilt und deren Auswahl begründet werden muss. Auf diese Weise lassen sich die Gründe, die zu einem Urteil geführt haben, nachvollziehen, auch wenn man selber zu einem anderen Urteil gekommen ist.

Der Prozess der politischen Urteilsbildung kann als Zyklus verstanden werden, der verschiedene Stufen durchläuft und an dessen Anfang ein spontan gefälltes Urteil (Urteilshypothese) steht. Mit dem abschließenden Urteil kann die Urteilshypothese bestätigt, erweitert oder aber verworfen werden. Analytisch lassen sich Sachurteil und Werturteil voneinander trennen, auch wenn das politische Urteil meist beide Urteilsebenen umfasst. Während ein Sachurteil eher analytischen oder konstatierenden Charakter hat, beurteilen Werturteile politische Entscheidungen, Situationen oder Positionen nach moralischen Maßstäben.

Zu bewertende Aussage oder Problemlösung:
„Das deutsche Wahlsystem soll in seiner gegenwärtigen Ausgestaltung beibehalten werden.“

legal? (z. B. vom Gesetzgeber beschlossen?, regel- und verfassungskonform?, …)	**effizient?** (z. B. Ziel erreichbar?, unerwünschte Nebenfolgen vermeidbar?, formell durchsetzbar?,..)	**legitim?** (z. B. rechtsstaatlich?, politisch gerecht?, grundwerteorientiert?, …)	**verantwortbar?** (z. B. sozial gerecht?, nachhaltig?, …)
z. B. Entspricht das deutsche Wahlsystem geltendem Recht?	z. B. Wie erfolgt die Umrechnung der Stimmen auf Sitze? Wird jede Stimme gleichermaßen berücksichtigt? Ermöglicht das Wahlsystem die Bildung stabiler Regierungen?	z. B. Ist das Zuteilungsverfahren der Abgeordnetensitze des Bundestages gerecht? Werden alle Bürger gleichermaßen repräsentiert? Ist das Verfahren transparent?	z. B. Ist es verantwortbar, kleinere Parteien aufgrund der 5%-Hürde zugunsten einer stabilen Regierung strukturell zu benachteiligen? Werden die Grundsätze der Wahlrechtsgleichheit und der Chancengleichheit der Parteien im bisherigen Wahlsystem zufriedenstellend umgesetzt?

Sachurteil → Werturteil

gewichtetes Gesamturteil:

Idee nach Kai Metzger, in: Politik betrifft uns, AKTUELL 1/2012

Aufgaben

Bewerten Sie die Aussage, „Das deutsche Wahlsystem soll in seiner gegenwärtigen Ausgestaltung beibehalten werden“. Beziehen Sie in Ihre Überlegungen die Szenarien aus Kapitel 6.2.3, M 7 mit ein.

ORIENTIERUNGSWISSEN

Wahlrecht und Wahlsysteme
M 2

Wahlrecht bezieht sich auf Normen, die die Wahlen von Parteien oder Personen durch das Volk regeln. In der Bundesrepublik Deutschland sind in Artikel 38 (1) GG die **Wahlrechtsgrundsätze** Allgemeinheit, Unmittelbarkeit, Freiheit, Gleichheit und Geheimheit der Wahl verankert, Weiteres regeln Wahlgesetze.
Der Begriff *Wahlsystem* beschreibt den Modus, nach dem die Wähler ihre Stimme abgeben und die Stimmen auf Mandate übertragen werden.

Unterscheidung von Wahlsystemen
M 8, M 9

Unter demokratischen Gesichtspunkten bemisst sich die Qualität eines Wahlsystems danach, ob sich alle gesellschaftlich relevanten Gruppen im Ergebnis wiederfinden können, es stabile Mehrheiten gewährleistet, das Wahlsystem verständlich und transparent ist, es allgemein akzeptiert ist.
Beim **Mehrheitswahlrecht** ziehen die in den Wahlkreisen mit Mehrheit gewählten Kandidaten in das Parlament ein. Die so bestimmten Mandatsträger bilden je nach Parteizugehörigkeit und Anzahl die parlamentarische Mehrheit oder die Opposition. Die Stimmen der unterlegenen Kandidaten bleiben unberücksichtigt.
Beim **Verhältniswahlrecht** werden alle Stimmen berücksichtigt. Die von den Parteien erreichten Anteile an den abgegebenen Stimmen sind Grundlage für die Berechnung der politischen Zusammensetzung des Parlaments.

Wahlsystem zum Deutschen Bundestag
M 4

Zur Charakterisierung des Deutschen Bundestagswahlsystems wird häufig der Begriff **personalisierte Verhältniswahl** verwendet. Er verdeutlicht, dass das Wahlsystem im Kern auf dem Verhältniswahlrecht beruht. Diese Grundstruktur gewährleistet zunächst die Repräsentation jeder Stimme, die **5-Prozent Sperrklausel** sorgt für die notwendige Konzentrationswirkung und stellt Regierungsstabilität her.
Für die Wahl der 598 Abgeordneten des Deutschen Bundestages haben die Wähler zwei Stimmen: Die **Zweitstimme**, die nach den Prinzipien der Verhältniswahl abgegeben wird, ist die entscheidende Stimme: Durch sie wird die Zahl der Mandate bestimmt, die den gewählten Parteien im Bundestag zusteht. Mit der **Erststimme** entscheiden die Wähler – nach den Prinzipien der relativen Mehrheitswahl – über ihren Wahlkreisabgeordneten (= Direktmandat). Hat eine Partei die Sperrklausel überwunden (5 % der Zweitstimmen oder drei Direktmandate), wird die Gesamtzahl der für sie abgegebenen Zweitstimmen in Mandate umgerechnet.

Reformbedürftigkeit?

Das bundesdeutsche Wahlsystem korrespondiert in hohem Maße mit dem in Deutschland vorherrschenden Modell der Konsensdemokratie. Als Vorteile dieses Modells gelten: die Berücksichtigung politischer Minderheiten, gerechte Repräsentation des Wählerwillens, die Verhinderung einer zu starken Zersplitterung des Parteiensystems (Sperrklausel), die Möglichkeit, eine stabile Regierung bilden zu können (Koalitionsregierungen).
Als problematische Folgen des Verhältniswahlrechts gelten: überproportionaler Einfluss kleinerer Parteien, mangelnder Einfluss des Wählerwillens auf die Regierungsbildung, Koalitionsregierungen entscheiden auf dem kleinsten gemeinsamen Nenner, Schwerfälligkeit des Regierungshandelns.

Wahlsysteme im Vergleich: Vorbild Niederlande?

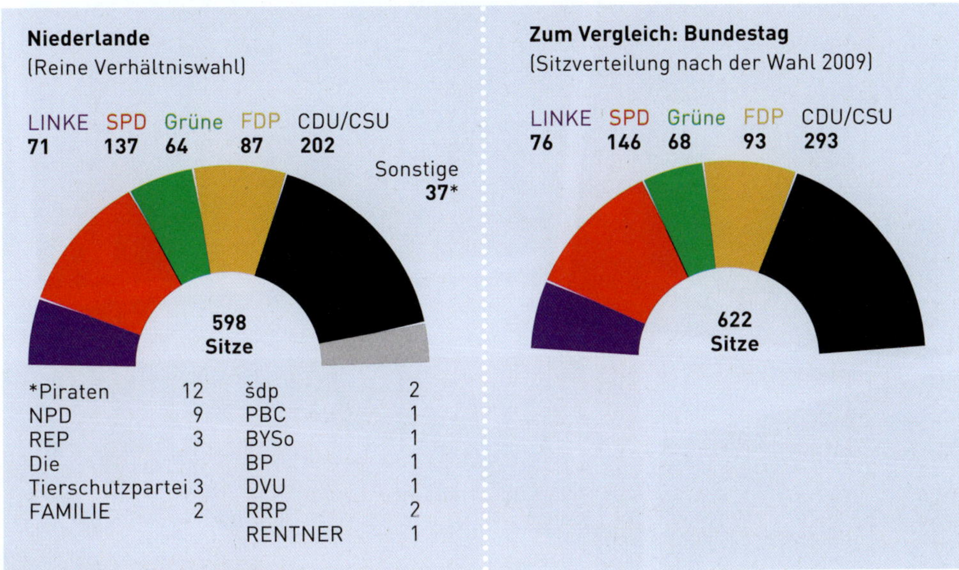

Bei diesem Verfahren werden Parteien bzw. deren Kandidatenlisten gewählt. Die 598 Sitze im Bundestag werden im Verhältnis der abgegebenen Stimmen vergeben: Eine Partei, die bei Parlamentswahlen zehn Prozent der Stimmen erhält, bekommt auch zehn Prozent der Parlamentssitze. Nach diesem Verfahren wird in den Niederlanden abgestimmt. Dort gilt nur eine Sperrklausel von 0,67 Prozent, in der Zweiten Kammer sind derzeit zehn Parteien vertreten.
In der Rechnung zur Bundestagswahl wurde auf eine Sperrklausel verzichtet.

Claudia Henzler, Wie das Wahlrecht das Ergebnis beeinflusst, www.sueddeutsche.de, 4.6.2012

Aufgaben

1. Beschreiben Sie die in der Bundesrepublik gültigen Wahlrechtsgrundsätze.
2. Vergleichen Sie das deutsche und das niederländische Wahlsystem.
3. Beurteilen Sie, ob bei einer zukünftigen Wahlreform das niederländische Wahlsystem als Vorbild für die Wahlen zum Deutschen Bundestag dienen könnte.

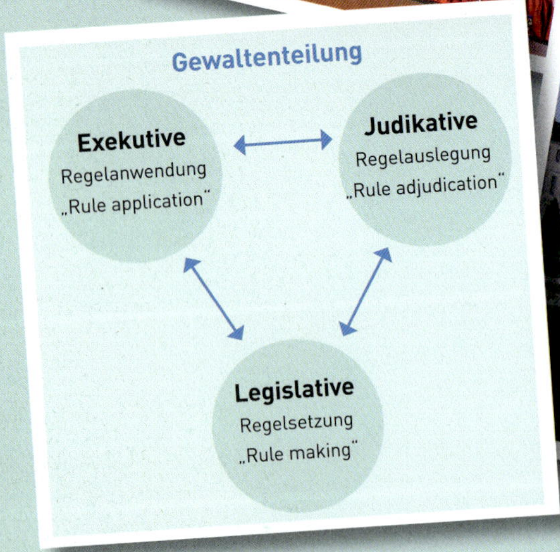
Gewaltenteilung
Exekutive
Regelanwendung
„Rule application"
Judikative
Regelauslegung
„Rule adjudication"
Legislative
Regelsetzung
„Rule making"

7 Parlament, Regierung und Opposition

In den Nachrichten sind Parlament und Regierung ständig präsent. Aber welche Aufgaben haben die einzelnen Akteure und wie arbeiten sie zusammen? Weshalb wird die Regierung von Teilen des Parlaments gelobt, während andere Abgeordnete Kritik üben? Und wer kontrolliert die Arbeit der Regierung? Im Zentrum der öffentlichen Aufmerksamkeit steht die Regierung mit dem Bundeskanzler bzw. der Bundeskanzlerin an der Spitze. Kapitel 7.1 geht der Frage nach, wie groß der Handlungsspielraum eines Bundeskanzlers eigentlich ist. Um seine Aufgaben zu erledigen, hat der Deutsche Bundestag eine hoch spezialisierte Arbeitsweise entwickelt. In einem System der Gewaltenteilung muss das Parlament die Regierung kontrollieren. Dabei kann der Deutsche Bundestag auf verschiedene Kontrollinstrumente zurückgreifen. Diese und die Stellung der Abgeordneten zwischen freiem Mandat und einem Geflecht unterschiedlicher Interessen thematisiert das Kapitel 7.2.

KOMPETENZEN

Am Ende dieses Kapitels sollten Sie Folgendes wissen und können:

... die verfassungsrechtliche Stellung des Bundeskanzlers erläutern.

... die Arbeitsweise des Deutschen Bundestages darstellen.

... erklären, welche Akteure die Bundesregierung kontrollieren.

... beurteilen, ob die Abgeordneten des Deutschen Bundestages in ihren Entscheidungen frei sind.

... überprüfen, inwieweit das politische System der BRD dem klassischen Gewaltenteilungsmodell entspricht.

Aufgabe

Ordnen Sie die Verfassungsorgane der Bundesrepublik Deutschland den drei Gewalten zu und begründen Sie Ihre Entscheidung.

7.1 Bundeskanzler und Bundesregierung

7.1.1 Wie viel Macht hat der Bundeskanzler?

M 1 ● Arbeitsfelder der Kanzlerin

M 2 ● Die verfassungsrechtliche Rolle des Bundeskanzlers

Absolut zentral in der Regierung ist die Stellung des Bundeskanzlers[1], und diese Zentralität verleiht dem Amt eine ungeheure Machtfülle. Diese wird allerdings eingeschränkt durch dessen Abhängigkeit vom Bundestag, der ihn wählt [...]. Ist er auf Vorschlag des Bundespräsidenten bzw. der -präsidentin gewählt, so schlägt er die Namen der Minister und Ministerinnen vor, die seinem Kabinett angehören sollen. Dem Bundespräsidenten wiederum obliegt dann die Ernennung. Eine genauso zentrale Stellung hat der Kanzler bezüglich der Entlassung der Minister und Ministerinnen inne, er schlägt vor und der Bundespräsident entlässt (Art. 64 GG). Und schließlich endet die Amtszeit der Kabinettsmitglieder auch mit derjenigen des Kanzlers (Art. 69 Abs. 3). [...]

Art. 65 GG weist dem Amt des Bundeskanzlers keinesfalls nur die Stellung eines *primus inter pares* zu, sondern echte Führungsfunktionen:

- Der Kanzler schlägt die Minister und Ministerinnen zur Ernennung und Entlassung vor
- er bestimmt „die Richtlinien der Politik und trägt dafür die Verantwortung" (Art. 65 Abs. 1 S. 1)
- er allein ist gegenüber dem Parlament mit voller Sanktionsmöglichkeit verantwortlich
- und schließlich hat er die Organisationsgewalt der Regierung, d.h., er bestimmt über Anzahl und Struktur der Ministerien.

Die verfassungsrechtliche Basis für die Machtstellung des Bundeskanzlers liegt eindeutig in seiner Richtlinienkompetenz. Sie ist das Instrument zur „Disziplinierung" seines Kabinetts.

Durch eine ihm geeignet erscheinende „Personalpolitik" in seinem Kabinett kann er sich nicht nur eine arbeitsfähige Regierung zusammenstellen, sondern durch die Um- oder Neuorganisation kann er auch auf bestimmte Problemlagen oder Stimmungen in der Bevölkerung eingehen.

Irene Gerlach, Bundesrepublik Deutschland, 3. Auflage, Wiesbaden 2010, S. 239 f.

1) Im Grundgesetz steht die Amtsbezeichnung in männlicher Form und wird auch hier entsprechend verwendet.

Artikel 63 GG

(1) Der Bundeskanzler wird auf Vorschlag des Bundespräsidenten vom Bundestage ohne Aussprache gewählt.
(2) Gewählt ist, wer die Stimmen der Mehrheit der Mitglieder des Bundestages auf sich vereinigt. Der Gewählte ist vom Bundespräsidenten zu ernennen.
(3) Wird der Vorgeschlagene nicht gewählt, so kann der Bundestag binnen vierzehn Tagen nach dem Wahlgange mit mehr als der Hälfte seiner Mitglieder einen Bundeskanzler wählen.

M 3 ● Verfassungsrechtliche Grenzen der Macht des Bundeskanzlers

Bei der Regierungsbildung unterliegen aber auch die weitgehenden Rechte des Bundeskanzlers faktischen Einschränkungen. [...] [Es] hat sich die Rücksichtnahme auf eine Reihe von „Proporzüberlegungen" bei der Zusammensetzung der Kabinette eingebürgert. So sind neben den parteipolitischen Interessen der Koalitionspartner z. B. unterschiedliche konfessionelle Interessen durch eine entsprechende Personalauswahl zu berücksichtigen genauso wie die der ostdeutschen und der westdeutschen Bevölkerung und sonstiger regionaler Gruppen, die von wichtigen Interessenverbänden (z. B. bei der Besetzung des Landwirtschafts-, Wirtschafts- oder Sozialministeriums) oder auch die der Geschlechter. Dies erklärt, dass es im Zuge der Kabinettsbildung vorkommen kann, dass für ein bestimmtes Ressort nur eine Kandidatin aus Ostdeutschland mit katholischer Konfession in Frage kommt, die günstigerweise auch noch Mitglied der CDA ist. Der suchende Blick landet dann notgedrungen zuweilen auf Neulingen.

Die trotz dieser Einschränkungen immer noch bestehende Machtfülle des Kanzleramts in der Demokratie der Bundesrepublik hat zu deren Etikettierung als Kanzlerdemokratie geführt. [...]

Viel stärker, als es in den ersten Jahrzehnten der Existenz der Bundesrepublik Deutschland der Fall war, wird aber das Kanzlerprinzip heute von den Handlungsprinzipien des Parteienstaates überdeckt, was wiederum zu einer faktischen Schwächung des Prinzips beiträgt. Schwer wiegt dabei die Tatsache, dass Entscheidungen von Koalitions- und nicht nur von Kanzlerrunden vorgeprägt werden, denn die Koalitionsrunde als empirisch identifizierbarer Kern der politischen Entscheidungsfindung ist weder dafür legitimiert noch kontrollierbar.

Irene Gerlach, Bundesrepublik Deutschland, 3. Auflage, Wiesbaden 2010, S. 241 f.

M 4 ● So arbeitet die Bundesregierung

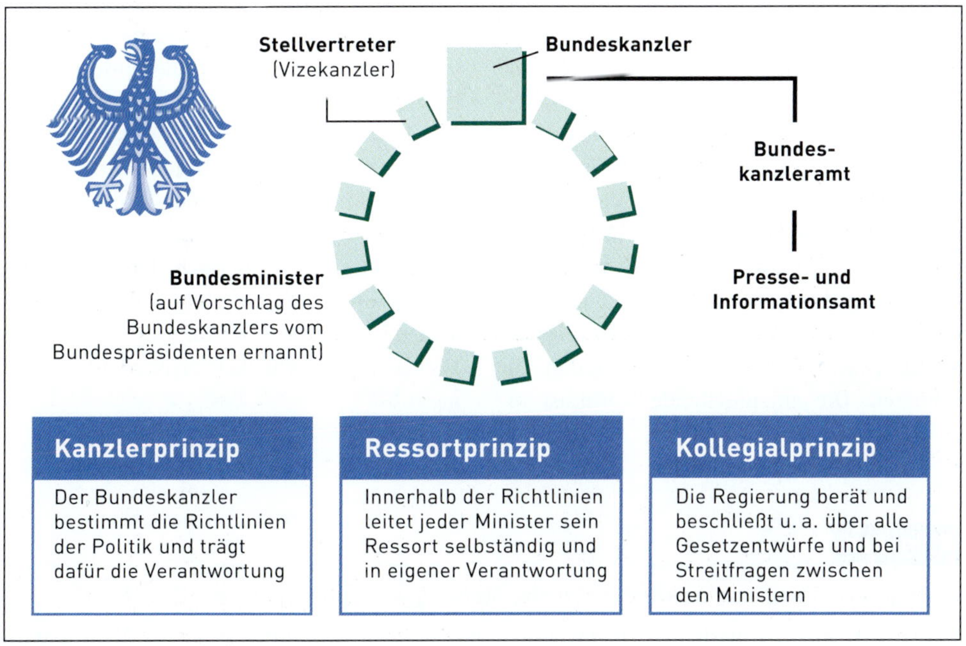

Bergmoser + Höller Verlag AG, Zahlenbilder 67123

Artikel 68 GG

(1) Findet ein Antrag des Bundeskanzlers, ihm das Vertrauen auszusprechen, nicht die Zustimmung der Mehrheit der Mitglieder des Bundestages, so kann der Bundespräsident auf Vorschlag des Bundeskanzlers binnen einundzwanzig Tagen den Bundestag auflösen. Das Recht zur Auflösung erlischt, sobald der Bundestag mit der Mehrheit seiner Mitglieder einen anderen Bundeskanzler wählt.

M 5 ● Die Vertrauensfrage – ein Machtinstrument des Bundeskanzlers?

Als Vertrauensfrage bezeichnet man den vom Bundeskanzler gestellten Antrag an das Parlament, ihm das Vertrauen auszusprechen. Die Verneinung der Vertrauensfrage bedeutet, dass sich der Bundeskanzler nicht mehr auf eine stabile Mehrheit im Parlament stützen kann und hat in der Regel den Rücktritt der Regierung und die Parlamentsauflösung zur Folge.

Autorentext

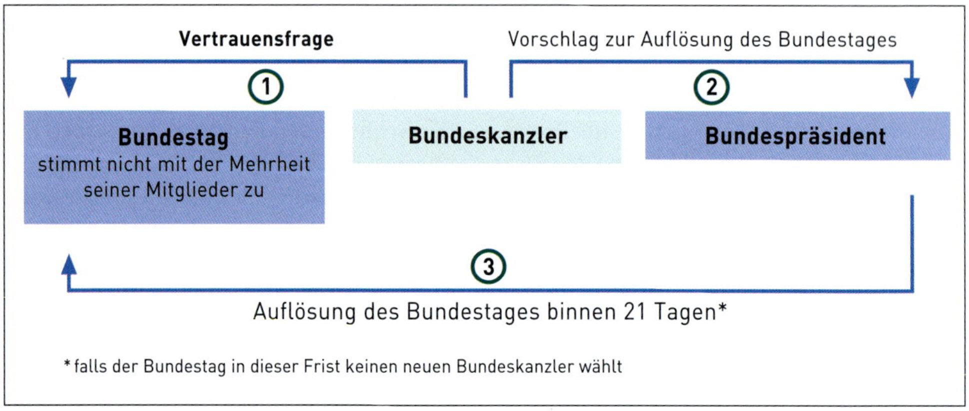

M 6 ● Verfassungsnorm – Verfassungsrealität

Unter „Verfassungsnorm" versteht man die Normen, die in der Verfassung festgeschrieben sind. Beispielsweise wird in Art. 3 GG die Gleichberechtigung von Männern und Frauen festgelegt: „Männer und Frauen sind gleichberechtigt." In der Realität ist die Gleichberechtigung aber noch nicht in allen Bereichen verwirklicht. Diesen Zustand nennt man „Verfassungsrealität", d. h. die tatsächliche Umsetzung und Verwirklichung einer im Grundgesetz festgeschriebenen Norm. Oftmals hinkt die Umsetzung der Norm dem Anspruch der Verfassung hinterher. Der Staat ist z. B. nach der Verfassung auch dazu verpflichtet, die natürlichen Lebensgrundlagen zu schützen. Die entsprechende Norm ist in Art. 20a GG formuliert:
„Der Staat schützt auch in Verantwortung für die künftigen Generationen die natürlichen Lebensgrundlagen und die Tiere im Rahmen der verfassungsmäßigen Ordnung durch die Gesetzgebung und nach Maßgabe von Gesetz und Recht durch die vollziehende Gewalt und die Rechtsprechung."
Die Verfassungsrealität deckt sich (noch) nicht mit dem Anspruch der Norm, da die natürlichen Lebensgrundlagen durch vielfältige Umwelteinwirkungen nach wie vor gefährdet sind. Im Bereich der politischen Institutionen lassen sich häufig Unterschiede zwischen Verfassungsnorm und Verfassungswirklichkeit feststellen.

Autorentext

Aufgaben

1. Erläutern Sie die verfassungsrechtliche Stellung des Bundeskanzlers (M 2-M 5).
2. Wenden Sie die Kategorien „Verfassungsnorm und Verfassungsrealität" (M 6) auf die Richtlinienkompetenz des Bundeskanzlers (Art. 65 GG) an.

7.1.2 Was heißt regieren?

M 7 ● Schlagzeilen aus der politischen Diskussion

Der demografische Wandel – vergreist Deutschland?

Griechenland braucht neuen Schuldenschnitt

Studierende fordern die Abschaffung der Studiengebühren

Hitze und Dürre – erleben wir die Folgen des Klimawandels?

M 8 ● Sind Regierungen unfähig, Probleme zu lösen?

Den Vorwurf, Regierungen seien unfähig, die anstehenden Probleme zu meistern, gibt es ungefähr seitdem es überhaupt Regierungen gibt. Schon immer hat man sich – zumindest in der kontinentaleuropäischen Tradition – darüber beklagt, dass „der Staat" seine Aufgaben nicht hinreichend wahrnehmen würde, dass Probleme ungelöst bleiben oder sich sogar verschärfen usw. Das ist nicht zuletzt ein Ergebnis des absolutistischen Erbes in unserem Teil der Welt, in dem der Staat, ursprünglich repräsentiert durch den Herrscher, später dann durch eine zunehmend demokratisch legitimierte Regierung, zunächst einmal allzuständig ist. Der Staat „gewährt" den Mitgliedern bestimmte Freiheiten, aber im Prinzip sitzt er am längeren Hebel. Er ist schuld, wenn etwas schief läuft. [...]

Wie sieht es nun mit der Steuerungsfähigkeit moderner Regierungen gegenüber dieser Fülle von Problemen aus? [...] Modernes Regieren im Sinne politischer Steuerung, [...] ist nicht Befehlen, sondern ist vielmehr Verhandeln, Koordinieren und Überzeugen. [...]

Die zentrale Aufgabe einer modernen Regierung besteht also darin, solche Verhandlungssysteme zu entwickeln und zu stärken, die eine Vielzahl sich widerstrebender, aber doch aufeinander angewiesener, Interessen zusammenfügen und sie dazu veranlassen, die längerfristigen Interessen der anderen Partner zu berücksichtigen. Das schließt Konflikte nicht aus, über die am Ende vielleicht sogar unter „rein politischen" Gesichtspunkten entschieden wird. Aber worüber entschieden wird, die Details der Lösung und der gegenseitigen Abhängigkeiten und Probleme, das wird in einem modernen Staat notwendigerweise in umfassenden Politiknetzwerken vorgeklärt und vorformuliert, so dass von einseitiger, hierarchischer Steuerung nicht mehr die Rede sein kann. [...]

Zwar ist das Bild der Regierung oder des Staatsmannes als „Steuermann des Staatsschiffes" eines der bekanntesten und ältesten der politischen Philosophie („der Lotse geht von Bord"), aber dennoch steuert eine Regierung die Geschicke eines Landes nicht so, wie man ein Schiff oder ein Auto steuert. Regierungen steuern nicht, sie intervenieren. Es gibt keine einfachen und eindeutigen Beziehungen zwischen staatlichen Steuerungsinstrumenten und erwünschten Ergebnissen und Zielen, d. h. selbst wenn es eindeutige Ziele geben würde – was in der Regel nicht der Fall ist – verfügt eine Regierung in der Regel nicht über das

„Die Politik ist keine Wissenschaft, wie viele der Herren Professoren sich einbilden, sondern eine Kunst."

Otto von Bismarck (1815-1898), erster Reichskanzler des Deutschen Reiches

Steuerungswissen, wie diese Ziele schnell und effizient zu erreichen wären. Und sie ist schon gar nicht allmächtig, sondern ist auf die Kooperation selbstständiger Akteure angewiesen.
Regierungen sind, das ist zumindest das Ergebnis der theoretischen Diskussion, in der Lage, politische Ziele zu formulieren und in komplexen Verhandlungssystemen einer Lösung näher zu bringen. Inwieweit sie dies können und in welche Richtung sie agieren, hängt zum einen von ihrer politischen Unterstützung ab, ob sie also in der Lage und willens sind, Verhandlungssysteme aufzubauen, Verhandlungspartner an einen Tisch zu zwingen und sie ggf. auch glaubwürdig „im Schatten der Hierarchie" zu gemeinwohlverträglichem Verhalten zu „überreden", zum anderen aber auch von der internen Effizienz und Effektivität des Regierungsapparates.

Werner Jann, Regieren ohne Wirkung, in: Gegenwartskunde 3/1996, S. 301 ff.

M 9 ● Politik als Problemlöser?

Thomas Plaßmann, Baaske Cartoons

Aufgaben

1. „Regieren heißt Problemlösen". Sammeln Sie ausgehend von M 7 die Ihrer Meinung nach wichtigsten aktuellen politischen Probleme und diskutieren Sie mögliche Lösungsvorschläge.
2. „Eine Regierung (steuert) die Geschicke eines Landes nicht so, wie man ein Schiff oder ein Auto steuert." Stellen Sie dar, welche Möglichkeiten die Regierung hat, politische Prozesse zu steuern (M 8).
3. Analysieren Sie die Karikatur und vergleichen Sie deren Aussage mit den Überlegungen Werner Janns zur Lösungskompetenz von Regierungen (M 8, M 9).
4. Entwerfen Sie Kriterien für gutes Regierungshandeln (M 8).

Ⓗ zu Aufgabe 1
Bearbeiten Sie die Aufgabe mit Hilfe der Placematmethode.

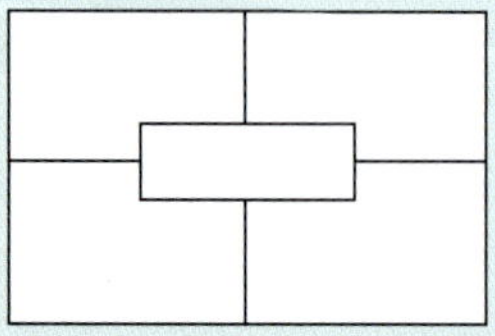

7.1.3 Wer „regiert" alles mit?

M 10 ● Kommissionen, Ausschüsse, Gremien ...

Bundeskanzlerin Angela Merkel (CDU) und die Ministerpräsidenten der Länder wollen kommende Woche eine Zwischenbilanz der Energiewende ziehen und das weitere Vorgehen beraten.	Die von Bundeskanzlerin Angela Merkel eingesetzte Ethikkommission soll vor dem Hintergrund der Ereignisse in Japan die Risiken der Kernenergie neu bewerten. Es geht um eine nationale Energiestrategie, die von der gesamten Gesellschaft als Leitlinie für die nächsten Jahrzehnte akzeptiert wird.
Politiker einigen sich im Koalitionsausschuss über den Kompromiss zum Betreuungsgeld	Parteivorsitzende treffen sich zu Beratungen im Kanzleramt

M 11 ● Informelle Entscheidungszentren in der Politik

Auszug aus dem Koalitionsvertrag 2009

Die Koalitionspartner [CDU, CSU und FDP] treffen sich regelmäßig zu Beginn einer jeden Sitzungswoche zu Koalitionsgesprächen im Koalitionsausschuss. Darüber hinaus tritt er auf Wunsch eines Koalitionspartners zusammen. Er berät Angelegenheiten von grundsätzlicher Bedeutung, die zwischen den Koalitionspartnern abgestimmt werden müssen, und führt in Konfliktfällen Konsens herbei. Ihm gehören an die Parteivorsitzenden, die Fraktionsvorsitzenden, die Generalsekretäre, die 1. Parlamentarischen Geschäftsführer, der Chef des Bundeskanzleramtes, der Bundesfinanzminister und ein weiteres von der FDP zu benennendes Mitglied.

Wachstum. Bildung. Zusammenhalt. Koalitionsvertrag, 17.Legislaturperiode, 26.10.2009, S. 131

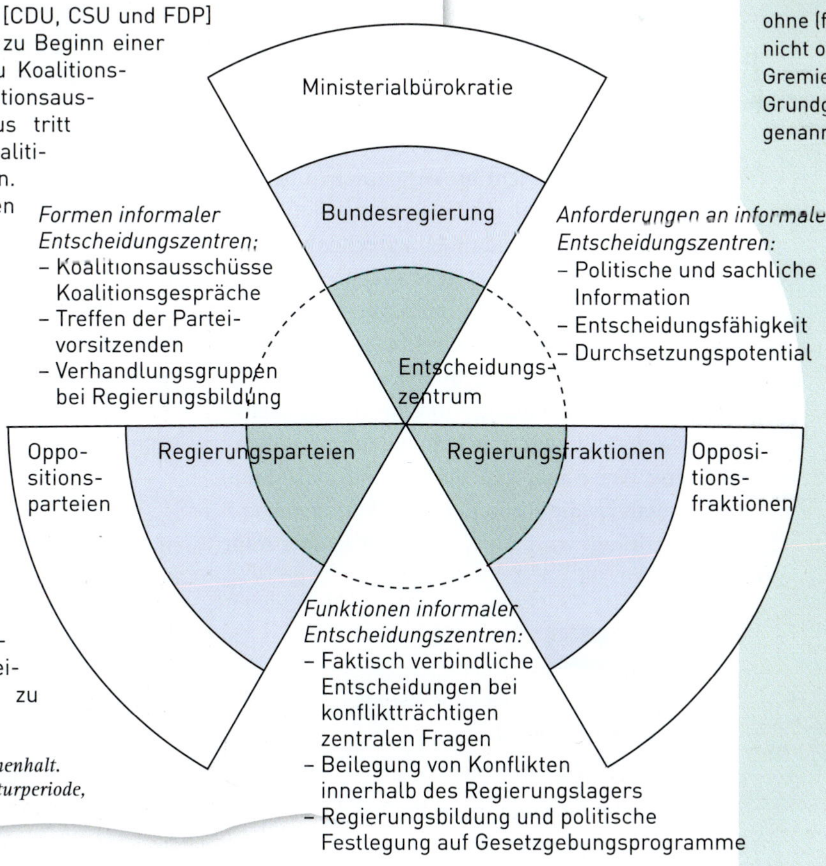

informell
ohne (formalen) Auftrag, nicht offiziell; hier: Gremien werden im Grundgesetz nicht genannt

Angesichts der Schwächen des Kabinetts als politisches Führungsorgan trat in der Geschichte der Bundesrepublik immer wieder die Tendenz zutage, den Ort politisch brisanter Entscheidung aus dem Kabinett hinaus in informelle Gremien zu verlagern. [...]

Entscheidungen, welche derartige Koalitionsausschüsse oder -gespräche zu wichtigen, koalitionsintern strittigen Fragen treffen, besitzen einen hohen Grad faktischer Verbindlichkeit. Kabinett und Koalitionsfraktion folgen ihnen, setzen sie in Gestalt von Gesetzen etc. durch. [...]

An Koalitionsausschüssen oder -gesprächen nehmen die wichtigsten Koalitionspolitiker aus Regierung, Koalitionsfraktionen und -parteien teil [...]. Zu Einzelfragen werden engagierte Abgeordnete und betroffene Minister hinzugezogen. Dieser Teilnehmerkreis sichert den Einigungen, die man dort findet, einen hohen Grad faktischer Verbindlichkeit. [...]

Informalität erleichtert, Kompromisse zu schmieden. Zwar fehlt es Koalitionsausschüssen an rechtlich geregelter Mitgliedschaft, verbindlicher Verfahrensordnung und Zuständigkeiten; „Koalitionsverträge" haben keine Rechtswirksamkeit. Aber: [..] Informalität ermöglicht in Koalitionsausschüssen ungezwungeneres Verhandeln in kleinerem Kreis, mehr Unbefangenheit ohne Protokollierungen, sachfremde Junktimierungen etc. und damit eher Ergebnisse.

Wolfgang Rudzio, Das politische System der BRD, 8. Auflage, Wiesbaden 2011, S 267 ff.

Junktim
Juristischer Begriff für die Koppelung von Regeln oder Bedingungen, die an sich separat und voneinander unabhängig sind

M 12 ● Droht eine Aushöhlung der parlamentarischen Demokratie?

Repräsentative Demokratie basiert darauf, dass mittels Wahl auf Zeit Verantwortung übertragen wird. Die Möglichkeit, den Inhaber eines öffentlichen Amtes für seine politischen Handlungen zur Rechenschaft zu ziehen, besteht im Wesentlichen bei der nächsten Wahl. Voraussetzung dafür ist, dass die Entscheidungen zurechenbar sind. In dem Maße, wie eine wachsende Zahl von informellen Gremien an ihnen beteiligt ist, wird dies erschwert.

In diesem Zusammenhang erweist sich die faktische Bindungswirkung von Konsensverhandlungen mit Verbänden in besonderer Weise als problematisch, da „das Parlament in die Rolle der Ratifikationsinstanz gedrängt wird, die [...] nur mit Ja oder Nein antworten kann, weil andernfalls das mühsam erzielte Verhandlungsergebnis auseinanderbrechen würde" [Hans-Jürgen Papier, FAZ, 31.1.2003]. Dies bedeutet, dass die Abgeordneten Verantwortung für eine politische Entscheidung übernehmen, auf die sie keinen oder nur minimalen Einfluss hatten. [...] Kündigt die Regierung an, die Empfehlungen von Expertenkommissionen – wie bei den Plänen zur Reform der Bundesanstalt für Arbeit – „1:1" umzusetzen, so ist dies ein Versuch, sich von der Last der eigenen Entscheidung und deren Begründung zu befreien.

Julia von Blumenthal, Auswanderung aus den Verfassungsorganen – Kommissionen und Konsensrunden, APuZ B43/2003

Aufgaben

1. a) Erstellen Sie eine Liste der Akteure, die in das Regierungshandeln eingebunden sind (M 10–M 11).
   b) Überprüfen Sie, inwieweit diese Akteure demokratisch legitimiert sind.
2. Erläutern und bewerten Sie die These, dass die informellen Entscheidungszentren die parlamentarische Demokratie aushöhlen (M 12).

H zu Aufgabe 2
Berücksichtigen Sie die Urteilskategorien Effizienz und Legitimität.

Regieren

Die zentrale Aufgabe der Bundesregierung ist das Regieren. **Regieren** bedeutet, die Vorstellungen der politischen Mehrheit in konkrete Gesetze zu gießen und deren Durchsetzung zu sichern, um den Regelungsbedarf moderner Gesellschaften zu erfüllen. An der Spitze der Regierung stehen der Bundeskanzler und sein Kabinett. Um regieren zu können, ist die Bundesregierung auf eine Mehrheit im Deutschen Bundestag angewiesen, denn nur so können Gesetze verabschiedet werden.

Bundesregierung
M 4

Die Arbeit der Bundesregierung wird im Wesentlichen durch drei Grundprinzipien geprägt (Art. 65 GG). Das **Kanzlerprinzip** (u. a. Organisationsgewalt über Anzahl und Zuschnitt der Bundesministerien), das **Kabinettsprinzip** (wichtige Entscheidungen werden kollektiv im Kabinett beschlossen) und das **Ressortprinzip** (innerhalb der Richtlinien führt jeder Minister sein Ministerium eigenständig).

Bundeskanzler
M 2

Der Bundeskanzler hat innerhalb der Bundesregierung eine starke Stellung. Da er aus den Reihen des Bundestags gewählt wird, verfügt er allein über eine **direkte Legitimation** (Art. 63 GG). Die einzelnen Minister werden auf Vorschlag des Bundeskanzlers ernannt (Art. 64 GG). Darüber hinaus weist ihm das Grundgesetz die sogenannte **Richtlinienkompetenz** zu. Er kann demnach die Grundzüge der Regierungspolitik bestimmen (Art. 65 GG).

Grenzen der Macht des Bundeskanzlers
M 3

Das Grundgesetz verleiht dem Bundeskanzler zwar eine starke Stellung (Verfassungsnorm), doch gibt es zahlreiche Mechanismen, die seine Macht im Sinne der Gewaltenteilung einschränken (Verfassungsrealität).
- Der Bundeskanzler braucht die Unterstützung der Mehrheit des Parlaments, muss also auf die Abgeordneten seiner **Partei Rücksicht** nehmen.
- Durch die in Deutschland seit mehr als dreißig Jahren bestehende Notwendigkeit, Koalitionsregierungen zu bilden, ist die Richtlinienkompetenz eingeschränkt. Er muss auch die Interessen des **Koalitionspartners** berücksichtigen.
- Aufgrund des föderalen Aufbaus kann der Bundeskanzler nicht die Bedürfnisse der **Landesregierungen** ignorieren.
- Das konsensdemokratische Modell der Bundesrepublik Deutschland gewährt vielen Akteuren (wie z. B. starken Interessenverbänden) ein **Mitspracherecht** bei der Gestaltung von Politik.

Einfluss von informellen Gremien
M 11, M 12

Neben den verfassungsmäßigen Institutionen – Bundestag und Bundesregierung – gewinnen sogenannte informelle Entscheidungszentren an Einfluss auf die Politik. Darunter werden Expertengruppen, Kommissionen, aber auch Koalitionsausschüsse verstanden, die wichtige Vorentscheidungen treffen. Kritiker behaupten, dass sich die politische Entscheidungskompetenz verlagern würde.
Als problematisch für die Demokratie wird in diesem Zusammenhang gesehen, dass die Wähler die politischen Entscheidungen nicht mehr zweifelsfrei Amtsträgern oder Institutionen zuordnen können. Dadurch verliere das Prinzip der politischen Verantwortung an Bedeutung.

7.2 Der Deutsche Bundestag

7.2.1 Welche Aufgaben hat der Bundestag?

M 1 ● Was macht der Bundestag?

Angela Merkel wird erneut zur Bundeskanzlerin gewählt, Dezember 2013.

Namentliche Abstimmung zu einem Gesetz

Besuchergruppe aus dem Wahlkreis eines Bundestagsabgeordneten

Generaldebatte im Bundestag zum Haushalt in Anwesenheit der Regierung

M 2 ● Die Aufgaben des Bundestages

Gesetzgebungsfunktion

Das Grundgesetz regelt sehr ausführlich die Zuständigkeiten der Gesetzgebung von Bund und Ländern. Mit der Föderalismusreform aus dem Jahr 2006 wurden die Zuständigkeiten neu austariert. Art. 73 GG zählt 17 Gebiete auf, in denen der Bund das Recht der ausschließlichen Gesetzgebung hat. Dazu gehören beispielsweise die Auswärtigen Angelegenheiten, die Verteidigung, die Staatsangehörigkeit, die Währung, die Einheit des Zoll- und Handelsgebietes bis hin zum Urheberrecht und zur Statistik des Bundes. [...] Für viele Rechtsgebiete sind nach dem Grundgesetz Bund und Länder nebeneinander zuständig. Das sind die Gebiete der konkurrierenden Gesetzgebung. Der Bund hat hier ein Vorrecht. Nur wenn er davon keinen Gebrauch macht, können die Länder ihre eigenen Gesetze erlassen. [...]

Kontrolle von Regierung und Verwaltung (Kontrollfunktion)

Nach dem traditionellen Verständnis von der Teilung der drei Gewalten hat das (Gesamt-)Parlament die Aufgabe, die Regierung zu kontrollieren. Für parlamentarische Demokratien ist jedoch eine andere Form der Gewaltenteilung charakteristisch: Regierung und Mehrheitsfraktionen steht die parlamentarische Opposition gegenüber. Die Kontrollfunktion nimmt hier vor allem die Opposition wahr [...] [vgl. auch Kap. 7.2.3].

Budgetrecht

Das Budgetrecht, das Recht, Steuern und Abgaben zu bewilligen, ist das klassische Kontrollrecht des Parlaments. [...] Die Parlamente nutzten dieses Recht, um die Steuern möglichst niedrig zu halten und die Ausgaben zu beschränken. [...]

Teilnahme an der politischen Willensbildung (Willensbildungsfunktion)

Das Parlament soll das „Forum der Nation" sein. Hier sollen die wichtigen politischen Themen diskutiert und Konzepte zur Lösung von Problemen entwickelt werden. [...] Das geschieht in den großen Plenardebatten, in denen die Bundesregierung sowie Regierungsfraktionen und Opposition ihre Positionen vor der Öffentlichkeit darlegen und begründen. Doch solche großen Debatten sind selten, und sie finden nicht immer die Aufmerksamkeit der Öffentlichkeit, die ihnen zukommen sollte. Es gehört zu der gängigen Kritik am Bundestag, dass er die informierende Funktion nicht ausreichend wahrnimmt. Politische Meinungs- und Willensbildung findet heute vor allem auf dem Weg über die Massenmedien statt. [...] Dabei geht jedoch verloren, was nur eine Debatte leisten kann: die Auseinandersetzung, das Ringen um bessere Lösungen in Rede und Gegenrede. [...]

Repräsentation der Bevölkerung und Artikulationsfunktion

Im Parlament soll zur Sprache kommen, was die Bürger politisch bewegt. Die Wähler erwarten, dass ihre eigenen Ansichten zu politischen Themen in den Debatten ausgesprochen (artikuliert) werden und dass ihre Wünsche und Interessen im Parlament vertreten (repräsentiert) sind. Häufig wird beklagt, die Bürger dürften alle vier Jahre zur Wahl gehen, danach hätten sie keinen Einfluss mehr auf die politischen Entscheidungen. Doch Abgeordnete wollen wieder gewählt werden. Die Wünsche der Wähler hören sie in ihrem Wahlkreis. Meinungsumfragen geben ständig ein Bild von der Stimmung der Bürger. [...] Das alles hat Rückwirkungen auf die Politik der Regierung und auf das Verhalten der einzelnen Abgeordneten.

Horst Pötzsch, Die deutsche Demokratie, 5. Auflage, Bonn 2009, S. 75ff.

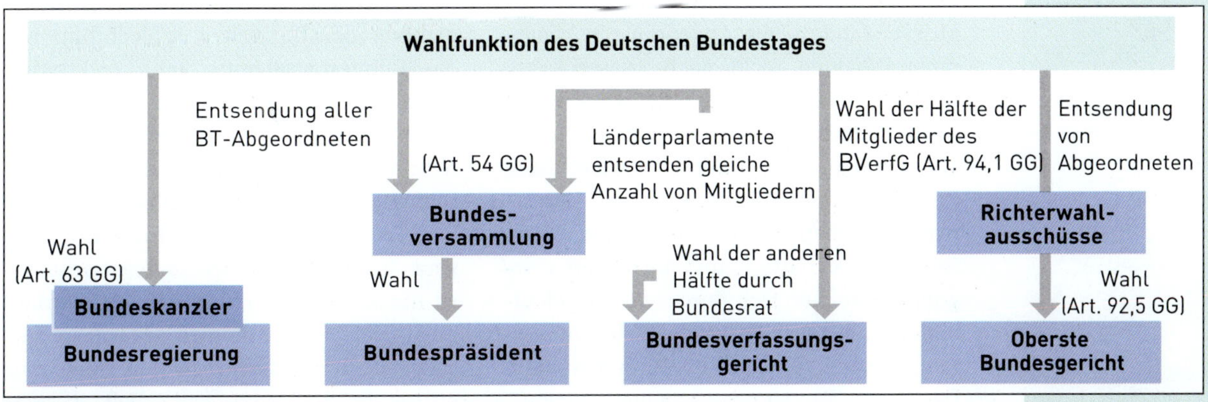

Aufgaben

1. Ordnen Sie die einzelnen Bilder den Aufgaben des Deutschen Bundestags zu und begründen Sie Ihre Entscheidung (M 1-M 2).
2. Erläutern Sie, weshalb der Deutsche Bundestag bei der Besetzung (Wahl) anderer Verfassungsorgane eine solch starke Stellung hat (M 2).

7.2.2 Wie arbeitet der Deutsche Bundestag?

M 3 Der Deutsche Bundestag: Arbeit in Ausschüssen, Fraktion und Plenum

Plenarsitzung im Bundestag, mit vielen freien Plätzen.

Fraktion
Zusammenschluss der Abgeordneten einer Partei im Parlament

Das Bild des Bundestages in der Öffentlichkeit wird durch die Debatten im Plenum bestimmt. [...] Wenn die Fernsehkamera über den Plenarsaal schwenkt, sieht der Zuschauer, dass oft nur 30 oder 50 Abgeordnete anwesend sind, von denen ein Teil auch noch Akten studiert oder Zeitung liest. Das führt zu dem weitverbreiteten Missverständnis, die Abgeordneten kämen ihren Pflichten nicht nach. Dieser Kritik liegt die Vorstellung zugrunde, das Plenum sei der eigentliche Ort der parlamentarischen Arbeit. Dort würden die wichtigsten Probleme des Landes in Rede und Gegenrede zwischen Regierungsmehrheit und Opposition debattiert, und die besseren Argumente setzten sich durch. Diesem Idealbild kommt am ehesten das britische Unterhaus nahe, das als „Redeparlament“ gilt. Der andere Typ ist das „Arbeitsparlament“, in dem, wie vor allem im amerikanischen Kongress, der Schwerpunkt auf der Gesetzgebungsarbeit in Ausschüssen liegt. Der Bundestag wird oft als eine Mischung aus den beiden Parlamentstypen bezeichnet. Nimmt man den Zeitaufwand als Maßstab, so leisten die Bundestagsabgeordneten ihre Arbeit weit überwiegend in Ausschüssen, Fraktionen, Arbeitskreisen und Arbeitsgruppen. [...]
Die eigentliche parlamentarische Arbeit wird also in den Ausschüssen geleistet. [...] Deren Mitglieder sind meist zugleich die Vertreter ihrer Fraktionen in entsprechenden Fachausschüssen. In den Ausschüssen werden die Gesetzesentwürfe und sonstige Initiativen diskutiert und formuliert, um dann dem Plenum zur Beschlussfassung vorgelegt zu werden. Die Ausschüsse tagen in der Regel nicht öffentlich. Daher kann dort ungezwungener und sachlicher debattiert werden als in den öffentlichen Sitzungen des Plenums. Auch die Ausschussmitglieder der Opposition haben so die Chance, einen erheblichen Einfluss auszuüben. Es gibt ständige Ausschüsse, die die gesamte Legislaturperiode über bestehen, und solche, die für eine bestimmte Aufgabe gebildet und nach deren Erledigung wieder aufgelöst werden, zum Beispiel „Untersuchungsausschüsse“. [...]
Das Plenum ist die „Vollversammlung“, eigentlich der Bundestag schlechthin. Nur das Bundestagsplenum kann rechtswirksame Beschlüsse fassen. Der Bundestag ist beschlussfähig, wenn mindestens die Hälfte seiner Mitglieder anwesend ist. Viele Beschlüsse kommen allerdings zustande, wenn weit weniger Abgeordnete anwesend sind. In den Fraktionen und Ausschüssen ist nämlich vorab geklärt, ob einer Vorlage alle Fraktionen zustimmen oder ob sie zwischen Regierungsmehrheit und Opposition strittig ist. Im ersten Fall spielt es keine Rolle, wie viele Abgeordnete anwesend sind, im letzten genügt es, wenn mehr Abgeordnete der Regierungsmehrheit als der Opposition an der Abstimmung teilnehmen. Nur wenn mindestens 5 Prozent der Abgeordneten oder eine Fraktion während

der Sitzung die Beschlussfähigkeit „bezweifeln“, was äußerst selten vorkommt, kann der Präsident dieselbe Tagesordnung auf einen späteren Zeitpunkt am selben Tag verschieben, um die erforderliche Anzahl von Abgeordneten zu erreichen (mindestens die Hälfte der Abgeordneten).

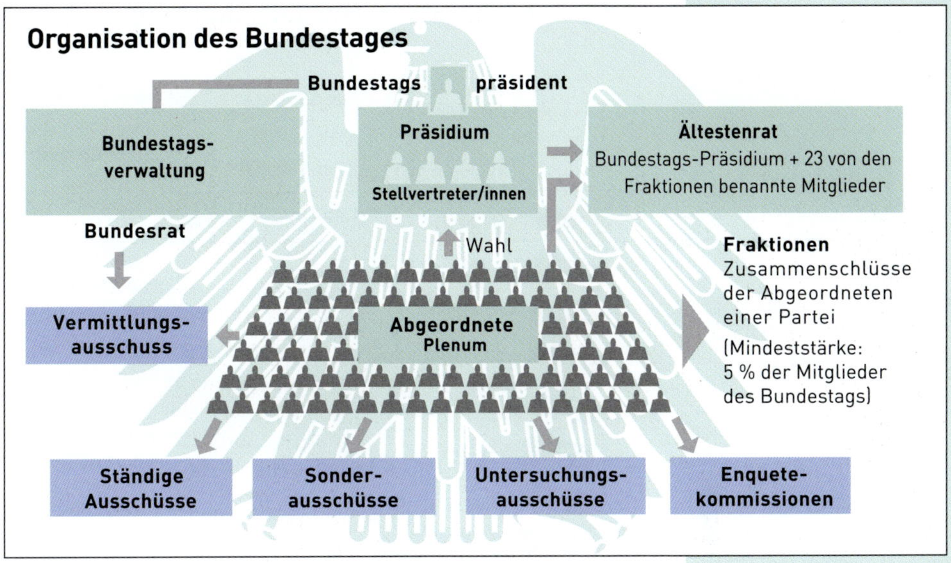

Nach: Bergmoser + Höller Verlag AG, Zahlenbilder 64110

Haben die Experten in wochen- und monatelangen Beratungen alle Argumente ausgetauscht und sind die Standpunkte geklärt, ist es nicht verwunderlich, wenn die meisten Beschlüsse im Plenum ohne Debatte oder nach kurzer Diskussion gefasst werden. Eine Anwesenheit der vielen Abgeordneten, die nicht mit der Materie vertraut sind, wäre daher pure Zeitverschwendung.

Die großen Debatten über wichtige Themen, wie zum Beispiel die Haushaltsdebatte, haben nicht die Funktion, die jeweils andere Seite zu überzeugen. Es handelt sich um Reden, die für die Öffentlichkeit bestimmt sind. Dem Bürger sollen die unterschiedlichen Meinungen und die Gründe, die etwa zu dieser oder jener Entscheidung geführt haben, deutlich gemacht werden.

Horst Pötzsch, Die deutsche Demokratie, 5. Auflage, Bonn 2009, S. 68ff. (Reihenfolge geändert)

M 4 ● Die Ausschüsse im Deutschen Bundestag

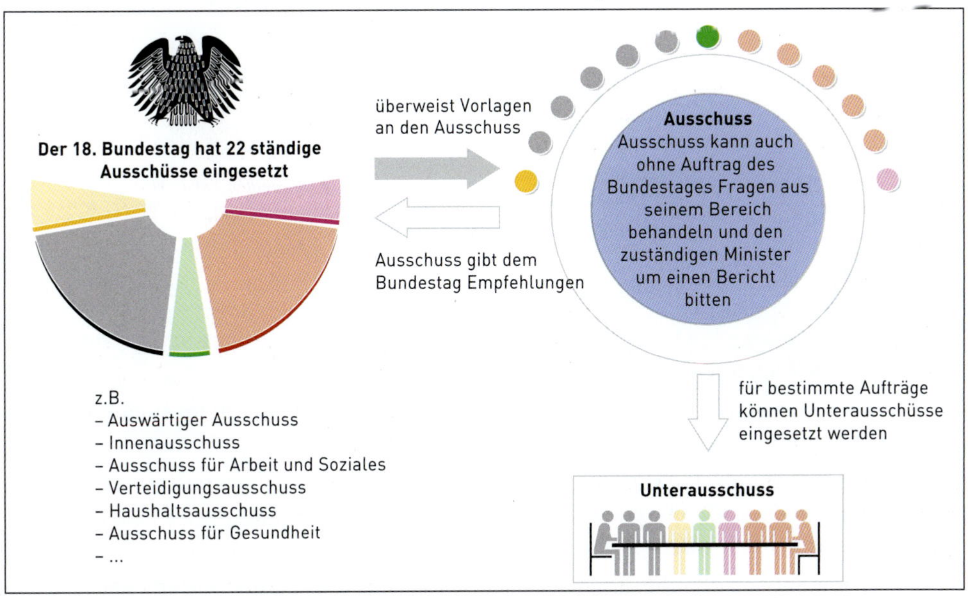

nach: Blickpunkt Bundestag 2/2006, S. 6 (aktualisiert)

M 5 Auszüge aus dem Terminkalender eines Bundestagsabgeordneten

24.-30.9.2012 Sitzungswoche des Deutschen Bundestages

Montag	15-17 Uhr: SPD-AG Rechtspolitik 17-19 Uhr: SPD-Fraktionsvorstand
Dienstag	14-15 Uhr: 2. Untersuchungsausschuss, Gespräche der Obleute 15-18 Uhr: SPD-Fraktionssitzung 19-21 Uhr: Treffen der Abgeordneten der Landesgruppe Niedersachsen (abgesagt) 19-21 Uhr: ARD-ZDF-Medienakademie: Gespräch zum NSU-Untersuchungsausschuss
Mittwoch	9-11 Uhr: Sitzung des Rechtsausschusses (Teilnahme bis 10 Uhr) 10-11 Uhr: 2. Untersuchungsausschuss: SPD-AG-Sitzung 12-13 Uhr: Treffen mit Besuchergruppe Trachtenverein 14-15 Uhr: Interview mit Stuttgarter Zeitung 16.30-17 Uhr: 2. Untersuchungsausschuss: Gespräch der Obleute mit Vertretern des Bundesinnenministeriums 17-18 Uhr: 2. Untersuchungsausschuss, Gespräche der Obleute
Donnerstag	ab 9 Uhr: Plenarzeit (Teilnahme nicht möglich) 9-10 Uhr: 2. Untersuchungsausschuss, nicht öffentliche Beratungssitzung 10-22 Uhr: 2. Untersuchungsausschuss, öffentliche Sitzung
Freitag	ab 9 Uhr: Plenarzeit (Teilnahme nicht möglich) 8.30-12 Uhr: 2. Untersuchungsausschuss, erweitertes Obleutegespräch 12-18.30 Uhr: Sondersitzung 2. Untersuchungsausschuss: öffentliche Sitzung

Büro des ehemaligen Bundestagsabgeordneten Sebastian Edathy, der u.˘a. Vorsitzender des 2. NSU-Untersuchungsauschusses war.

Obleute
Abgeordnete, die in den einzelnen Ausschüssen Hauptansprechpartner ihrer Fraktionsführung sind.

Aufgaben

1. Stellen Sie die Arbeitsweise des Deutschen Bundestages dar. Erläutern Sie dabei, weshalb der Plenarsaal des Parlaments oft so leer ist (M 3, M 4).
2. Erklären Sie, weshalb Politiker häufig lieber in Talkshows als im Bundestag miteinander diskutieren.
3. Der Deutsche Bundestag wird als Mischform aus Rede- und Arbeitsparlament bezeichnet (M 3, M 4). Überprüfen Sie diese Aussage mit Hilfe des Terminkalenders des Abgeordneten (M 5).
4. Das Parlament soll das „Forum der Nation" sein. Beurteilen Sie, inwieweit der Bundestag in einer modernen Mediendemokratie dies leisten kann.

Bedeutung des Bundestages

Der **Deutsche Bundestag** steht als einziges direkt gewähltes Organ des Bundes im Zentrum der parlamentarischen Demokratie in der Bundesrepublik Deutschland. Die Abgeordneten als Vertreter des Volkes repräsentieren die Meinungen und Strömungen der Menschen im Land, diskutieren über die unterschiedlichen politischen Konzepte und entscheiden über Gesetze und somit über die politische Ausrichtung des Landes.

Arbeitsweise und Organisation des Bundestages
M 2, M 3

Das Bundestagspräsidium leitet die Bundestagssitzungen. Der Bundestagspräsident und seine Stellvertreter werden zu Beginn jeder Legislaturperiode gewählt, wobei die größte Fraktion im Normalfall den Präsidenten des Bundestages stellt. Der Ältestenrat organisiert die Parlamentsarbeit, legt die Tagesordnung von Plenums- und Ausschusssitzungen fest und bestimmt die Redezeit der Abgeordneten.
Im **Plenum** des Bundestages wird öffentlich diskutiert und über die Gesetzesvorhaben abgestimmt. Die eigentliche Arbeit des Parlaments findet aber in Ausschüssen statt, die nicht öffentlich tagen. Die Organisation der ständigen **Ausschüsse** entspricht in etwa der Struktur der Ministerien. Hier treffen sich die Experten unter den Abgeordneten, um über die Gesetzesentwürfe der Bundesregierung zu diskutieren, Änderungswünsche einzubringen oder Experten dazu zu hören. Die Ausschüsse legen dem Plenum die Gesetzesentwürfe zur **Abstimmung** vor.

Rede- und Arbeitsparlament
M 4

Es gibt zwei unterschiedliche Arten, wie Parlamente ihre Arbeit organisieren. Zum einen das **Redeparlament** (z. B. das englische Unterhaus). Dort wird die eigentliche Arbeit im Plenum gemacht. Ein weitgefächertes System von Ausschüssen, in denen die Parlamentarier arbeiten, gibt es nicht. Zum anderen das **Arbeitsparlament** (z. B. der amerikanische Kongress). Dort gibt es ständige Ausschüsse, in denen die Parlamentarier arbeiten. Der Bundestag kann als eine Mischform aus beiden angesehen werden. Er ist aber eher ein Arbeitsparlament.

Aufgaben des Bundestages
M 5

Der Bundestag erfüllt eine Vielzahl von **Aufgaben**: Im Mittelpunkt steht die **Wahlfunktion**. An erster Stelle ist die Wahl des Bundeskanzlers zu nennen, den der Bundestag mit absoluter Mehrheit — auch Kanzlermehrheit genannt — wählt. Darüber hinaus wirkt der Bundestag auch an der Wahl des Bundespräsidenten und an der Wahl der Richter des Bundesverfassungsgerichts mit.
Die klassische Aufgabe von Parlamenten ist die Verabschiedung von Gesetzen (**Gesetzgebungsfunktion**). Dazu zählt auch das Budgetrecht, d. h. die Verabschiedung des Bundeshaushaltes. In einem System der Gewaltenteilung erfüllt das Parlament die Aufgabe, die Regierung zu kontrollieren (**Kontrollfunktion**). Der Bundestag wird auch als Forum der Nation bezeichnet. Die Abgeordneten diskutieren stellvertretend für ihre Wähler über die wichtigen politischen Fragen und bringen so die Wünsche und Vorstellungen der Bürger in das Parlament ein (**Repräsentations- und Artikulationsfunktion**).

7.2.3 Wie kontrolliert der Bundestag die Bundesregierung?

M 6 ● Wer nutzt welche parlamentarischen Kontrollrechte?

Wahlperiode	Große Anfragen			Kleine Anfragen			Mündliche Anfragen			Schriftliche Anfragen			Dringliche Fragen		
	Anfragen insg.	davon eingereicht durch Opposition		Anfragen insg.	davon eingereicht durch Opposition		Anfragen insg.	davon eingereicht durch Opposition		Anfragen insg.	davon eingereicht durch Opposition		Anfragen insg.	davon eingereicht durch Opposition	
	Anzahl	Anzahl	in %	Anzahl	Anzahl	in %	Anzahl	Anzahl	in %	Anzahl	Anzahl	in %	Anzahl	Anzahl	in %
15. WP (2002–2005)	65	65	100	797	795	99,7	2515	2488	98,9	11069	10659	96,3	37	37	100
16. WP (2005–2009)	64	62	98,4	3299	3298	100	2703	2538	93,9	12789	9964	77,9	111	111	100

Deutscher Bundestag, Datenhandbuch (31.3.2010)

In der 15. Wahlperiode regierte Gerhard Schröder (SPD) mit Hilfe einer rot-grünen Mehrheit. Angela Merkel (CDU) führte in der 16. Wahlperiode eine große Koalition aus CDU/CSU und SPD.

M 7 ● Der Dualismus von regierender Mehrheit und Opposition

Die politischen Institutionen eines Landes bilden ein System, in dessen Rahmen und nach dessen Regeln die politische Auseinandersetzung zu verbindlichen Entscheidungen führt. Im Zentrum dieser Institutionen steht im heutigen Deutschland das Parlament, der Bundestag. [...] Einst – in der konstitutionellen Monarchie – primär Volksrepräsentation gegenüber einer obrigkeitlichen Regierung, stellt nun das Parlament selbst, genauer: die Parlamentsmehrheit, durch Personen ihres Vertrauens die Regierung. Dies hat zur Folge, dass für die Parlamentsmehrheit nun die Wahl- und Gesetzgebungsfunktion im Vordergrund stehen, für die Opposition hingegen Kontrolle und Artikulation. Anstelle eines Dualismus von Gesamtparlament und Regierung ist damit ein Dualismus von Parlamentsmehrheit (einschließlich Regierung) und parlamentarischer Opposition getreten. [...] Dem Dualismus von Regierungsmehrheit und Opposition entsprechend bilden Regierung, Regierungsmehrheit und Spitzen der Ministerialbürokratie eine politische Handlungseinheit. Deutlich wird dies in ihrer engen Zusammenarbeit. Regierungsfraktionen leben vom Informationsfluss aus den Ministerien, ihre Mitglieder decken in Plenum und Ausschüssen des Bundestages die Regierung. [...] Bricht dieses Zusammenspiel ab, so signalisiert dies eine Entfremdung zwischen Parlamentsmehrheit und aus ihr hervorgegangener Regierung und damit das wahrscheinlich baldige Ende der letzteren.

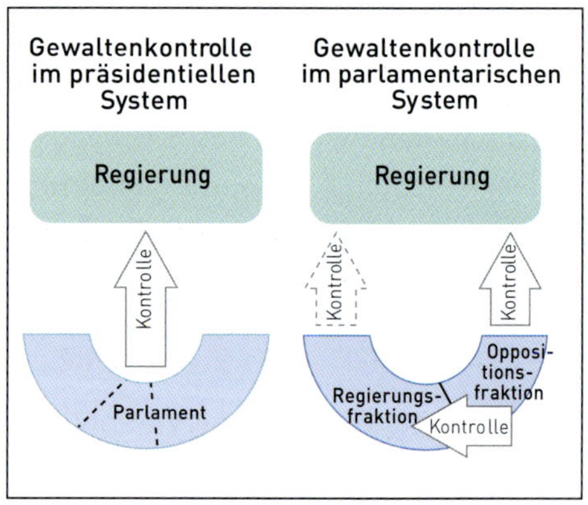

Wolfgang Rudzio, Das politische System der BRD, 8. Auflage, Wiesbaden 2011, S. 210ff.

Fragerechte des Bundestages

Große Anfrage
Schriftliche Anfrage zu einem größeren politischen Themenkomplex durch eine Fraktion bzw. mindestens 5 % der Abgeordneten.
An die Beantwortung durch die Bundesregierung schließt sich in der Regel eine Debatte vor dem Bundestag an.

Kleine Anfrage
Schriftliche Anfrage zu konkreten Einzelthemen durch eine Fraktion bzw. mindestens 5 % der Abgeordneten.
Die Antwort erfolgt schriftlich durch das jeweils zuständige Bundesministerium.

Fragestunde
Einzelfragen zur mündlichen oder schriftlichen Beantwortung, von einzelnen Abgeordneten eingebracht.
Mündliche Beantwortung in den beiden wöchentlichen Fragestunden des Bundestages.
Möglichkeit für die Abgeordneten, mit Zusatzfragen nachzuhaken.

M 8 Welche Kontrollrechte besitzt der Deutsche Bundestag?

Die Kontrolle der Regierung ist eine zentrale Aufgabe des Bundestages. Sie ist eng verwoben mit der Aufgabe der Gesetzgebung, denn jeder Gesetzentwurf der Regierung wird im Parlament beraten und muss dort die notwendige Mehrheit finden. Besonders deutlich wird diese Verknüpfung beim Staatshaushalt. Ohne die ausdrückliche Zustimmung des Parlaments kann das Haushaltsgesetz, in dem alle Einnahmen und Ausgaben geregelt sind, nicht in Kraft treten. Das Haushaltsgesetz ist aber mehr als ein einfaches Gesetz. Ohne Geld kann keine Regierung ihre programmatischen Ziele durchsetzen. Die alljährliche Debatte zwischen Regierung und Opposition über den Staatshaushalt zieht sich deshalb meist über mehrere Tage hin. Auch die Einhaltung des Haushalts kontrolliert das Parlament: Der Finanzminister muss dem Bundestag Rechnung legen und die Regierung muss durch das Plenum entlastet werden.

Das folgenschwerste Instrument der Kontrolle ist das konstruktive Misstrauensvotum. Der Bundestag kann mit der Mehrheit seiner Mitglieder einen neuen Bundeskanzler wählen und vom Bundespräsident ernennen lassen.

Zur Kontrolle der Regierung setzt der Bundestag verschiedene Gremien ein. Diese sind zum Teil permanent vorhanden wie beispielsweise die ständigen Ausschüsse oder das Parlamentarische Kontrollgremium. Andere Gremien werden hingegen erst aus aktuellem Anlass und beispielsweise mit Zustimmung von mindestens 25 Prozent der Mitglieder des Bundestages eingesetzt. Dazu gehören Untersuchungsausschüsse zur Aufklärung politischer und bürokratischer Missstände.

Information ist eine wesentliche Voraussetzung für die Kontrolle der Regierung. Deshalb hat der Bundestag verschiedene Formen der Befragung und Beratung im Parlament etabliert, die von den Abgeordneten und damit auch von der Opposition

In einer aktuellen Stunde stellt der Oppositionsabgeordnete Jürgen Trittin eine Frage aus dem Plenum.

in Anspruch genommen werden können. Dazu gehören: Kleine und Große Anfragen, Schriftliche Fragen und Fragestunden, Aktuelle Stunden, Regierungsbefragungen.

Die Abgeordneten des Bundestages haben vielfältige Möglichkeiten, sich im Plenum über die Pläne und Arbeit der Regierung zu informieren und ihre Meinung darzulegen. Darüber hinaus setzt der Bundestag aber auch Gremien ein, zu deren Aufgabe die Kontrolle der Regierung gehört und die unterschiedlich weit reichende Einflussmöglichkeiten besitzen. Die ständigen Ausschüsse des Bundestages sind in der Regel so organisiert, dass ihnen ein Bundesministerium gegenüber steht. Sie haben somit ein genau definiertes Fachgebiet bzw. einen Geschäftsbereich. Die Ausschüsse üben ihre Kontrollfunktion zum einen indirekt über die Mitwirkung bei der Gesetzgebung aus. Sie haben aber auch direkte Kontrollrechte. So ist es ihnen ausdrücklich gestattet, von Vertretern des zuständigen Bundesministeriums Berichterstattung zu aktuellen Gesetzgebungsvorhaben zu verlangen und Empfehlungen auszusprechen – und das auch ohne Auftrag des Plenums. Dieses sogenannte Selbstbefassungsrecht hat sich zu einem wichtigen Instrument der parlamentarischen Kontrolle entwickelt. Unter den ständigen Ausschüssen haben einige im Bezug auf die Kontrolle der Regierung eine besondere Stellung. So ist die Hauptaufgabe des Auswärtigen Ausschusses die Kon-

Aktuelle Stunde
Politische Debatte mit Kurzbeiträgen zu einem aktuellen Thema auf Verlangen einer Fraktion bzw. von mindestens 5 % der Abgeordneten oder nach Vereinbarung.
Redezeit für die Abgeordneten: 5 min; Gesamtdauer: 1 Stunde + Redezeit der Regierung

Strategien der Opposition

Eine kompetitive Opposition will eine klare Gegenposition zur Regierung bilden, eine kooperative Opposition will auch mit der Regierung zusammen arbeiten, um möglichst großen Einfluss auf das Regierungshandeln zu erlangen.

trolle der Außenpolitik der Regierung. Der Verteidigungsausschuss ist genau wie der Wehrbeauftragte in das Grundgesetz eingefügt worden, um die Kontrolle der Streitkräfte – und damit auch des Bundesministeriums für Verteidigung – zu gewährleisten. Er hat sogar das Recht, sich selbst zum Untersuchungsausschuss zu erklären. Als mächtigster Ausschuss gilt der Haushaltsausschuss, denn er bereitet entscheidend die Bewilligung von Haushaltsmitteln vor. Die Besonderheit des Ausschusses für Angelegenheiten der Europäischen Union liegt darin, dass er im Namen des Bundestages Stellungnahmen zu Regelungsvorhaben der EU abgeben kann. Die Regierung muss, bevor sie über EU-Rechtsnormen mitentscheidet, ihren Standpunkt mit dem Bundestag bzw. dem Ausschuss abstimmen.

Zu den ständig vorhandenen Institutionen des Bundestages gehören auch die Kontrollgremien. Sie überwachen spezielle Bereiche der Regierungsarbeit. Das Parlamentarische Kontrollgremium überwacht die nachrichtendienstlichen Tätigkeiten des Bundes. Die Kontrollgremien können von der Regierung Auskunft über die allgemeine Tätigkeit der betreffenden Dienste und Ämter und über Vorgänge von besonderer Bedeutung verlangen.

Deutscher Bundestag, Aufgaben, Kontrolle der Regierung (19.2.2014)

M 9 ● Das konstruktive Misstrauensvotum

Der Bundestag kann nach Art. 67 GG den Bundeskanzler abwählen, indem er mit der absoluten Mehrheit seiner Mitglieder einen Nachfolger wählt. Damit wird gesichert, dass der Bundeskanzler nur dann aus dem Amt entfernt werden kann, wenn sich im Bundestag eine neue Regierungsmehrheit zusammenfindet. Verhindert wird dadurch, dass wie in der Weimarer Republik negative Mehrheiten, die sich nur in der Ablehnung der Regierung einig sind, die Regierung stürzen können. Diese Bestimmung wird als „konstruktives Misstrauensvotum“ bezeichnet. Ein konstruktives Misstrauensvotum hat es im Bundestag bisher zweimal gegeben, das gescheiterte gegen Bundeskanzler Willy Brandt 1972 und das erfolgreiche gegen Bundeskanzler Helmut Schmidt 1982.

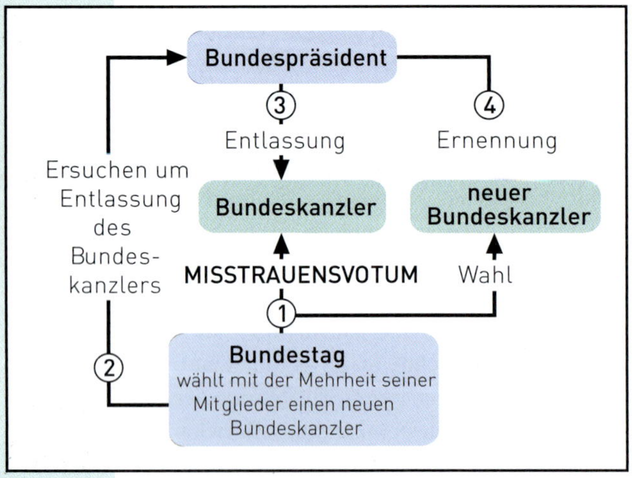

Horst Pötzsch, Die deutsche Demokratie, 5. Auflage, Bonn 2009, S. 73 f.

F Versetzen Sie sich in die Rolle eines Oppositionspolitikers und stellen Sie Chancen und Risiken der beiden Oppositionsstrategien gegenüber. Welche Strategie würden Sie verfolgen? Begründen Sie Ihre Entscheidung.

Aufgaben

1. Beschreiben Sie, welche Gruppen im Deutschen Bundestag die parlamentarischen Kontrollrechte einsetzen (M 6).
2. Erläutern Sie die Ergebnisse aus M 6 mit Hilfe von M 7.
3. Gestalten Sie eine Übersicht der Kontrollrechte des Deutschen Bundestages (M 8, M 9).
4. Versetzen Sie sich in die Rolle eines Abgeordneten aus der Regierungsfraktion und diskutieren Sie die Aussage „Nur die Opposition kontrolliert die Regierung!“.

7.2.4 Hat ein Abgeordneter nichts zu sagen?

M 10 ● Freie Meinungsäußerung

Erl

M 11 ● Hat ein Abgeordneter nichts zu sagen?

Seit Wochen denke ich darüber nach, wie ich abstimmen soll, wenn im Bundestag nun über [eine Verlängerung des Bundeswehr-Einsatzes in Afghanistan] entschieden wird. [...] Ich halte mich nicht für einen notorischen Abweichler oder Revoluzzer, doch die politische Linie der SPD hat in den vergangenen Jahren häufiger meinen Überzeugungen widersprochen. In der Fraktion habe ich mehrfach gegen die Mehrheit gestimmt oder mich enthalten – und das wird gar nicht gern gesehen. [...] In den Fraktionssitzungen merke ich bisweilen den Unmut der anderen: [...] Sätze wie „Die Abweichler machen es sich schön leicht, während wir zu Hause geprügelt werden", sind nicht selten. [...] Wer häufig gegen die Mehrheit stimmt, ist bei der Fraktionsspitze schnell unten durch und wird irgendwann nicht mehr ernst genommen. Vor wichtigen Entscheidungen werden Abweichler unter Druck gesetzt und zum Beispiel zu Einzelgesprächen ins Büro von [...] unserem Fraktionsvorsitzenden, zitiert. Eigentlich ist es unsere Aufgabe als Abgeordnete, nicht alles mitzumachen. Aber es ist heute so, dass man sich rechtfertigen muss, wenn man nicht zustimmt. [...] Die Fraktionsspitze wird kaum höhere Weihen für die haben, die zu oft dagegen sind. Besonders vorsichtig verhalten sich Abgeordnete, die über die Landeslisten ins Parlament gekommen sind; das betrifft 77 der 222 Abgeordneten, die restlichen 145 wurden direkt gewählt. Wer keinen eigenen Wahlkreis hat, überlegt sich zweimal, ob er gegen die Mehrheit stimmen soll, aus der nicht unberechtigten Sorge, vor der nächsten Wahl vielleicht den guten Listenplatz zu verlieren.

Marco Bülow, in: Süddeutsche Zeitung Magazin, 12.10.2007

Artikel 21 GG

(1) Die Parteien wirken bei der politischen Willensbildung des Volkes mit. Ihre Gründung ist frei. Ihre innere Ordnung muss demokratischen Grundsätzen entsprechen. Sie müssen über die Herkunft und Verwendung ihrer Mittel sowie über ihr Vermögen öffentlich Rechenschaft geben.

Artikel 38 GG

(1) Die Abgeordneten des Deutschen Bundestages werden in allgemeiner, unmittelbarer, freier, gleicher und geheimer Wahl gewählt. Sie sind Vertreter des ganzen Volkes, an Aufträge und Weisungen nicht gebunden und nur ihrem Gewissen unterworfen.

Marco Bülow ist seit 2002 als SPD-Abgeordneter im Deutschen Bundestag.

M 12 Über die komplizierte Stellung eines Abgeordneten

Seit 1998 ist Hans-Christian Ströbele Mitglied des Deutschen Bundestages (ebenso von 1985–1987). Direkt gewählter Abgeordneter ist er seit 2002 für den Wahlkreis Berlin – Friedrichshain-Kreuzberg und Prenzlauer Berg Ost und wurde damit zum ersten direkt gewählten bündnisgrünen Mandatsträger im Bundestag.

Herr Ströbele, wie frei ist ein Abgeordneter Ihrer Meinung nach?

Gesetzlich sind die Abgeordneten nicht nur frei, sondern sogar verpflichtet, ihrem Gewissen zu folgen. Politisch sollen sie allerdings auch verantwortungsvoll das Programm ihrer Partei umsetzen, denn auf dieser Basis sind sie gewählt worden. Tatsächlich wird von Abgeordneten einer Regierungspartei oft verlangt, dass sie den Vorlagen der Regierung ohne Widerspruch zur Mehrheit verhelfen. Es hängt von jedem Abgeordneten selbst ab, wie viel Rückgrat er gegenüber Regierung und Fraktionsspitze im Konfliktfall beweist. Richtig wäre es, wenn die Regierung mit den Abgeordneten spricht, ihre Bedenken anhört und einarbeitet. Für falsch dagegen halte ich eine „Basta"-Strategie, bei der die Regierung einfach den Abgeordneten das vorsetzt, was sie für richtig hält und dann Zustimmung verlangt. [...]

Sie sind mit Ihrer Fraktion Bündnis 90/Die Grünen [...] in der Opposition. Ist der Druck auf den einzelnen Abgeordneten nun geringer geworden?

Natürlich ist der Druck in einer Regierungsfraktion bei einer Mehrheit von vier Stimmen sehr viel höher als in einer Oppositionsfraktion. Doch auch in der Opposition wird Fraktionstreue erwartet, nur in Ausnahmefällen wird mal akzeptiert, dass Anträgen anderer Fraktionen, die man selbst richtig findet, zugestimmt wird. Leider. [...]

Gibt es Ihrer Auffassung nach Wege, wie die Unabhängigkeit der Abgeordneten erhöht werden könnte?

[...] Natürlich braucht eine Regierung eine Verlässlichkeit bei den Abgeordneten, auf die sie sich stützt. Aber in wichtigen Entscheidungen, z. B. über Krieg und Frieden, muss der Abgeordnete seiner vom Grundgesetz festgeschriebenen Pflicht nachkommen und evtl. auch anders entscheiden. Das muss dann doch nicht der Untergang der Koalition sein. Ich meine, zum einen sollten die Abgeordneten selbst mehr Selbstbewusstsein gegenüber ihrer Fraktionsführung entwickeln. Die Wähler können dies unterstützen, indem sie Abgeordneten mit eigener Meinung den Rücken stärken, vor allem bei Wahlen, aber auch in Zuschriften bzw. E-Mails, in Leserbriefen, in Gesprächen.

Interview: Erik Müller, 27.6.2008

a) Abstimmung über ein weiteres Euro-Rettungspaket für Griechenland.
b) Bundestag entscheidet über Gentests an Embryonen.
c) Legalisierung der Sterbehilfe
d) Erhöhung der Mehrwertsteuer
e) Auslandseinsätze der Bundeswehr
f) Adoptionsrecht für gleichgeschlechtliche Paare
g) Recht auf einen gesetzlich garantierten Kindergartenplatz
h) Neuregelung der Organspende im Transplantationsgesetz

Aufgaben

1. Erläutern Sie das Spannungsverhältnis von freiem Mandat und Fraktionszwang. Verwenden Sie dabei auch die Kategorien „Verfassungsnorm" und „Verfassungsrealität" (M 10-M 12).
2. Erklären Sie aus der Sicht der Regierung, welche Konsequenzen es hätte, wenn die Abgeordneten häufiger gegen die eigene Fraktion stimmen würden.
3. Im Falle einer Gewissensentscheidung wird im Deutschen Bundestag manchmal der Fraktionszwang aufgelöst. Wählen Sie Themen aus (Randspalte), die Sie selbst als Gewissensentscheidung ansehen. Vergleichen Sie Ihre Ergebnisse und diskutieren Sie, was eine Gewissenentscheidung ausmacht.

Kontrollrechte des Bundestages
M 8, M 9

Der Bundestag verfügt über eine Reihe von Rechten, mit denen er die Regierung kontrollieren kann. Dazu gehören

- **Informationsrechte** der Abgeordneten: z. B. die Zitierung von Ministern zu Bundestagssitzungen, Große und Kleine Anfragen mit dem Wunsch auf mündliche oder schriftliche Stellungnahme durch die Regierung, Fragestunden, Aktuelle Stunden mit Fragen und Stellungnahmen von Abgeordneten zu aktuellen Themen.
- **Untersuchungsausschüsse**: Sie können eingesetzt werden, um Vorgänge, die die Regierung zu verantworten hat, zu durchleuchten.
- **Haushaltsrecht**: Ohne die Zustimmung des Bundestages kann das Haushaltsgesetz nicht in Kraft treten, und ohne finanzielle Mittel kann die Regierung nicht handeln.
- **Wehrbeauftragter** des Bundestages: Er kontrolliert die Bundeswehr.
- **Parlamentarisches Kontrollgremium**: Es überwacht die nachrichtendienstliche Tätigkeit der Regierung.

Mit dem **konstruktiven Misstrauensvotum** (Art. 67 GG) besitzt der Bundestag die Möglichkeit, dem bisherigen Bundeskanzler das Misstrauen auszusprechen, indem er einen neuen Bundeskanzler wählt. Damit kann der Bundestag eine Regierung abwählen, aber nur unter der Bedingung, dass er sich mehrheitlich auf einen neuen Regierungschef einigt („konstruktiv").

Dualismus von Regierungsmehrheit und Opposition
M 7

Im parlamentarischen System der Bundesrepublik Deutschland besteht eine enge inhaltliche und auch personelle Verbindung zwischen der Regierung und der Regierungsmehrheit im Parlament. Man spricht in diesem Zusammenhang von einem **Dualismus von Regierung und Regierungsmehrheit** auf der einen Seite und den **Oppositionsparteien** auf der anderen Seite. Die Kontrolle politischer Herrschaft erfolgt deshalb hauptsächlich durch die Oppositionsparteien. Dieses System stellt eine Abkehr von der klassischen Gewaltenteilungslehre dar, da Teile der Legislative eng mit der Exekutive verwoben sind.

Öffentlichkeit der Kritik

Dabei spielt die **mediale Wirkung** eine herausragende Rolle. Oppositionspolitiker nutzen die Generaldebatten und Aktuelle Stunden, um die Regierungspolitik in der Öffentlichkeit zu kritisieren und sich als bessere Alternative zu empfehlen. Auch der Einsatz von Untersuchungsausschüssen unterliegt oft dem Diktat der öffentlichen Wirkung.

Strategien der Opposition

Die Oppositionsparteien im Deutschen Bundestag kontrollieren und kritisieren die regierende Mehrheit mit dem Ziel, sich als bessere Alternative zu präsentieren und die Regierung nach den nächsten Wahlen abzulösen. Entweder sie arbeitet vor allem bei der Gesetzgebung mit der Regierungsmehrheit zusammen, um eigene politische Ziele in die Entscheidung einfließen zu lassen (**kooperative Opposition**) oder aber sie betont die Gegensätze zur regierenden Mehrheit in allen wichtigen politischen Fragen und blockiert Entscheidungen soweit wie möglich (**kompetitive Opposition**).

ORIENTIERUNGSWISSEN

Stellung der Abgeordneten
M 11

Das Grundgesetz der Bundesrepublik Deutschland weist den Abgeordneten des Bundestages eine starke Stellung zu. Artikel 38 besagt, dass Abgeordnete „an Aufträge und Weisungen nicht gebunden und **nur ihrem Gewissen unterworfen**" sind. Darüber hinaus verfügen Abgeordnete über weitere Rechte:

- **Indemnität**: Abgeordnete dürfen für Äußerungen und Abstimmungen im Parlament nicht zur Verantwortung gezogen werden.
- **Immunität**: Abgeordnete können für strafbare Handlungen nicht strafrechtlich verfolgt werden. Die Immunität kann im Einzelfall durch das Bundestagspräsidium aufgehoben werden.
- **Zeugnisverweigerungsrecht**: Abgeordnete können als Zeuge vor Gericht die Aussage verweigern, soweit diese im Zusammenhang mit ihrer Abgeordnetentätigkeit steht.
- Diäten: Abgeordnete haben Anspruch auf eine angemessene **Vergütung** ihrer Tätigkeit. Das Ausmaß der zeitlichen Belastung schließt im Normalfall eine weitere berufliche Tätigkeit aus, sodass es im Laufe der Zeit zu einer Professionalisierung der Abgeordneten kam. Einkünfte aus Nebentätigkeiten (z. B. Beratertätigkeiten, Tätigkeiten in Aufsichtsräten von Unternehmen, ...) müssen offengelegt werden.

Freies und imperatives Mandat

In einer repräsentativen Demokratie wird das Mandat als Auftrag des Volkes an den Abgeordneten (Mandatsträger) in der Volksvertretung (Parlament) verstanden. Unterschieden wird das freie Mandat, das den Abgeordneten (im engeren Sinne) nicht an Aufträge und Weisungen bindet und das imperative Mandat, bei dem der Abgeordnete an die konkreten Entscheidungen und Aufträge der Partei oder Gruppe gebunden ist, von der er sein Mandat erhält.

Das Grundgesetz sichert den Abgeordneten zwar ein freies Mandat zu (Verfassungsnorm), im politischen Alltag stehen die Abgeordneten aber in einem vielschichtigen Spannungsverhältnis. Die Fraktionen, in denen sich Abgeordnete einer Partei organisieren, haben großen Einfluss auf das Verhalten der Abgeordneten. Wird der Fraktionszwang bei einer Abstimmung nicht aufgehoben, müssen Abgeordnete mit Konsequenzen rechnen, wenn sie gegen den Beschluss der Fraktion votieren. Diejenigen Abgeordneten, die über die Parteilisten in das Parlament eingezogen sind, können bei der nächsten Wahl für ihr abweichendes Verhalten mit einem schlechten Listenplatz bestraft werden. Dies gilt insbesondere für die Abgeordneten der Regierungsfraktionen. Die Wähler wünschen sich, dass der Abgeordnete ihre Interessen vertritt. Handelt er gegen ihre Interessen, so können sie ihn bei der nächste Wahl mit dem Entzug ihrer Wählerstimme abstrafen.

M 1 ● Parlamentarismus und Gewaltenteilung

Auch wenn die parlamentarische Mitwirkung der Bevölkerung an der Besteuerung und Gesetzgebung garantiert ist, bleibt das Problem des prinzipiell immer möglichen Missbrauchs der Macht erhalten. Je mehr Macht dem modernen Staat zuwächst, desto wichtiger wird die Begrenzung dieser Macht. Eine Form, in der politische Macht zwar ausgeübt, aber zugleich auch begrenzt werden kann, ist ihre Aufteilung auf verschiedene Machthaber. Ziel der Gewaltenteilung ist primär die Sicherung der Freiheit. [...]

Montesquieu empfiehlt daher die Verteilung der Macht auf die drei Gewalten, die sich alle wechselseitig kontrollieren und hemmen. Er hält es zur Sicherung der Freiheit für zweckmäßig, wenn die Gesetzgebung (Legislative), die Regierung (Exekutive) und die Rechtsprechung (Judikative) in verschiedenen Institutionen organisiert und an verschiedene Personen delegiert werden.

Wilhelm Hofmann et al., Politikwissenschaft, Konstanz 2007, S. 88 f.

M 2 ● Wer initiiert die Gesetze?

	13. WP 1994–1998		14. WP 1998–2002		15. WP 2002–2005		16. WP 2005–2009		17. WP 2009–2013	
	Anzahl	in %	Anzahl	in %	Anzahl	in %	Anzahl	in %	Anzahl	in %
Vom Bundestag verabschiedete Gesetze	566	100	559	100	400	100	616	100	553	100
Regierungsvorlagen	403	71,2	394	70,5	281	70,2	488	79,2	434	78,5
Initiativen des Bundesrates	36	6,4	22	3,9	17	4,2	19	3,1	17	3,1
Initiativen des Bundestages	102	18	108	19,3	85	21,2	89	14,4	88	15,8
Beim Bundestag eingebrachte Gesetzentwürfe	923	100	864	100	643	100	905	100	84,4	100
Regierungsvorlagen	443	48,0	443	51,3	320	49,8	537	59,3	484	57,1
Initiativen des Bundesrates	151	16,4	93	10,8	112	17,4	104	11,5	82	9,7
Initiativen des Bundestages	329	35,6	328	38,0	211	32,8	264	29,2	278	32,8

Deutscher Bundestag, Datenhandbuch (6.12.2013)

Aufgaben

1. Überprüfen Sie, inwieweit das klassische Modell der Gewaltenteilung auf das politische System der BRD (Auftaktseiten) zutrifft.
2. Entwerfen Sie dazu eine neue Übersicht. Achten Sie dabei darauf, wer die Gesetzgebungsfunktion und wer die Kontrollfunktion in Deutschland ausübt.

„Politik ist die Kunst, Probleme zu lösen, ohne neue größere zu schaffen.“ (Unbekannt)

„Politik ist Kampf um die rechte Ordnung.“ (Otto Suhr)

„Politik ist das Streben nach Machtanteil oder nach Beeinflussung der Machtverteilung.“ (Max Weber)

8

Der Gesetzgebungsprozess

Die zentrale Aufgabe des Deutschen Bundestages ist die Gesetzgebung. Über Gesetze werden verbindliche Spielregeln für das gesellschaftliche Zusammenleben der Menschen formuliert. Am Beispiel der Einführung von „Biosprit“ wird in Kapitel 8.1 gezeigt, wie ein Gesetzgebungsprozess abläuft und dass er als Prozess der Problemlösung aufgefasst werden kann.
Neben dem Bundestag ist auch der Bundesrat ein zentraler Akteur im Gesetzgebungsprozess. Auf der einen Seite vertritt er die Interessen der Länder, auf der anderen Seite droht er zu einem Instrument der Opposition zu werden und parteipolitische Ziele zu verfolgen. Welches die Aufgaben des Bundespräsidenten sind und wie er seine Rolle ausgestalten kann, wird ebenfalls in Kapitel 8.2 ausgeführt.
Als „Hüter der Verfassung“ wird häufig das Bundesverfassungsgericht bezeichnet. Es erfüllt eine ganze Reihe von wichtigen Aufgaben, insbesondere wacht es über die Grundrechte der Menschen und über die Verfassungsmäßigkeit staatlichen Handelns. Das Gericht sieht sich aber auch mit Kritik konfrontiert: Oft ist zu hören, dass es sich zu stark in konkrete politische Fragen einmische und dem Gesetzgeber zu detaillierte Vorschriften mache. Das Kapitel 8.3 setzt sich mit der Bedeutung des Bundesverfassungsgerichts auseinander.

Aufgaben

1. Nehmen Sie Stellung zu den Zitaten.
2. Belegen Sie Ihr Urteil mit Hilfe von aktuellen politischen Beispielen.

KOMPETENZEN

Am Ende dieses Kapitels sollten Sie Folgendes wissen und können:

... den Gang der Gesetzgebung in der Bundesrepublik Deutschland erläutern.

... das Modell des Politikzyklus anwenden und bewerten.

... die verfassungsrechtliche Stellung des Bundesverfassungsgerichtes erläutern und die Frage beurteilen, ob das Gericht zu viel Einfluss auf die Politik nimmt.

... die Vetospielertheorie auf das politische System der Bundesrepublik Deutschland anwenden.

8.1 Wie entsteht ein Gesetz?

8.1.1 „Biosprit" in der Diskussion: Ein Beitrag zum Klimaschutz?

M 1 ● Das Problem: Klimawandel und die Versorgung mit Energie

CO_2-Ausstoß durch Straßenverkehr

Anteile der Verkehrsträger an Treibhausgasemissionen in der EU in %, 2005

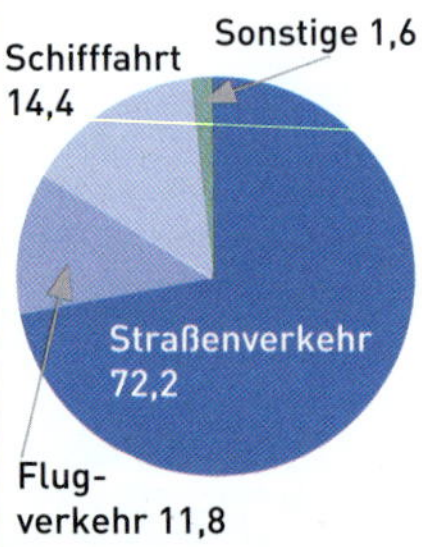

Zahlen: Eurostat

Der PKW-Verkehr hat einen Anteil von ca. 12 % am gesamten CO_2-Ausstoß der Europäischen Union.

a) CO_2 befeuert den Klimawandel

In der jüngsten Geschichte unseres Planeten vollzieht sich [...] ein Klimawandel, der mit großer Wahrscheinlichkeit ausschließlich auf den Mensch zurückzuführen ist. Durch verschiedene Handlungen des Menschen hat sich die Durchschnittstemperatur auf der Erde in den letzten Jahrzehnten bereits messbar erhöht. Die globale Erderwärmung vollzieht sich also schon seit mehreren Jahrzehnten und scheint sich zunehmend zu beschleunigen.

Die Ursachen für den Klimawandel – gleichbedeutend mit globaler Erwärmung – sind in erster Linie der vermehrte CO_2-Ausstoß und der Ausstoß weiterer klimaaktiver Gase, wie Methan oder FCKW. [...] Die größten CO_2-Produzenten sind schnell identifiziert. Bei der Nutzung fossiler Brennstoffe zum Heizen, zur Stromerzeugung oder im Verkehrswesen wird ebenso Kohlendioxid freigesetzt, wie [...] durch intensive Landwirtschaft und hier insbesondere die Tierhaltung.

www.klima-und-umweltschutz.de/klimawandel.html (6.9.2013)

b) Das Öl geht aus...

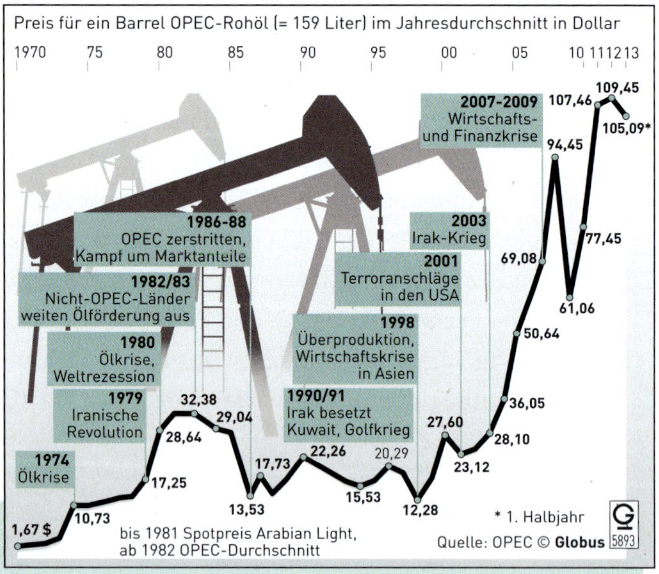

Wie lange reicht das Öl noch?

„Peak Oil" beschreibt den Zeitpunkt, an dem der Höhepunkt der Erdölförderung erreicht ist – und es in absehbarer Zeit kein Öl mehr geben wird.

Nach Meinung vieler Experten haben wir den Peak Oil bereits erreicht. Wie lange das Öl noch reicht, darüber gehen die Ansichten auseinander, oft ist von rund 50 Jahren die Rede. Fest steht aber: Wir müssen uns nach Alternativen fürs Erdöl umsehen, denn es bestimmt unser Leben wie kaum ein anderer Rohstoff auf der Welt. Dass wir Öl fürs Auto oder die Heizung brauchen, ist klar. Aber auch zur Herstellung von Farbe, Plastik, Kosmetik, Reinigungsmittel oder Medizin wird es benötigt.

Anna Maria Beekes, www.einslive.de, 30.5.2012

M 2 ● Der Gesetzgeber reagiert: Der neue Kraftstoff E10

Deutscher Bundestag Drucksache **17/2866**
17. Wahlperiode 06. 09. 2010

Gesetzentwurf
der Bundesregierung

Entwurf eines Neunten Gesetzes zur Änderung des Bundes-Immissionsschutzgesetzes

A. Problem und Ziel
Der Gesetzentwurf dient im Wesentlichen der Umsetzung der Richtlinie 2009/30/EG des Europäischen Parlaments und des Rates vom 23. April 2009 zur Änderung der Richtlinie 98/70/EG im Hinblick auf die Spezifikationen für Otto- , Diesel- und Gasölkraftstoffe und die Einführung eines Systems zur Überwachung und Verringerung der Treibhausgasemission [...].

Ziel von Bundestag und Bundesregierung ist es, die CO_2-Emissionen bis 2020 massiv zu reduzieren, um die globale Erwärmung möglichst zu begrenzen. Neben Einsparungen durch technische Verbesserungen bietet sich vor allem die Substitution von Erdölprodukten durch Produkte an, die aus nachwachsenden Rohstoffen gewonnen werden können. Im Verkehrsbereich steht hierbei die Verwendung bzw. Beimischung von Biokraftstoffen zu Brennstoffen, die aus fossilen Quellen gewonnen wurden, an erster Stelle. Seit 2004 darf die Mineralölwirtschaft herkömmlichen Diesel bis zu 5 Volumen-Prozent Biodiesel (B5) beimischen. Seit Februar 2009 erhöhte sich dieser Anteil auf maximal 7 Volumen-Prozent (B7). Biodiesel ist ein pflanzlicher Kraftstoff, der in Deutschland gegenwärtig vorwiegend aus Rapsöl gewonnen wird. Seit Anfang des Jahres 2011 ist es möglich, Ottokraftstoff mit 10 Volumen-Prozent Bioethanol (E10) zu tanken. Rund 90 Prozent aller PKW können mit E10 problemlos betankt werden. [...]

Laut Bundesumweltministerium verursacht E10 im Vergleich zu herkömmlichen Kraftstoffen weniger Treibhausgase und verbraucht geringere Mengen vom immer knapper werdenden Erdöl. Das trägt dazu bei, die Reichweite der weltweiten Erdölvorkommen zu verlängern. Um die Umweltverträglichkeit von Biokraftstoffen, wie des im E10 enthaltenen Bioethanols, zu gewährleisten, hat die Bundesregierung eine Biokraftstoff-Nachhaltigkeitsverordnung erlassen. Danach gelten Biokraftstoffe nur dann als nachhaltig hergestellt, wenn sie [...] im Vergleich zu fossilen Kraftstoffen bis 2013 mindestens 35 Prozent, bis 2017 mindestens 50 Prozent und bis 2018 mindestens 60 Prozent an Treibhausgasen einsparen. Des Weiteren dürfen zum Anbau der Pflanzen für die Biokraftstoffherstellung keine Flächen mit hohem Kohlenstoffgehalt (Wald) oder mit hoher biologischer Vielfalt genutzt werden. [...]

Gregor Strate, Wissenschaftliche Dienste des Deutschen Bundestages, Der neue Kraftstoff E10, 26.7.2011

substituieren
ersetzen, austauschen

M 3 Die öffentliche Diskussion: Nicht alle begrüßen die Initiative

Der Naturschutzbund (NABU) kritisiert die geplante Einführung von E10. Der Beitrag zu einer besseren Ökobilanz ist umstritten.

Die Motorenverträglichkeit des neuen Biosprits ist unklar. Viele Verbraucher sind verunsichert. Der ADAC fordert deshalb Klarheit von Bundesregierung und Automobilherstellern.

Befürworter des geplanten Gesetzes warnen vor einer E10-Hysterie und verweisen auf die gelungene Biosprit-Einführung in Schweden. Dort enthält der Bio-Kraftstoff bis zu 85 Prozent Ethanol. Etwa 200.000 Autos können damit fahren. Bald solle es dort landesweit überhaupt kein Normalbenzin mehr geben.

Mineralölwirtschaft warnt vor einem möglichen Verbraucherboykott und fürchtet in Zukunft höhere Kosten, da sie verpflichtet werden, den Biosprit anzubieten.

Wirtschaftsexperten warnen: Deutschland muss sich von Ölimporten unabhängiger machen. Ansonsten drohen die steigenden Ölpreise zur Wachstumsbremse zu werden. Die Strategie „weg vom Öl" muss konsequent angegangen werden. Dazu sollten Biokraftstoffe in größerem Umfang als bisher genutzt und der Spritverbrauch der Kraftfahrzeuge reduziert werden.

Der Deutsche Bauernverband begrüßt die geplante Einführung von E10. Bioethanol aus deutscher Produktion verursache vom Acker bis in den Tank nur halb so viel Kohlendioxid wie Benzin aus fossilem Erdöl, sagte ein zuständiger Verbandsexperte. Gäbe es nur noch E10, könnten bis zu zwei Millionen Tonnen Benzin im Jahr gespart werden, was eine Einsparung von zwei Millionen Tonnen Kohlendioxid pro Jahr bedeute.

Aufgabe

1. „Politik ist Problemlösen."
„Politik ist das Aufeinandertreffen verschiedener Interessen."
Wenden Sie die Politikdefinitionen auf das Gesetzgebungsbeispiel E10 an.

8.1.2 Die Entscheidung in Bundestag und Bundesrat

M4 ● Die Initiative der Bundesregierung geht an das Parlament

Berlin, 6. September 2010

Bundesrepublik Deutschland
Die Kanzlerin

An den Präsidenten des
Deutschen Bundestages
Herrn Prof. Dr. Norbert Lammert
Platz der Republik 1
11011 Berlin

Sehr geehrter Herr Präsident,

hiermit übersende ich den von der Bundesregierung beschlossenen
Entwurf eine Neunten Gesetzes zur Änderung des Bundes-Immissionsschutzgesetzes

mit Begründung und Vorblatt.

Ich bitte die Beschlussfassung des Deutschen Bundestages herbeizuführen.
[...]

Mit freundlichen Grüßen

Angela Merkel

Nach: Deutscher Bundestag, Drucksache 17/2866, S. 3

M 5 ● Bundestag und Bundesrat verabschieden das Gesetz

Bundestag und Bundesrat stimmen dem Gesetzentwurf der Bundesregierung zu und machen dadurch den Weg zur Einführung des Biosprits E10 frei.

Der Bundestag hat mit Zustimmung des Bundesrates das folgende Gesetz beschlossen:

Artikel 1
Änderung des
Bundes-Immissionsschutzgesetzes

Das Bundes-Immissionsschutzgesetz in der Fassung der Bekanntmachung vom 26. September 2002 (BGBl. I S. 3830) [...] wird wie folgt geändert:

1. In § 13 werden die Wörter „den §§ 7 und 8“ durch die Wörter „§ 8 in Verbindung mit § 10“ ersetzt.
2. Dem § 34 werden folgende Absätze 3 und 4 angefügt:

„(3) Die Bundesregierung wird ermächtigt, nach Anhörung der beteiligten Kreise (§ 51) durch Rechtsverordnung mit Zustimmung des Bundesrates vorzuschreiben, dass, wer gewerbsmäßig oder im Rahmen wirtschaftlicher Unternehmungen Treibstoffe in den Verkehr bringt, zur Vermeidung von Schäden an Fahrzeugen verpflichtet werden kann, auch Treibstoffe mit bestimmten Eigenschaften, insbesondere mit nicht zu überschreitenden Höchstgehalten an Sauerstoff und Biokraftstoff, in den Verkehr zu bringen. In der Rechtsverordnung nach Satz 1 kann darüber hinaus die Unterrichtung der Verbraucher über biogene Anteile der Treibstoffe und den geeigneten Einsatz der verschiedenen Treibstoffmischungen geregelt werden; für die Regelung der Pflicht zur Unterrichtung gilt Absatz 2 Nummer 6 und 7 entsprechend.

(4) Die Bundesregierung wird ermächtigt, nach Anhörung der beteiligten Kreise (§ 51) durch Rechtsverordnung ohne Zustimmung des Bundesrates zu regeln, dass Unternehmen, die Treibstoffe in Verkehr bringen, jährlich folgende Daten der in der Rechtsverordnung zu bestimmenden Behörde vorzulegen haben:

a) die Gesamtmenge der jeweiligen Art von geliefertem Treibstoff unter Angabe des Erwerbsortes und des Ursprungs des Treibstoffs und
b) die Lebenszyklustreibhausgasemissionen pro Energieeinheit.“

Artikel 2
Inkrafttreten

Dieses Gesetz tritt am Tag nach der Verkündung in Kraft.

Deutscher Bundestag, 17. Wahlperiode, Drucksache 17/2866

Was ist ein Gesetz?

Mit Gesetzen nimmt der Staat seine Aufgaben wahr. Er schützt seine Bürger (z. B. durch Strafandrohung für Vergehen), ordnet das Zusammenleben (z. B. durch Straßenverkehrsregeln) und erfüllt staatliche Leistungen (z. B. durch die Sozialgesetzgebung). Darüber hinaus kann der Staat mit Hilfe von Gesetzen das Zusammenleben der Menschen lenken und gestalten (z. B. Förderung von Forschung und Bildung, Entscheidung über zukünftige Energiepolitik).

M 6 ● Etappen der Gesetzgebung

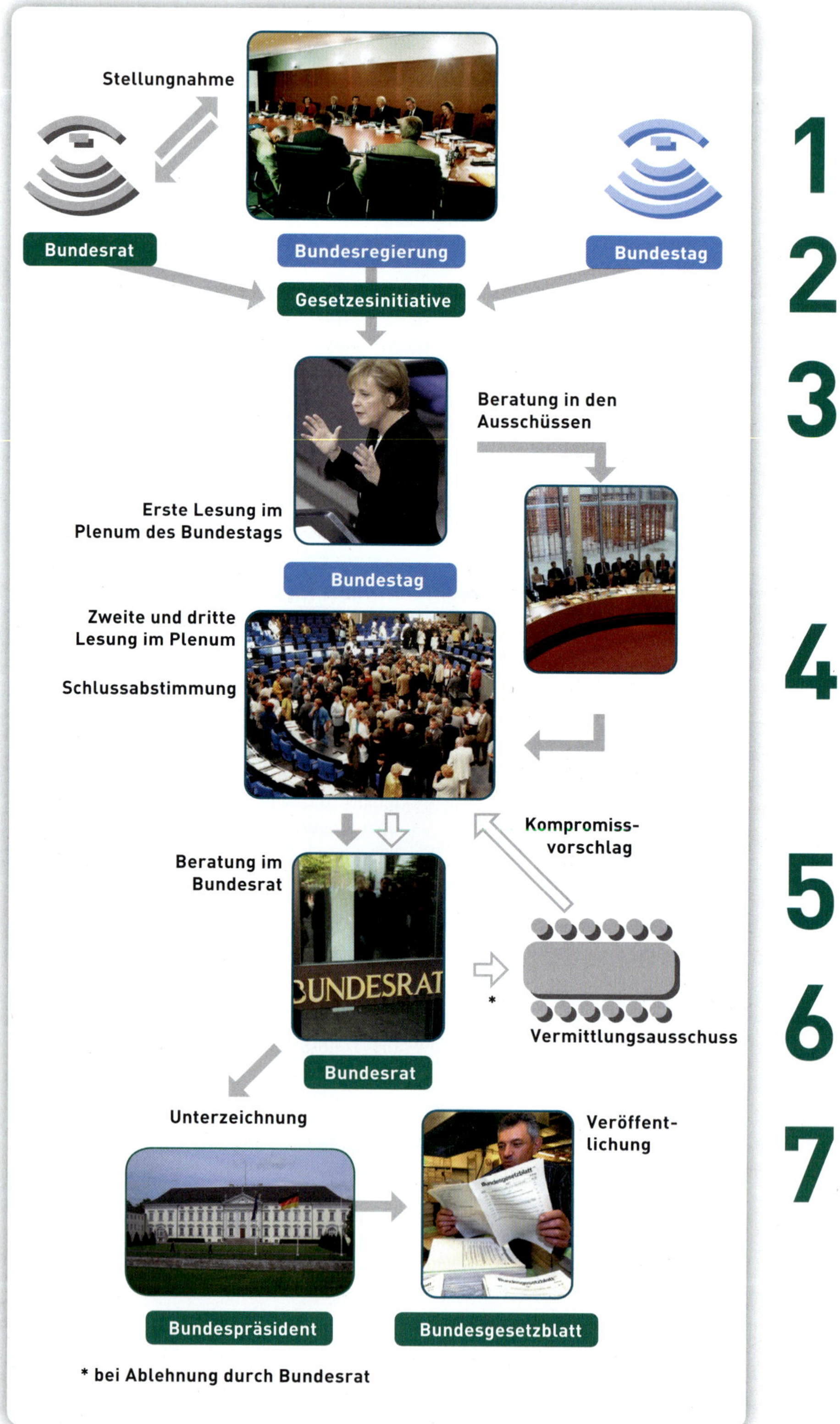

1 Die meisten Gesetze, die in den Bundestag eingebracht werden, sind Vorlagen der Regierung. Die Entwürfe werden in den zuständigen Fachministerien erarbeitet.

2 Generell können Gesetzentwürfe von der Bundesregierung, aus dem Bundestag oder vom Bundesrat eingebracht werden.

3 Die erste Beratung im Plenum des Bundestages dient der Begründung des Gesetzesvorhabens und der Erörterung der Grundsätze der Vorlage. Es erfolgt noch kein Beschluss.

Der Gesetzentwurf wird anschließend an die fachlich zuständigen Ausschüsse überwiesen und dort intensiv beraten. Dort können in sogenannten „hearings" auch Experten von außerhalb zu einem Gesetz gehört werden. Der Ausschuss kann dann dem Plenum eine Abänderung, Annahme oder Ablehnung des Entwurfs empfehlen.

4 Die zweite Lesung (Beratung) des Entwurfs erfolgt auf der Grundlage der Ausschussempfehlung. Über die einzelnen Bestimmungen wird dann abgestimmt.

Die dritte Lesung schließt sich unmittelbar an. Anschließend erfolgt die Schlussabstimmung.

5 Das im Bundestag beschlossene Gesetz wird dann dem Bundesrat zugeleitet. Die Zustimmung des Bundesrats ist erforderlich, wenn es sich um ein Zustimmungsgesetz handelt, in der Sache also Bund und Länder zuständig sind. Bei einem Einspruchsgesetz kann der Bundestag einen Einspruch des Bundesrats in einer weiteren Abstimmung überstimmen.

6 Bei Uneinigkeit über ein Zustimmungsgesetz und einer drohenden Ablehnung kann der Vermittlungsausschuss angerufen werden, der einen Kompromissvorschlag erarbeitet, über den Bundestag und Bundesrat erneut abstimmen. Bundestag und Bundesrat entsenden je 16 ihrer Mitglieder in den Vermittlungsausschuss. Können sich die Vertreter dabei nicht einigen, ist das Gesetz – wenn es sich um ein zustimmungspflichtiges Gesetz handelt – gescheitert.

7 Nach der Verabschiedung des Gesetzes wird es dem zuständigen Minister und dem Bundeskanzler zur Unterzeichnung vorgelegt.

Anschließend muss noch der Bundespräsident das Gesetz unterzeichnen. Er kann seine Unterschrift nur verweigern, wenn er der Auffassung ist, dass das Gesetz gegen die Verfassung verstößt.

Das Gesetz wird im Bundesgesetzblatt verkündet und tritt in Kraft.

Autorengrafik/Autorentext

Erklärfilm zum Gesetzgebungsprozess (Mediencode 73001-06)

Aufgaben

1. Führen Sie eine politische Analyse zum Problem „E10 – Biosprit" durch (M 1–M 6). Ordnen Sie dazu die Materialien den Etappen des Politikzyklus zu und beantworten Sie die Leitfragen.
2. „Es gibt keine einfachen und eindeutigen Beziehungen zwischen staatlichen Steuerungsinstrumenten und erwünschten Ergebnissen und Zielen." (Kap. 7.1.2, M 8) Überprüfen Sie diese These anhand des Gesetzgebungsbeispiels zum E10-Kraftstoff.

F Erläutern Sie das Zusammenspiel von Exekutive und Legislative in einem System der Gewaltenverschränkung (M 4, M 5).

METHODE

Wie man politische Prozesse analysieren kann – der Politikzyklus

Politik befasst sich immer mit Problemen. Dabei müssen politische Systeme – auch Demokratien – beweisen, dass sie politische Probleme lösen können. Daran wird u. a. der Erfolg von Politik gemessen. Doch wie läuft diese Problembewältigung ab? Der politische Prozess kann mit Hilfe von Modellen dargestellt werden, denn die Bearbeitung von Problemen verläuft häufig nach einem ähnlichen Muster. Der Politikzyklus stellt ein solches Modell dar, in dem der Prozess – der zeitliche Ablauf – veranschaulicht wird. Handlungsdruck für die Politiker entsteht, wenn gesellschaftlich relevante Probleme öffentlich diskutiert werden. Dies gelingt dann, wenn viele Menschen oder starke Interessengruppen von diesem Problem betroffen sind. Andere Probleme, von denen nur schwache Gruppen betroffen sind, werden nicht oder kaum wahrgenommen.

Ist eine Entscheidung einmal gefallen, wird sie unterschiedlich bewertet. Manchmal ist das Problem gelöst, oftmals aber kann davon keine Rede sein, auch deshalb, weil sich Gesellschaft, Wirtschaft und Politik sehr schnell verändern. In diesem Fall muss die Politik erneut nach Lösungen suchen und der Politikzyklus beginnt von neuem. Deshalb wird Politik auch als eine (endlose) Kette von Versuchen zur Bewältigung politischer Probleme verstanden.

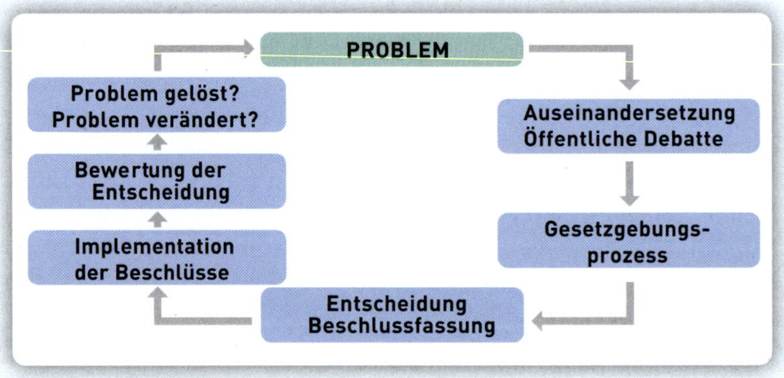

Kategorien	Leitfragen
Problem	Worin besteht das Problem? Welche Aufgabe hat die Politik zu lösen?
Auseinandersetzung, öffentliche Debatte	Was wirkt auf die Auseinandersetzung ein? Welche Interessenkonflikte und Interessenkonstellationen gibt es? Welche Ziele verfolgen die beteiligten Akteure? Welche Lösungsmöglichkeiten werden diskutiert? Welche Problemdefinition setzt sich am Ende durch?
Gesetzgebungsprozess	Greift der Gesetzgeber das Problem auf? Wie versuchen die Interessen Einfluss auf den Gesetzgebungsprozess zu nehmen?
Entscheidung, Beschlussfassung	Zu welchen Ergebnissen hat die Auseinandersetzung geführt? Welche Akteure/Interessen konnten sich durchsetzen?
Bewertung der Entscheidung	Welche Akteure bewerten das Ergebnis positiv/negativ? Welche Wertvorstellungen beeinflussen die Bewertung?
Problem gelöst? Problem verändert?	Ist das Problem gelöst oder ist nur die Problemlage verändert? Wird das Problem von den Akteuren anders wahrgenommen? Greift der Vollzug der Entscheidung an den Ursachen an oder werden nur die Folgen bekämpft? Schafft es das Problem erneut auf die politische Agenda?

8.1.3 Nach dem Gesetz ist vor dem Gesetz?

M 7 ● Verbraucherboykott: Comeback für das alte Superbenzin

Der hartnäckige Kaufboykott der Autofahrer gegen E10 lässt die Mineralölkonzerne einlenken. Bald bietet der deutsche Tankstellen-Marktführer Aral wieder das gewohnte Superbenzin mit fünf Prozent Ethanol an. [...]

„Wir gehen davon aus, dass langfristig die Autofahrer Super E10 mehrheitlich als preisgünstigsten und umweltfreundlichsten Kraftstoff akzeptieren", sagte Aral-Tankstellenchef Stefan Brok. Die Bedenken gegen E10 seien unbegründet; in den USA sei E10 schon lange der Standardkraftstoff. Das hatten sich die Ölkonzerne auch für Deutschland gewünscht [...]. Doch schnell stellte sich heraus, dass die Autofahrer nicht mitziehen. Bis heute tanken nur 30 bis 40 Prozent den Bio-Sprit. Ein Teil der Autofahrer traut dem Stoff nicht, weil er Angst um seinen Motor hat.

tib/DAP, www.stern.de, 8.4.2011

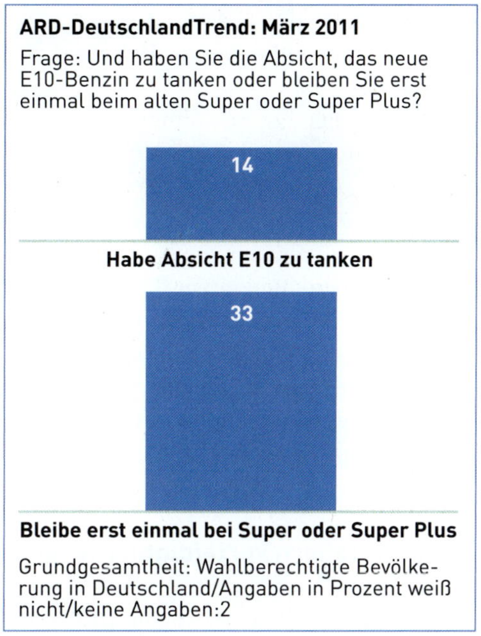

Infratest dimap

M 8 ● „Kein Brot in den Tank"

Die Umweltorganisation Greenpeace [fordert] wegen der hohen Getreidepreise ein sofortiges Aus für den Biosprit E10 in Deutschland. „Angesichts der weltweiten Getreideknappheit macht so ein Schritt Sinn", sagte Greenpeace-Agrarexperte Martin Hofstetter der Deutschen Presse-Agentur in Berlin. Auch der Bund für Umwelt und Naturschutz in Deutschland (BUND) ist für einen E10-Stopp. Die Verbraucherzentrale nennt die E10-Einführung „gescheitert".

Greenpeace verweist darauf, dass in Deutschland jährlich aus etwa 1,5 Millionen Tonnen Getreide Ethanol hergestellt werde. Zusätzlich importiere Deutschland rund die Hälfte des eingesetzten Ethanols aus dem Ausland: „Insofern entlastet tatsächlich ein E10-Verbot den Getreidemarkt", sagte Hofstetter. Ein E10-Stopp könne auch für andere Länder mit Ethanolerzeugung richtungweisend sein – allein in den USA landeten 40 Prozent der Maisproduktion im Tank. „Wir haben es beim Getreide mit einem vollständig globalisierten Markt zu tun." [...]

Die Vorräte an Getreide sind laut Weltgetreiderat in den vergangenen Jahren drastisch geschmolzen – von 175 Millionen Tonnen 2010 auf aktuell nur noch etwa 100 Millionen Tonnen. Weltweit aber werden inzwischen 150 Millionen Tonnen Getreide jährlich zu Ethanol verarbeitet. Ohne die Ethanol-Erzeugung wären also die Getreidelager sehr gut gefüllt, und es gäbe keine Knappheit.

Das Hauptproblem in Deutschland sei die Beimischungsregelung, sagt Hofstetter. „Die Kraftstoffproduzenten müssen hohe Strafabgaben zahlen, wenn sie die staatlich

vorgegebenen Biokraftstoffquoten nicht erreichen und machen daher sogar an den Tankstellen E10 billiger als Normalbenzin, obwohl sie Agrosprit beim Einkauf viel mehr kostet als fossiler Kraftstoff", sagte der Greenpeace-Experte. „Das ist ein Irrsinn, den die Autofahrer über insgesamt höhere Preise zahlen müssen." [...]
Selbst klimapolitisch ist der Nutzen von E10 sehr umstritten. Durch den Anbau von Energiepflanzen werde die Ackerfläche insgesamt ausgeweitet. „Dies geht zulasten von naturnahen Ökosystemen, daher sind keine nennenswerten Klimavorteile gegenüber fossilen Brennstoffen mehr gegeben", sagte der Verbraucherschützer.
Als Alternative zum Biosprit fordert Greenpeace strengere CO_2-Grenzwerte und sparsamere Autos. „Technisch ist es heute doch längst möglich, den Spritverbrauch drastisch zu senken. Allein es fehlt an der Umsetzung bei der Autoindustrie", kritisierte Hofstetter.

dpa, www.handelsblatt.de, 18.8.2012

M 9 ● Bauern verteidigen Biosprit

Der Deutsche Bauernverband (DBV) hat Kritik an der Industrie bei der Einführung des Biokraftstoffs E10 geübt. „Die Mineralölindustrie hat eine schlechte Einführungsstrategie gewählt und die Autoindustrie drückt sich", sagte DBV- Präsident Gerd Sonnleitner am Dienstag in Berlin. Dabei sei E10 ein guter Kraftstoff und keine Öko-Plörre.
Die Diskussion um „Tank oder Teller" bezeichnete Sonnleitner als „einseitig". Nur zwei bis fünf Prozent des Getreides werde für die E10-Produktion verwendet. „E10 hat mit Sicherheit keinen großen Einfluss auf die Lebensmittelpreise", erklärte Sonnleitner. Der Preisanstieg sei vielmehr auf die anziehende Nachfrage durch die Erholung der Weltwirtschaft zurückzuführen.
„Wenn wir die Kernkraftwerke abschalten, dann brauchen wir auch die Biomasse", bekräftigte der DBV-Präsident. Ohne Bioenergie und E10 sei eine CO_2-Reduzierung nicht möglich, zudem dienten sie als Risikovorsorge. „Wir müssen die Bioenergieproduktion unbedingt erhalten", sagte Sonnleitner. „Die Nahrungsmittelproduktion wird natürlich unsere Hauptaufgabe bleiben." Nach Angaben des Bundeslandwirtschaftsministeriums werden nur auf 240.000 Hektar der insgesamt zwölf Millionen Hektar Ackerfläche in Deutschland Getreide und Zuckerrüben für Bioethanol angebaut, das dann für E10 verwendet wird.

Jahel Mielke, www.tagesspiegel.de, 13.4.2011

F „Politik kann als (endlose) Kette von Versuchen zur Bewältigung gesellschaftlicher Probleme verstanden werden." Erläutern Sie, ob durch die Einführung von E10 ein neuer Politikzyklus initiiert wurde.

Aufgaben

1. Stellen Sie dar, welche Interessen die beteiligten Akteure verfolgen und wie sie die Einführung von E10 bewerten (M 7–M 9).
2. Welche Position leuchtet Ihnen ein? Nehmen Sie persönlich Stellung.
3. Beurteilen Sie, ob man die Einführung des E10-Kraftstoffs als Erfolg bezeichnen kann.

ORIENTIERUNGSWISSEN

Gang der Gesetzgebung
M 6

Bei der **Gesetzgebung** wirken Bundesregierung, Bundestag und Bundesrat zusammen. Das Gesetzgebungsverfahren ist komplex, es bietet aber gesellschaftlichen und politischen Akteuren viel Raum, Einfluss zu nehmen. So erreichen die Entscheidungen ein hohes Maß an Legitimität.
Am Beginn des Verfahrens steht das Initiativrecht, d.h. das Recht, einen Gesetzentwurf einzubringen. Bundesregierung, Bundesrat und Bundestag (mindestens 5 % der Abgeordneten) besitzen das **Initiativrecht**. In der politischen Praxis kommen mehr als die Hälfte der Initiativen aus den Reihen der Bundesregierung. Die Entwürfe der Bundesregierung werden in den Fachministerien ausgearbeitet. Dort können bereits private Interessen – z.B. Interessenverbände – Einfluss nehmen und mit ihrem Fachwissen die Ausarbeitung des Gesetzes unterstützen.
In der **ersten Lesung** debattiert der Bundestag die Grundzüge des Gesetzentwurfes. Anschließend wird der Entwurf an die **Ausschüsse** verwiesen, in denen eine eingehende Prüfung und Beratung stattfindet. In diesem komplizierten Prozess werden auch Experten und Vertreter von Interessenverbänden gehört. Die Ausschüsse tagen in der Regel nicht öffentlich, damit sachbezogener gearbeitet werden kann.
Anschließend berät das Plenum in **zweiter Lesung** die Änderungen und Ergänzungen, die in den Ausschüssen vorgenommen wurden. In der **dritten Lesung** findet nach der abschließenden Debatte die Schlussabstimmung statt. Bei einfachen Gesetzen reicht die einfache Mehrheit der anwesenden Parlamentarier aus, bei verfassungsändernden Gesetzen sind die Stimmen von zwei Dritteln der Mitglieder des Bundestages notwendig.

Zustimmungspflichtige und einfache Gesetze

Man unterscheidet im Gesetzgebungsverfahren zwischen **einfachen Gesetzen** und **zustimmungspflichtigen Gesetzen**.
Zustimmungspflichtige Gesetze sind Gesetze, die: die Verwaltung der Länder betreffen, die Ausgaben für die Länder festlegen, die Steuern zum Inhalt haben, die ganz oder zum Teil Ländern oder Gemeinden zufließen, durch die das Grundgesetz geändert wird. Nicht zustimmungspflichtig sind z.B. Gesetze über auswärtige Angelegenheiten und Verteidigung.

Mitwirkung des Bundesrates

Hat der **Bundesrat** Änderungswünsche, so kann er bei einfachen Gesetzen Einspruch erheben. Der Bundestag kann diesen Einspruch mit einfacher Mehrheit überstimmen und das Gesetz kann in Kraft treten.
Bei zustimmungspflichtigen Gesetzen sind die Mitwirkungsmöglichkeiten des Bundesrats wesentlich umfangreicher – hier besitzt er eine echte Vetomacht. Lehnt er einen Gesetzesentwurf ab, beginnt das Vermittlungsverfahren, in dem Bundestag und Bundesrat einen Kompromiss finden müssen. Dazu wird der Vermittlungsausschuss angerufen. Der Vermittlungsausschuss besteht aus je 16 Vertretern aus Bundesrat und Bundestag. Findet der Vermittlungsausschuss einen Kompromiss, kann das Gesetz, nachdem Bundestag und Bundesrat zugestimmt haben, in Kraft treten. Kann keine Einigung erzielt werden, ist das Gesetz gescheitert.

8.2 Bundesrat und Bundespräsident

8.2.1 Der Bundesrat: Blockierer oder notwendiger Vertreter von Länderinteressen?

M 1 Endstation Bundesrat?

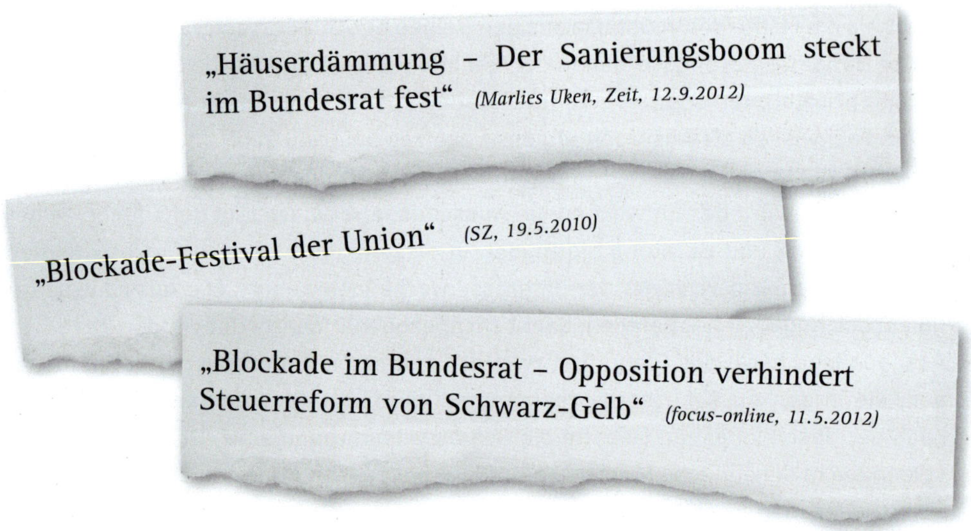
„Häuserdämmung – Der Sanierungsboom steckt im Bundesrat fest“ *(Marlies Uken, Zeit, 12.9.2012)*

„Blockade-Festival der Union“ *(SZ, 19.5.2010)*

„Blockade im Bundesrat – Opposition verhindert Steuerreform von Schwarz-Gelb“ *(focus-online, 11.5.2012)*

M 2 Die verfassungsrechtliche Stellung des Bundesrates

Der Bundesrat entscheidet als Repräsentant des föderativen Prinzips bei der Gesetzgebung des Bundes und bei anderen Fragen mit. [...] Er, der als Bundesorgan nach Art. 50 und Art. 80 GG bei Gesetzgebung, Verordnungstätigkeit und Verwaltung des Bundes mitwirkt, [...] stellt eine wichtige bundesstaatliche Einschränkung des parlamentarischen Regierungssystems dar. [...]
Der Bundesrat besteht aus Mitgliedern der Regierungen der Länder, die sie bestellen und abberufen. Diese Regierungsvertreter unterliegen Kabinettsweisungen (imperatives Mandat) und haben für ein Bundesland einheitlich abzustimmen. [...] Unstrittig stellt das Grundgesetz dem Bundesrat zumindest zwei Aufgaben:

- administrative Gesichtspunkte in den Entscheidungsprozess des Bundes einzubringen
- den Föderalismus gegen eine Aushöhlung durch den Bundesgesetzgeber abzuschirmen.

Dem entspricht, dass nur mit ausdrücklicher Zustimmung des Bundesrates solche Gesetze [...] verabschiedet werden können (zustimmungsbedürftige Gesetze), welche die Verfassung verändern und das Bund-Länder-Verhältnis berühren. [...] Auch bei den restlichen, den Einspruchsgesetzen, ist die Stellung des Bundesrates nicht schwach. Denn es fällt einer Regierungsmehrheit häufig schwer, die Mehrheit der Mitglieder des Bundestages zu mobilisieren, die erforderlich ist, um den Einspruch zurückzuweisen. Noch schwieriger wird es, die hohe Hürde der Zwei-Drittel-Mehrheit seiner Mitglieder zu überspringen. Nicht jeder Einspruch des Bundesrates wird daher zurückgewiesen.

Wolfgang Rudzio, Das politische System der BRD, 8. Auflage, Wiesbaden 2011, S 283 ff.

M 3 ● Neuordnung des Föderalismus?

Das Verhältnis zwischen Bund und Ländern hat sich während des Bestehens der Bundesrepublik Deutschland dahingehend geändert, dass einerseits die Kompetenzen des Bundes ständig zugenommen haben, auf der anderen Seite aber die Länder über den Bundesrat immer stärker an der Gesetzgebung beteiligt waren. In ihrer Konsequenz führte diese Entwicklung dazu, dass der Gesetzgebungsprozess sich als zunehmend schwerfällig erwies [...]. Im Jahr 2003 wurde daher eine gemeinsame „Kommission von Bundestag und Bundesrat zur Modernisierung der bundesstaatlichen Ordnung" eingesetzt und mit dem Auftrag zur umfassenden Neuordnung des deutschen Föderalismus versehen. [...] Die Reform trat am 1. September 2006 in Kraft.

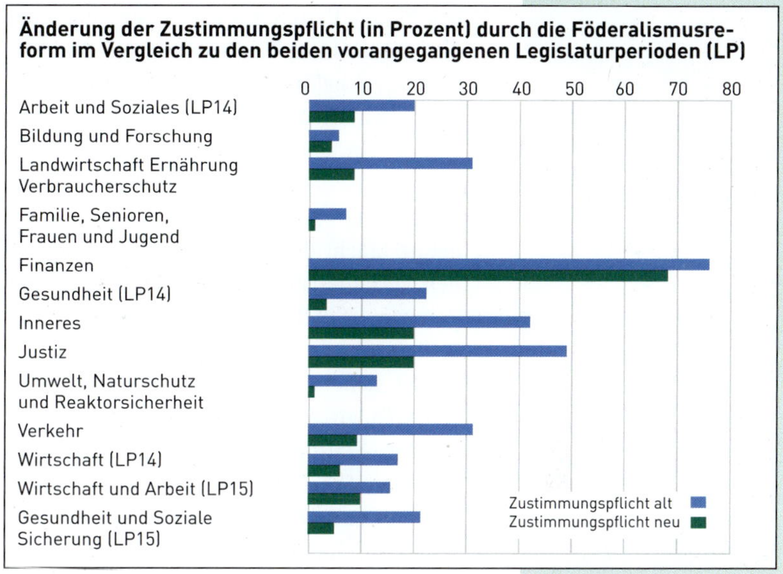

Simone Burkhart, Philip Manow 2006, in: Irene Gerlach, Bundesrepublik Deutschland, 3. Auflage, Wiesbaden 2010, S. 147 ff.

M 4 ● „Bundesrat abschaffen!"

Deutschland könnte schon in der kommenden Legislaturperiode unregierbar werden. Angesichts eines Fünfparteiensystems und einer noch nie dagewesenen föderalen Vielfalt droht eine parteipolitisch motivierte Dauerblockade im Bundesrat.

Schon nach der Bundestagswahl 2009 wird voraussichtlich keine denkbare Bundesregierung auf eine Bundesratsmehrheit zurückgreifen können. Nicht Schwarz-Gelb, nicht Jamaika, nicht Rot-Rot-Grün und auch nicht eine Große Koalition. Es droht ein völliger politischer Stillstand. [...]

Tatsächlich jedoch hat Wolfgang Schäuble seinen Vorschlag [Enthaltungen im Bundesrat nicht mehr zu zählen] nicht konsequent zu Ende gedacht. Denn statt nur das Abstimmungsverfahren im Bundesrat zu ändern, sollte man den Bundesrat in seiner jetzigen Form ganz abschaffen. Er ist ein politischer Anachronismus. [...]

Schon jetzt sind im Bundesrat sechs verschiedene Regierungskonstellationen vertreten, und wenn es in den Bundesländern

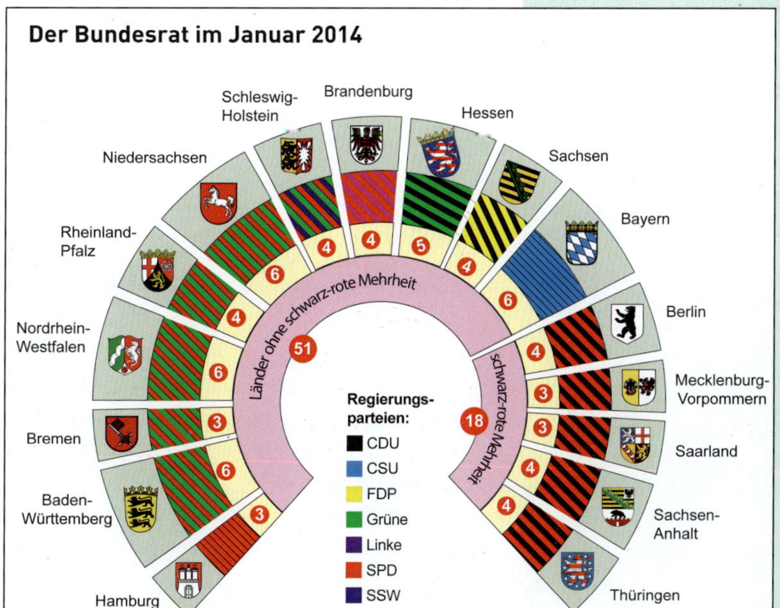

demnächst auch Dreierbündnisse gibt, könnten es noch mehr werden. Jeder der beteiligten Parteien wird versuchen, über die Länderebene Einfluss auf die Bundespolitik zu nehmen, der ihr im Bundestag fehlt. Deutschland würde unregierbar und stünde vor einer veritablen Verfassungskrise.

Die Lösung kann jedoch nicht sein, die föderale Macht der kleinen Parteien über einen verfahrenstechnischen Umweg zu begrenzen. Schließlich würden sich die beiden großen Volksparteien so nur mehr Macht sichern, als ihnen angesichts ihrer bröckelnden Verankerung bei den Wählern zusteht. Stattdessen wäre es an der Zeit, dem gewachsenen Einfluss der Länderkammer und der veränderten Parteienlandschaft durch eine echte Bundesrats-Reform Rechnung zu tragen. Die Mitglieder sollten nicht mehr von den Landesregierungen gestellt werden, sondern sie sollten sich alle vier Jahre an einem Termin in allen Ländern gleichzeitig zur Wahl stellen. Endlich erhielte der Bundesrat so eine unmittelbare demokratische Legitimation, der seinem gewachsenen demokratischen Einfluss entspräche. Deutschland bekäme ein echtes Zweikammern-Parlament.

Zudem könnte so dem Missstand begegnet werden, dass jede Landtagswahl mittlerweile eine kleine Bundestagswahl ist, und die Landespolitik, für die die Ministerpräsidenten eigentlich gewählt werden, in den Hintergrund treten lässt. Deutschland braucht eine Demokratiereform. Es wird Zeit, den Föderalismus wieder vom Kopf auf die Füße zu stellen.

Christoph Seils, Zeit online, 24.11.2008

Heiko Sakurai (25.9.2010)

Aufgaben

1. Stellen Sie dar, über welche Rechte der Bundesrat bei der Gesetzgebung des Bundes verfügt (M 2).
2. Erläutern Sie mögliche Auswirkungen des Fünf-Parteien-Systems auf das Abstimmungsverhalten der Länder im Bundesrat und auf das Gesetzgebungsverfahren des Bundes (M 4).
3. Überprüfen Sie die These „Der Bundesrat ist ein Blockadeinstrument" mit Hilfe von M 3.

8.2.2 Der Bundespräsident – nur die Macht der Rede?

M 5 ● Die Macht der Worte

Richard von Weizsäcker:
„Der 8. Mai war ein Tag der Befreiung. Er hat uns alle befreit von dem Menschen verachtenden System der nationalsozialistischen Gewaltherrschaft." (1985)

Roman Herzog:
„Die Welt ist im Aufbruch. Sie wartet nicht auf Deutschland. Aber ich füge hinzu, es ist auch noch nicht zu spät. Durch Deutschland muss ein Ruck gehen! Wir müssen jetzt an die Arbeit gehen!" (1997)

Horst Köhler:
„Die Politik muss ihr Primat über die Finanzmärkte zurückgewinnen. Sie hat den Interessen der Finanzmarktakteure zu viel Raum ohne Regeln überlassen." (2010)

Christian Wulff:
„Das Christentum gehört zweifelsfrei zu Deutschland. Das Judentum gehört zweifelsfrei zu Deutschland. Das ist unsere christlich-jüdische Geschichte. Aber, meine sehr verehrten Damen und Herren, der Islam gehört inzwischen auch zu Deutschland." (2010)

M 6 ● Die verfassungsrechtliche Stellung des Bundespräsidenten

Trotz seiner geringeren Machtfülle verfügt der Bundespräsident über vielfältige Wirkungsmöglichkeiten, die sich aus seinen grundsätzlichen Aufgaben wie aus seiner persönlichen Autorität herleiten. Der Bundespräsident vertritt den Bund völkerrechtlich und schließt im Namen des Bundes Verträge mit anderen Staaten ab.

Nach einem entsprechenden Beschluss des Bundestages ruft er den Verteidigungsfall aus. Im Gesetzgebungsverfahren fällt ihm die Aufgabe zu, die Bundesgesetze auszufertigen und zu verkünden. Dabei hat er das Recht, sie auf ihre Übereinstimmung mit dem Grundgesetz zu überprüfen. Im Falle des Gesetzgebungsnotstands (Art. 81 GG) kann er zur Lösung des zwischen Regierung und Bundestag entstandenen Konflikts beitragen. Weitgehend eingeschränkt ist aber das Recht des Bundespräsidenten zur Auflösung des Bundestags (Art. 63, 68 GG).

Auf Vorschlag des Bundespräsidenten wählt der Bundestag den Bundeskanzler. Nach der Wahl nimmt der Bundespräsident die Ernennung des Kanzlers vor und ernennt auf dessen Vorschlag auch die Bundesminister. Nicht zu unterschätzen ist die Rolle, die der Bundespräsident als oberster Repräsentant des Staates spielt. Durch Gespräche und Gesten, Empfänge und Ehrungen, Reisen und Reden trägt er maßgeblich zu dem Bild bei, das man sich im In- und Ausland von der Bundesrepublik macht.

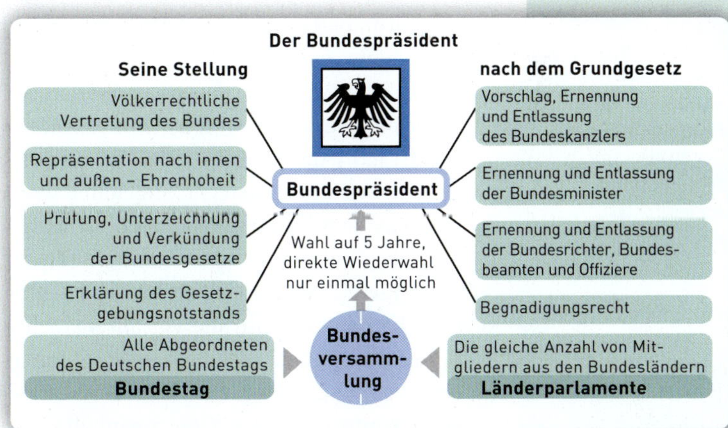

Bergmoser + Höller Verlag AG, Zahlenbilder 67100

M 7 Das Gespür für den „Aha-Effekt"

Interview mit dem Rhetorikprofessor Joachim Knape

Der Bundespräsident hat die Macht des Wortes. Aber wie genau wird das Wort denn mächtig?

Der Bundespräsident muss natürlich hinter der Rede stehen [...]. Es muss ein sehr gutes Urteil der derzeitigen Lage dahinterstehen, da muss eine analytische Kompetenz drinstecken, da muss der Präsident ein Gespür haben für das, was nötig ist [...]. Er muss den Mut haben zur Kritik, und das kann nur von ihm ausgehen, denn er muss ja dann auch standhalten, wenn da ein Gegenwind kommt [...]. Allerdings, wenn das zu nahe an die herrschende Politik kommt, dann gibt es da Probleme.

Ich glaube nicht, dass von Roman Herzog als Bundespräsident ein Satz so prägnant in Erinnerung ist wie der mit dem Ruck, mit dem süddeutsch gerollten R. Damit hat er schon gewirkt, oder?

Damit hat er gewirkt. [...] In diesem Moment war es so, dass auch hier wieder ein Gespür an der richtigen Stelle war, nämlich damals herrschte so eine politische Depression, es war die Schlusszeit der Kohl-Ära, es war nicht irgendwie eine Aufbruchsstimmung. Und das hat er aufgegriffen und hat dann mit diesem etwas burschikosen Ruck-Wort wirklich da eine Befindlichkeit getroffen, die dann alle hat aufhorchen lassen.

Interview: Ulrike Timm, Deutschlandradio Kultur, 21.2.2012

M 8 Die Macht der Unterschrift

Ein deutscher Bundespräsident hat nur geringe Kompetenzen: Er regiert nicht, er befiehlt nicht, er repräsentiert nur. [...]

Ohne die Unterschrift des Staatsoberhaupts läuft im deutschen Gesetzgebungsprozess nichts. [...] [Aus Artikel 82 GG] ist ein präsidentielles Prüfungsrecht abgeleitet worden, das dem Bundespräsidenten die Möglichkeit gibt, eine Gesetzesausfertigung zu verweigern. Allerdings „nur aus Rechtsgründen, die sich auf die verfahrensrechtliche Korrektheit des vorangegangenen Gesetzgebungsverfahrens, oder die Verfassungskonformität des Gesetzesinhalts beziehen", so der Politikwissenschaftler Wolfgang Rudzio. Heißt: Aus formalen Gründen oder jenen der Verfassungsmäßigkeit darf sich der Bundespräsident weigern, nicht aber aus politischen. [...]

Horst Köhler (CDU, 2004–2010) [unterschrieb beispielsweise] das Luftsicherheitsgesetz, legte dann aber eine verfassungsrechtliche Prüfung nahe. Das Verfassungsgericht bestätigte schließlich die Bedenken und verwarf die vorgesehene Möglichkeit, entführte Passagierflugzeuge im Extremfall abschießen zu können.

sef/dpa, www.spiegel.de, 8.12.2006

Artikel 82 (1) GG

Die nach den Vorschriften dieses Grundgesetzes zustande gekommenen Gesetze werden vom Bundespräsidenten nach Gegenzeichnung ausgefertigt und im Bundesgesetzblatt verkündet.

Aufgaben

1. Erläutern Sie, inwieweit durch die Aussagen Ihrer Meinung nach gesellschaftlich bedeutende Themen angesprochen wurden (M 5).
2. Der Bundespräsident – nur Repräsentant?" Erläutern Sie Möglichkeiten, wie der Bundespräsident auf die Politik Einfluss nehmen kann (M 6–M 8).
3. Stellen Sie dar, wie der Bundespräsident über die „Macht der Rede" die Politik in Deutschland beeinflussen kann (M 7).

H zu Aufgabe 3
Betrachten Sie dazu den Politikzyklus.

F Erläutern Sie, welches Thema Sie ansprechen würden, wenn Sie Bundespräsident wären.

Beteiligung der Länder an der Gesetzgebung des Bundes: der Bundesrat
M 2

Der **Bundesrat** ist die Interessenvertretung der Länder auf der Bundesebene. Über den Bundesrat nehmen die Länder Einfluss auf die Bundespolitik. Er ist dadurch ein Element der **vertikalen Gewaltenteilung** in einem föderalen Staat.
Je nach Bevölkerungszahl hat jedes Bundesland zwischen drei Stimmen (z. B. Mecklenburg-Vorpommern) und sechs Stimmen (z. B. Baden-Württemberg). Jedes Land kann seine Stimmen nur einheitlich abgeben. Wichtig ist, dass die Landesregierungen und nicht die Landesparlamente die Vertreter in den Bundesrat entsenden.
Besonders die Möglichkeit, **zustimmungspflichtige Gesetze** abzulehnen, verleiht dem Bundesrat eine herausragende Stellung bei der Gesetzgebung des Bundes. Im komplizierten Vermittlungsverfahren hat der Bundesrat erheblichen Einfluss auf die Ausgestaltung von Bundesgesetzen.

Kritik
M 4

Oft wird dem Bundesrat auch der Vorwurf gemacht, er nutze seine politische Macht nicht um Interessen der Länder durchzusetzen, sondern um parteipolitische Opposition gegen die Bundesregierung zu machen. Dadurch werde der Bundesrat zu einem Blockade-Instrument der Opposition.

Aufgaben des Bundespräsidenten
M 6, M 8

Der **Bundespräsident** wird von der Mehrheit der Mitglieder der Bundesversammlung auf fünf Jahre gewählt. Eine einmalige Wiederwahl ist möglich.
Der Bundespräsident hat eine Reihe von **Aufgaben** zu erfüllen:
- Er vertritt den Bund völkerrechtlich und schließt im Namen des Bundes Verträge mit anderen Staaten ab.
- Ihm unterliegt die Prüfung, Unterzeichnung und Verkündung von Gesetzen.
- Vorschlag, Ernennung und Entlassung des Bundeskanzlers
- Ernennung und Entlassung der Bundesminister
- Begnadigungsrecht

Bei diesen Aufgaben handelt es sich im Wesentlichen um **formale Kompetenzen**, bei denen der Bundespräsident keinen Entscheidungsspielraum hat. Nur wenn er offenkundige Zweifel an der Verfassungskonformität des Gesetzgebungsverfahrens oder am Inhalt eines Gesetzes hat, kann er seine Unterschrift verweigern und eine Überprüfung anregen.
Echte Kompetenzen besitzt der Bundespräsident vor allem in **politischen Krisenzeiten**, wenn im Deutschen Bundestag unklare Mehrheitsverhältnisse herrschen: Wird der Kanzler nur mit relativer Mehrheit gewählt, so kann der Bundespräsident den Kanzler ernennen oder den Bundestag auflösen. Wenn eine Vertrauensfrage des Bundeskanzlers scheitert und der Bundeskanzler die Auflösung des Parlaments vorschlägt, so kann der Bundespräsident dies auch ablehnen.

Der Bundespräsident – ein politisches Amt?

Der Bundespräsident hat jedoch durchaus **Einfluss** auf die Politik. So kann der Bundespräsident in **öffentlichen Ansprachen** politische Themen bestimmen und so die Politik der Bundesregierung indirekt beeinflussen. Die Rede wird als das mächtigste Instrument des Bundespräsidenten bezeichnet.

8.3 Die Macht des Grundgesetzes – das Bundesverfassungsgericht

8.3.1 Grundrechte im Konflikt

Hintergrund: 11.9.2001:

Terroristen entführen Flugzeuge und rasen in die Türme des World Trade Center in New York, die daraufhin einstürzen. Ein weiteres Flugzeug wird in das Pentagon (Washington) gesteuert. Ein viertes stürzt auf ein Feld in Pennsylvania. Knapp 3.000 Menschen finden dabei den Tod.

M 1 ● Neue Gefahrenlage? Flugzeuge als Waffen

Der geistig verwirrte Franz Stephan S. drohte (2003) mit einem Motorsegler in ein Frankfurter Bankenhochhaus zu fliegen. Der Staat reagierte prompt mit der Entsendung von Abfangjägern, doch hätte die Gesetzesgrundlage für einen Abschuss des Flugzeuges gefehlt. Der Motorsegler drehte ab.

M 2 ● Der Gesetzgeber reagiert – das Luftsicherheitsgesetz

Am 15.1.2005 trat das vom Bundestag verabschiedete Luftsicherheitsgesetz in Kraft. Es soll der Bundesregierung die Möglichkeit geben, darauf zu reagieren, wenn Flugzeuge durch Terroristen entführt und als Waffen eingesetzt werden.

§ 1 Zweck
Dieses Gesetz dient dem Schutz vor Angriffen auf die Sicherheit des Luftverkehrs, insbesondere vor Flugzeugentführungen, Sabotageakten und terroristischen Anschlägen.

§ 14 Einsatzmaßnahmen, Anordnungsbefugnis
(1) Zur Verhinderung des Eintritts eines besonders schweren Unglücksfalles dürfen die Streitkräfte im Luftraum Luftfahrzeuge abdrängen, zur Landung zwingen, den Einsatz von Waffengewalt androhen oder Warnschüsse abgeben.
(2) Von mehreren möglichen Maßnahmen ist diejenige auszuwählen, die den Einzelnen und die Allgemeinheit voraussichtlich am wenigsten beeinträchtigt. Die Maßnahme darf nur so lange und so weit durchgeführt werden, wie ihr Zweck es erfordert. Sie darf nicht zu einem Nachteil führen, der zu dem erstrebten Erfolg erkennbar außer Verhältnis steht.
(3) Die unmittelbare Einwirkung mit Waffengewalt ist nur zulässig, wenn nach den Umständen davon auszugehen ist, dass das Luftfahrzeug gegen das Leben von Menschen eingesetzt werden soll, und sie das einzige Mittel zur Abwehr dieser gegenwärtigen Gefahr ist.
(4) Die Maßnahme nach Absatz 3 kann nur der Bundesminister der Verteidigung oder

im Vertretungsfall das zu seiner Vertretung berechtigte Mitglied der Bundesregierung anordnen. Im Übrigen kann der Bundesminister der Verteidigung den Inspekteur der Luftwaffe generell ermächtigen, Maßnahmen nach Absatz 1 anzuordnen.

Auszüge aus dem Luftsicherheitsgesetz (LuftSiG)

M 3 ● Soll man entführte Flugzeuge im Notfall abschießen dürfen?

Eine Pilotin

Sie verbringt den größten Teil ihres Arbeitstages in der Luft. Ist ein Flugzeug von der Flugsicherung nicht zu erreichen, dann wird Alarm ausgelöst. Dieser kann auch durch einen technischen Defekt ausgelöst werden. Aber selbst im Falle einer Entführung ist nicht klar, ob die Maschine als fliegende Bombe eingesetzt werden soll oder ob z. B. Gefangene freigepresst werden sollen. Die Menschen, die entscheiden müssen, ob das Flugzeug abgeschossen werden soll, müssen diese Entscheidung treffen, ohne über die entsprechenden Informationen zu verfügen.

Anwohner eines Atomkraftwerks

Menschen, die in der Nähe von Atomkraftwerken leben, müssen immer mit der theoretischen Gefahr eines Unfalls leben. Untersuchungen haben ergeben, dass der Absturz eines Flugzeugs zu einem GAU („größter anzunehmender Unfall") führen könnte. Der dabei entstehende Schaden ist kaum zu ermessen, da die ausströmende Radioaktivität für Menschen sehr gefährlich ist und ganze Landstriche unbewohnbar machen kann. Greift man nicht ein, wenn ein Flugzeug entführt ist, dann lässt man den Dingen einfach freien Lauf – mit nicht absehbaren Folgen.

Befürworter des Gesetzes

Menschen müssen vor terroristischen Anschlägen geschützt werden. Wenn Flugzeuge als „fliegende Waffen" eingesetzt werden, müssen die Menschen am Boden davor geschützt werden. Das Luftsicherheitsgesetz wirkt abschreckend auf Terroristen und hat zum Ziel, die Zahl der Opfer gering zu halten. Ein Ziel des Luftsicherheitsgesetzes ist es, die Zahl der Opfer so gering wie nur möglich zu halten. Man muss mit der Entscheidung, ein Flugzeug abzuschießen, den größten Nutzen erreichen und den größten Schaden vermeiden.

Kläger vor dem Verfassungsgericht

Er hat Verfassungsbeschwerde eingereicht, weil er der Meinung ist, dass der Staat nicht das Leben unschuldiger Menschen in Flugzeugen gefährden oder diese gar töten darf, um das Leben von Menschen am Boden zu schützen. Er hält es für bedenklich, wenn unter großem Zeitdruck über das Leben von unschuldigen Passagieren entschieden werden soll. Der Staat dürfe sich durch seine Entscheidungen nicht auf eine Ebene mit den Terroristen stellen und selbst an der Tötung von Menschen mitwirken. Das Grundgesetz verpflichte den Staat, seine Bürger zu schützen.

Aufgaben

1. Stellen Sie dar, welche neuen Bedrohungen durch die Anschläge vom 11.September entstanden sind (M 1).
2. Benennen Sie die Bedingungen und die Ziele des Luftsicherheitsgesetzes (M 2).
3. a) Teilen Sie den Kurs in Arbeitsgruppen auf. Bearbeiten Sie die Rollen und bereiten Sie einen Gruppenteilnehmer auf ein Streitgespräch vor.
   b) Werten Sie die Diskussion aus: Zuerst bekommen die Spieler die Möglichkeit, ihre Rolle zu bewerten und ihre Eindrücke zu schildern. Welche Argumente haben die Beobachter überzeugt? Sind die Gesprächspartner aufeinander eingegangen?
   c) Halten Sie die wichtigsten Argumente – z. B. in Form eines Ergebnisprotokolls – fest.
4. Erläutern Sie, welche Grundrechte nach dem Grundgesetz durch das Luftsicherheitsgesetz beeinträchtigt sein könnten (GG, Art. 1–19).

H zu Aufgabe 3
Versuchen Sie die Standpunkte möglichst präzise wiederzugeben. Arbeiten Sie gründlich Argumente der eigenen Position und Gegenargumente zum Entkräften heraus.
Rollen: Moderatoren, Rollenspieler, beobachtendes Publikum, 20 min Diskussion.

8.3.2 Das Bundesverfassungsgericht urteilt

M 4 Auszüge aus dem Urteil über das Luftsicherheitsgesetz

Aufgrund einer Verfassungsbeschwerde u. a. der FDP-Politiker Gerhart Baum und Burkhard Hirsch hat sich das Bundesverfassungsgericht mit dem Luftsicherheitsgesetz befasst und am 15.2.2006 folgendes Urteil gesprochen.

§ 14 Abs. 3 Luftsicherheitsgesetz (LuftSiG), der die Streitkräfte ermächtigt, Luftfahrzeuge, die als Tatwaffe gegen das Leben von Menschen eingesetzt werden sollen, abzuschießen, ist mit dem Grundgesetz unvereinbar und nichtig. Dies entschied der Erste Senat des Bundesverfassungsgerichts mit Urteil vom 15. Februar 2006.

[...]

§ 14 Abs. 3 LuftSiG ist auch mit dem Recht auf Leben (Art. 2 Abs. 2 Satz 1 GG) in Verbindung mit der Menschenwürdegarantie (Art. 1 Abs. 1 GG) nicht vereinbar, soweit von dem Einsatz der Waffengewalt tatunbeteiligte Menschen an Bord des Luftfahrzeugs betroffen werden. Die einem solchen Einsatz ausgesetzten Passagiere und Besatzungsmitglieder befinden sich in einer für sie ausweglosen Lage. Sie können ihre Lebensumstände nicht mehr unabhängig von anderen selbstbestimmt beeinflussen. Dies macht sie zum Objekt nicht nur der Täter. Auch der Staat, der in einer solchen Situation zur Abwehrmaßnahme des § 14 Abs. 3 LuftSiG greift, behandelt sie als bloße Objekte seiner Rettungsaktion zum Schutze anderer. Eine solche Behandlung missachtet die Betroffenen als Subjekte mit Würde und unveräußerlichen Rechten. Sie werden dadurch, dass ihre Tötung als Mittel zur Rettung anderer benutzt wird, verdinglicht und zugleich entrechtlicht; indem über ihr Leben von Staats wegen einseitig verfügt wird, wird den als Opfern selbst schutzbedürftigen Flugzeuginsassen der Wert abgesprochen, der dem Menschen um seiner selbst willen zukommt. Dies geschieht zudem unter Umständen, die nicht erwarten lassen, dass in dem Augenblick, in dem über die Durchführung einer Einsatzmaßnahme nach § 14 Abs. 3 LuftSiG zu entscheiden ist, die tatsächliche Lage immer voll überblickt und richtig eingeschätzt werden kann. Unter der Geltung des Art. 1 Abs. 1 GG (Menschenwürdegarantie) ist es schlechterdings unvorstellbar, auf der Grundlage einer gesetzlichen Ermächtigung unschuldige Menschen, die sich in einer derart hilflosen Lage befinden, vorsätzlich zu töten. Die Annahme, dass derjenige, der als Besatzungsmitglied oder Passagier ein Luftfahrzeug besteigt, mutmaßlich in dessen Abschuss und damit in die eigene Tötung einwilligt, falls dieses in einen Luftzwischenfall verwickelt wird, ist eine lebensfremde Fiktion. Auch die Einschätzung, dass die Betroffenen ohnehin dem Tod geweiht seien, vermag der Tötung unschuldiger Menschen in der geschilderten Situation nicht den Charakter eines Verstoßes gegen den Würdeanspruch dieser Menschen zu nehmen. Menschliches Leben und menschliche Würde genießen ohne Rücksicht auf die Dauer der physischen Existenz des einzelnen Menschen gleichen verfassungsrechtlichen Schutz. Die teilweise vertretene Auffassung, dass die an Bord festgehaltenen Personen Teil einer Waffe geworden seien und sich als solcher behandeln lassen müssten, bringt geradezu unverhohlen zum Ausdruck, dass die Opfer eines solchen Vorgangs nicht mehr als Menschen wahrgenommen werden.

Pressemitteilung Nr. 11/2006 vom 15. Februar 2006/ Zum Urteil vom 15. Februar 2006 – 1 BvR 357/05

Artikel 1 GG

(1) Die Würde des Menschen ist unantastbar. Sie zu achten und zu schützen ist Verpflichtung aller staatlichen Gewalt.
(2) Das deutsche Volk bekennt sich darum zu unverletzlichen und unveräußerlichen Menschenrechten als Grundlage jeder menschlichen Gemeinschaft, des Friedens und der Gerechtigkeit in der Welt.
(3) Die nachfolgenden Grundrechte binden Gesetzgebung, vollziehende Gewalt und Rechtsprechung als unmittelbar geltendes Recht.

Artikel 2 GG

(2) Jeder hat das Recht auf Leben und körperliche Unversehrtheit. Die Freiheit der Person ist unverletzlich. In diese Rechte darf nur auf Grund eines Gesetzes eingegriffen werden.

M 5 ● Die Stellung des Bundesverfassungsgerichts

Das Grundgesetz ist die oberste Richtschnur allen staatlichen Handelns. Eine eigene Institution, das Bundesverfassungsgericht, wacht darüber, dass Parlament, Regierung und Rechtsprechung die Verfassung einhalten. Als Hüter der Verfassung kann es jeden Akt der gesetzgebenden Gewalt, der Regierung und Verwaltung und jede Entscheidung der Gerichte auf ihre Verfassungsmäßigkeit prüfen. Dabei schützt es besonders die Grundrechte der Bürger. Außer dem Schutz der Verfassung hat das Bundesverfassungsgericht die Aufgabe, das Grundgesetz rechtsverbindlich zu interpretieren. Eine Verfassung enthält nur grundsätzliche und allgemein formulierte Regeln. Sie muss ständig neu ausgelegt und dem gesellschaftlichen Wandel entsprechend fortentwickelt werden. Das Grundgesetz gilt so, wie das Bundesverfassungsgericht es auslegt. Es gibt kaum einen Artikel, zu dem keine interpretierende Entscheidung des Gerichts vorläge.

„Das Bundesverfassungsgericht ist ein allen übrigen Verfassungsorganen gegenüber selbstständiger und unabhängiger Gerichtshof des Bundes." So lautet Paragraph 1 Abs. 1 des „Gesetzes über das Bundesverfassungsgericht". Das bedeutet, dass das Bundesverfassungsgericht einerseits ein Gericht und andererseits ein Verfassungsorgan ist.

Als Gericht ist es ein Teil der rechtsprechenden Gewalt. Allen anderen Gerichten gegenüber hat es eine einzigartige Stellung. Es ist das höchste Gericht des Bundes, die letzte Instanz für die Kontrolle der Verfassungsmäßigkeit des politischen Lebens. Es kann die Entscheidungen aller anderen Gerichte aufheben, wenn sie der Prüfung auf die Verfassungsmäßigkeit nicht standhalten. Seine Entscheidungen sind für alle verbindlich. Soweit sie die Rechtswirksamkeit von Bundes- und Landesgesetzen betreffen, haben sie sogar Gesetzeskraft und werden im Bundesgesetzblatt verkündet.

Die herausragende Bedeutung des Bundesverfassungsgerichts kommt darin zum Ausdruck, dass es ein Verfassungsorgan ist, gleichen Ranges mit den anderen Verfassungsorganen, dem Bundestag, dem Bundesrat, der Bundesregierung und dem Bundespräsidenten.

Horst Pötzsch, Die deutsche Demokratie, 5. Auflage, Bonn 2009, S. 144 f.

Richter des 2. Senats bei der Urteilsverkündung, hier zur Rechtmäßigkeit vom europäischen Rettungsschirm und Fiskalpakt, Karlsruhe, 12. 9.2012.

Aufgaben

1. Das Bundesverfassungsgericht (BVerfG) hat das Luftsicherheitsgesetz als verfassungswidrig erklärt. Stellen Sie die Argumentation des Gerichts dar (M 4).
2. „Menschen würden dadurch, dass der Staat ihre Tötung als Mittel zur Rettung anderer benutzt, als bloße Objekte behandelt." Erläutern Sie, wie das Bundesverfassungsgericht diese Aussage begründet (M 4).
3. Diskutieren Sie das Urteil des Bundesverfassungsgerichts zum Luftsicherheitsgesetz.

F Stellen Sie die Auseinandersetzung um das Luftsicherheitsgesetz in einem Politikzyklus dar.

F Der damalige Innenminister Wolfgang Schäuble hat das Luftsicherheitsgesetz auch mit der politischen Theorie von Thomas Hobbes begründet. Recherchieren Sie und nehmen Sie zu seiner Argumentation Stellung.

8.3.3 Hat das Bundesverfassungsgericht zu viel Macht?

M 6 ● Auszüge aus Urteilen des Bundesverfassungsgerichts

> Das Bundesverfassungsgericht hat das reformierte Bundeswahlgesetz in zentralen Punkten für verfassungswidrig erklärt. [...] Die wichtigste Veränderung betrifft die umstrittenen Überhangmandate, die zuletzt in erheblicher Zahl anfielen. Bei der Bundestagswahl 2009 gab es 24 Überhangmandate – alle gingen an die Union. Das Verfassungsgericht setzte nun eine „zulässige Höchstgrenze" von 15 Überhangmandaten fest.
>
> *www.sz.de, 26.7.2012*

> BVerfG billigt den europäischen Rettungsschirm ESM. Allerdings hat das Gericht die Bundesregierung völkerrechtlich an bestimmte Grundsätze gebunden, die es einzuhalten gilt. So wird die Haftungsobergrenze Deutschlands bei den Rettungsmaßnahmen beim ESM auf rund 190 Milliarden Euro begrenzt. [...] Ohne Zustimmung des deutschen Vertreters im ESM-Gouverneursrat könne es keine höheren Verpflichtungen geben.
>
> *Roland Nelles, Severin Weiland, www.spiegel.de, 12.9.2012*

> Die seit 2005 geltenden Hartz-IV-Regelsätze für Erwachsene und Kinder verstoßen gegen das Grundgesetz. Das entschied das Bundesverfassungsgericht in Karlsruhe. Die Leistungen seien nicht korrekt ermittelt worden. [...] Der 1. Senat gab dem Gesetzgeber auf, zum 1. Januar 2011 die Berechnungsgrundlage neu zu regeln. Die Richter ließen in ihrer Entscheidung aber ausdrücklich offen, ob das Arbeitslosengeld II erhöht werden muss oder nicht.
>
> *www.tagesschau.de, 9.2.2010*

M 7 ● Die Aufgaben des Bundesverfassungsgerichts

Das Bundesverfassungsgericht wird nicht von sich aus tätig, sondern nur auf Antrag, es muss von einer Person oder Institution angerufen werden. Seine Zuständigkeit ist in verschiedenen Artikeln des Grundgesetzes geregelt, die wesentlichen Aufgaben sind in den umfangreichen Art. 93 und 100 detailliert aufgeführt.

Verfassungsbeschwerde

Mit einer Verfassungsbeschwerde kann jeder Bürger das Gericht anrufen, der glaubt, durch die öffentliche Gewalt in seinen Grundrechten verletzt worden zu sein. Das kann ein Verwaltungsakt, eine Gerichtsentscheidung oder auch ein Gesetz sein. Seit 1951 waren nur 3.094, das sind 1,76 Prozent aller Verfassungsbeschwerden, erfolgreich.

Verfassungsbeschwerde kann erst dann eingelegt werden, wenn der Rechtsweg ausgeschöpft ist, das heißt, wenn zuvor alle Instanzen des zuständigen Gerichts angerufen worden sind. Kammern, die mit je drei Bundesverfassungsrichtern besetzt sind, prüfen jede eingereichte Beschwerde auf ihre Zulässigkeit. [...]

Normenkontrolle

Von großer politischer Bedeutung ist die Zuständigkeit des Bundesverfassungsgerichts für die Normenkontrolle. Es kontrolliert, ob ein Gesetz, eine Norm, mit dem Grundgesetz übereinstimmt. Es gibt zwei Arten von Verfahren der Normenkontrolle: Konkrete Normenkontrolle: Wenn ein Gericht bei der Verhandlung eines konkreten Falles zu der Überzeugung gelangt, dass das anzuwendende Gesetz nicht mit dem Grundgesetz vereinbar ist, muss es das Verfahren unterbrechen und die Entscheidung des Bundesverfassungsgerichts einholen.

Abstrakte Normenkontrolle: Auf Antrag der Bundesregierung, einer Landesregierung oder mindestens eines Drittels der Bundestagsabgeordneten prüft das Bundesverfassungsgericht, ob Bundesrecht oder Landesrecht mit dem Grundgesetz übereinstimmt. Das Gericht entscheidet in solchen Verfahren „abstrakt“ über die Verfassungsmäßigkeit eines Gesetzes oder eines Vertrages, bevor das Gesetz in einem „konkreten“ Fall angewendet worden bzw. der Vertrag rechtsgültig geworden ist. Hier geht es um Entscheidungen in wichtigen Fragen, oftmals um zentrale politische Kontroversen. [...]

Meinungsverschiedenheiten zwischen Verfassungsorganen

Verfassungsstreitigkeiten zwischen Organen sind verhältnismäßig selten. Dabei geht es um Meinungsverschiedenheiten über die Rechte und Pflichten von Bund und Ländern oder um Streitigkeiten zwischen Ländern. Antragsberechtigt sind Bundesregierung oder Landesregierungen. Streitigkeiten zwischen Verfassungsorganen des Bundes nennt man Organstreitigkeiten. Prozessparteien können die obersten Bundesorgane (Bundestag, Bundesrat, Bundesregierung, Bundespräsident), aber auch Bundestagsfraktionen und einzelne Abgeordnete, zu bestimmten Streitfragen (Zulassung zur Wahl, Parteienfinanzierung, Fünfprozentklausel) auch Parteien sein.

Von den weiteren Zuständigkeiten des Bundesverfassungsgerichts ist vor allem die Aufgabe zu erwähnen, über die Verfassungsmäßigkeit von Parteien zu entscheiden und gegebenenfalls ein Parteiverbot auszusprechen.

Horst Pötzsch, Die deutsche Demokratie, 5. Auflage, Bonn 2009, S. 144 ff.

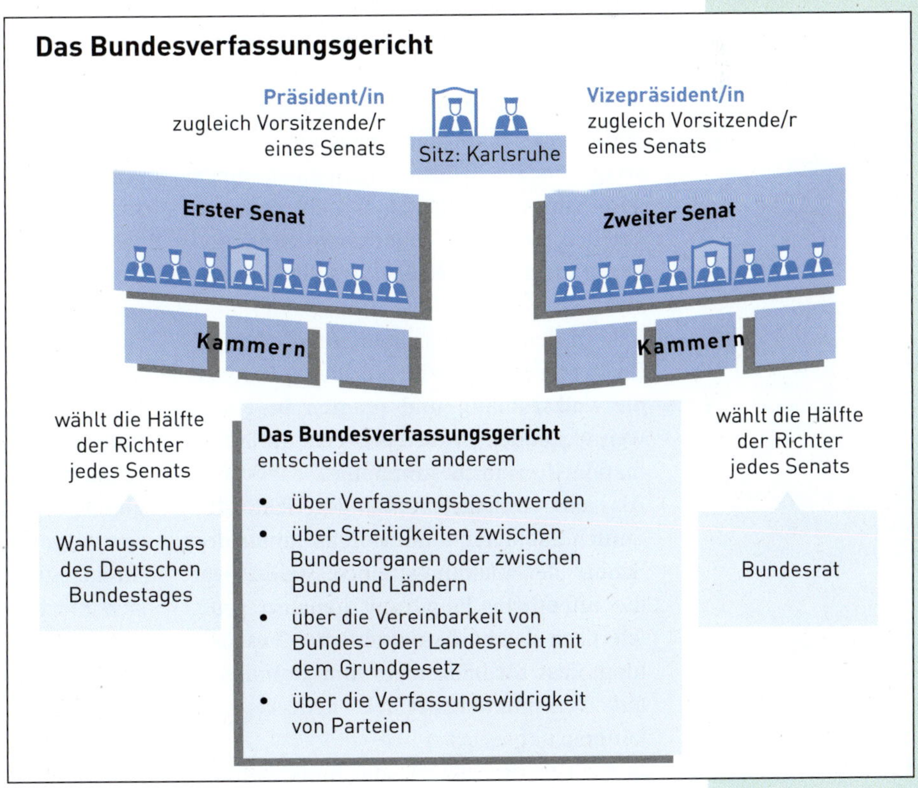

Bergmoser + Höller Verlag AG, Zahlenbilder 129015

M 8 Macht Karlsruhe Politik?

Tatsächlich drängt sich die Frage auf, warum bestimmt eigentlich Karlsruhe über die vollständige Gleichstellung gleichgeschlechtlicher Lebenspartnerschaften und nicht die Politik? Ist es nicht das ureigenste Recht der Politik und die ureigenste Aufgabe des Parlamentes, darüber zu entscheiden, welcher Bevölkerungsgruppe sie aus übergeordneten Erwägungen welche finanziellen Vorteile gewährt? Warum mischen sich die Verfassungsrichter in gesellschaftliche Debatten und parlamentarische Entscheidungsprozesse ein? Und überhaupt: Wie politisch darf das Verfassungsgericht sein?

Die Kritik am Bundesverfassungsgericht ist nicht neu. Im Gegenteil: Sie ist so alt wie das Bundesverfassungsgericht selbst. Doch der Kritik liegt ein Missverständnis zugrunde. Das Bundesverfassungsgericht war nie unpolitisch. Schon seit seiner Gründung im Jahr 1949 lag es immer wieder im Streit mit der Legislative und der Exekutive. Seit mehr als sechs Jahrzehnten steht das Gericht deshalb unter Generalverdacht der Einmischung in die Politik sowie der verfassungsrechtlichen Knebelung des Gesetzgebers. Die Kritik wird vor allem immer dann laut, wenn sich das Gericht in seinen Urteilen gegen die Bundesregierung und gegen die große Mehrheit der Bevölkerung stellt.

[...] In den achtziger Jahren stoppten die Richter gegen den Willen fast aller Parteien die Volkszählung und prägten in einem weitreichenden Urteil das „Recht auf informationelle Selbstbestimmung“.

Als das Bundesverfassungsgericht den Spruch „Soldaten sind Mörder“ unter den Schutz der Meinungsfreiheit stellte, war die öffentliche Empörung genauso groß, wie nach der höchstrichterlichen Feststellung, dass Sitzblockaden vom Grundrecht auf Versammlungsfreiheit gedeckt sein können. [...]

In der Theorie heißt es, „das Bundesverfassungsgericht wacht über die Einhaltung des Grundgesetzes“. Doch die Praxis sieht ganz anders aus. Das Bundesverfassungsgericht ist eben nicht nur Garant für die Menschenwürde und die Grundrechte. Die Verfassungsrichter wachen nicht nur darüber, dass in der Politik die demokratischen Spielregeln eingehalten werden, etwa im Wahlrecht oder bei den Kontrollrechten des Parlaments gegenüber der Regierung.

Vielmehr ist das Bundesverfassungsgericht ein politisches Gericht, es urteilt nicht nur über politische Entscheidungen, sondern macht auch Politik. Es ist nicht nur Schiedsrichter zwischen Parteien, Parlament und Regierung sowie zwischen Bund und Ländern, sondern ein politischer Akteur. In der Praxis seiner Rechtsprechung ist das Gericht eine Art Übergesetzgeber, der die politische Ausgestaltung ganzer Politikbereiche mitbestimmt, zum Beispiel in der Familienpolitik oder der Bildungspolitik.

Der politische Einfluss des Gerichts ist groß, schließlich gibt es kaum noch eine politische Entscheidung, die ohne Zutun des Bundesverfassungsgerichts gefällt wird. Schon im Gesetzgebungsverfahren wissen alle Beteiligten, ein Kläger findet sich nach der Verabschiedung eines Gesetzes immer. [...]

Doch die Parteien sind vor allem auch selber schuld daran, dass das Bundesverfassungsgericht soviel Macht hat und ihnen deshalb immer wieder vorschreibt, welche Politik sie zu machen haben.

Einerseits neigt die Politik dazu, unpopuläre Entscheidungen nach Karlsruhe zu delegieren, etwa bei der Europäischen Integration. Immer wieder werden politische Streitfragen nach Karlsruhe getragen, weil sich die Politik nicht traut, den Wählern reinen Wein einzuschenken. Anderseits ist das Bundesverfassungsgericht zu einem Kampfplatz der Opposition verkommen. Wann immer diese politische Mehrheitsentscheidungen nicht akzeptiert, wie zuletzt bei der Einführung des Betreuungsgeldes, ruft sie nach einem Urteil aus Karlsruhe, um so die verlorene politische Auseinandersetzung zu verlängern.

Die Parteien haben das Bundesverfassungsgericht stark gemacht. Dessen politische Autorität speist sich jedoch vor allem aus dem öffentlichen Ansehen. In allen Auseinandersetzungen mit der Politik haben die Verfassungsrichter deshalb ein entscheidendes Argument auf ihrer Seite. Sie genießen in der Bevölkerung großes Vertrauen und hohes Ansehen. [...] Die Deutschen vertrauen dem Verfassungsgericht mehr als der Politik und es stört sie offenbar wenig, dass die demokratische Legitimation der Überpolitiker aus Karlsruhe äußerst dürftig ist.

Christoph Seils, in: Cicero, 4.3.2013

M 9 ● Berliner Friedhof in Karlsruhe

Klaus Stuttmann

Aufgaben

1. Untersuchen Sie, um welche Art der Klage es sich bei folgenden Beispielen handelt (M 7).
   a) Ein Rechtsanwalt klagt gegen die Erhebung von Rundfunkgebühren für internetfähige PCs. Das Bundesverfassungsgericht lehnt ab und sieht keine Beeinträchtigung der Grundrechte.
   b) Abgeordnete der Linkspartei klagen gegen den Einsatz von Bundeswehr-Tornados in Afghanistan.
   c) Bundesverfassungsgericht bestätigt die unverzichtbare Beteiligung des Bundestages an den Beschlüssen zur Eurorettung. Geklagt hatten Abgeordnete des Deutschen Bundestages.
2. Analysieren Sie die Karikatur (M 9).
3. Macht Karlsruhe Politik? Stellen Sie die Argumentation dar und diskutieren Sie die Frage (M 8).

H zu Aufgabe 3
Achten Sie auf die Urteile und die Frage, wie die beteiligten Institutionen politisch legitimiert werden.

Stellung des Bundesverfassungsgerichts
M 5

Das Bundesverfassungsgericht garantiert als **oberstes Gericht** der Bundesrepublik Deutschland mit Sitz in Karlsruhe die **Verfassungsmäßigkeit staatlichen Handelns**. Die Amtsperiode der Verfassungsrichter umfasst zwölf Jahre, eine Wiederwahl ist nicht möglich. Die insgesamt sechzehn Richter des Bundesverfassungsgerichts werden je zur Hälfte vom Wahlausschuss des Deutschen Bundestages und vom Bundesrat gewählt. Wie jedes Gericht wird das Bundesverfassungsgericht nur tätig, wenn es von einem Kläger angerufen wird.

Aufgaben
M 7

Das **Bundesverfassungsgericht entscheidet** über:

- **Streitigkeiten zwischen verschiedenen Organen** des Bundes, zwischen Länderinstitutionen und Streitigkeiten zwischen Bund und Ländern
- **Verfassungsbeschwerden**: Einzelne Bürger können nach Ausschöpfung des Rechtsweges Beschwerde beim Bundesverfassungsgericht einreichen, wenn sie der Ansicht sind, dass die öffentliche Gewalt (durch ein Gesetz, eine Verwaltungsentscheidung oder ein Gerichtsurteil) eines ihrer Grundrechte verletzt.
- Abstrakte **Normenkontrolle**: Auf Antrag der Bundesregierung, einer Landesregierung oder mindestens einem Drittel der Bundestagsabgeordneten entscheidet das Gericht, ob ein Gesetz mit dem Grundgesetz vereinbar ist.
- Konkrete Normenkontrolle: Auf Antrag eines Gerichts muss ein bestehendes Gesetz, das in einem konkreten Fall angewandt wird, auf seine Verfassungsmäßigkeit überprüft werden.
- **Parteiverbote**: Auf Antrag der Bundesregierung, des Bundesrates oder des Bundestages kann das Gericht eine Partei verbieten, die gegen die freiheitlich-demokratische Grundordnung verstößt.

Verrechtlichung der Politik und das Zusammenspiel der Verfassungsorgane
M 8

Durch seine Rechtsprechung konkretisiert das Bundesverfassungsgericht die Normen des Grundgesetzes und entwickelt sie weiter. Doch ist umstritten, wenn die Richter des Bundesverfassungsgerichts in ihrer Urteilsbegründung dem Gesetzgeber zu detaillierte Vorschriften machen, wie eine verfassungsgemäßige Lösung aussehen müsste. Das Bundesverfassungsgericht wird dann als „Ersatzgesetzgeber" kritisiert.

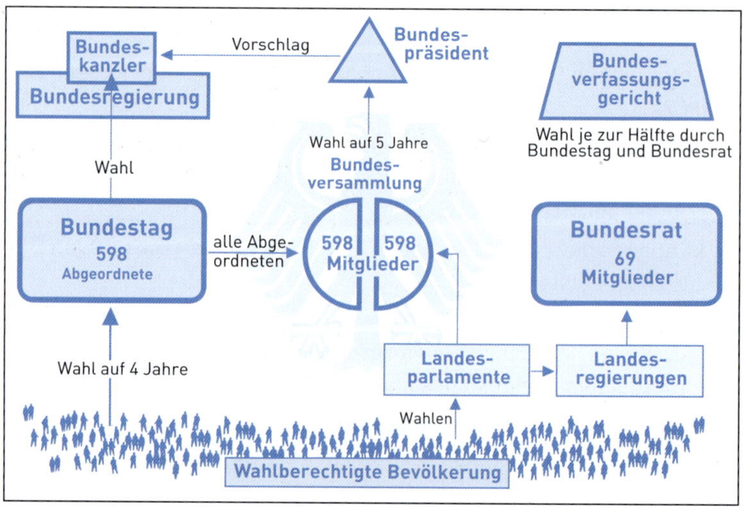

Immer nur Nein sagen? Die Vetospielertheorie

George Tsebelis hat mit seiner Vetospielertheorie einen umfassenden Ansatz formuliert, der politische Systeme hinsichtlich ihrer Steuerungsfähigkeit klassifizierbar und vergleichbar macht. Im Mittelpunkt steht dabei die Steuerungsfähigkeit des politischen Systems in Abhängigkeit von dessen konkreter Ausgestaltung. Die bahnbrechende Idee von Tsebelis besteht darin, sämtliche Akteure, welche die politische Steuerungsfähigkeit direkt einschränken, in Vetospieler „zu übersetzen" und politische Systeme auf dieser Grundlage vergleichbar zu machen.

Vetospieler sind nach Tsebelis alle jene Akteure, die politische Reformen (Gesetze) direkt verhindern können. [...] Tsebelis argumentiert, dass die politische Steuerungsfähigkeit von der Anzahl der Vetospieler und deren Distanz zueinander abhängt: „[T]he greater the distance among and the number of veto players, the more difficult it is to change the status quo."

Institutionelle Vetospieler beschreibt er als in der Verfassung verankerte, konstante Vetospieler. Parteipolitische Vetospieler könnten sich nach Tsebelis in wechselnden Konstellationen innerhalb institutioneller Vetospieler bilden.

Je nachdem, aus welcher Perspektive man Vetospieler betrachtet, fällt deren Bewertung höchst unterschiedlich aus: Aus der Perspektive der Gewaltenteilung erscheinen sie als Garanten der Demokratie und des Konsenses, aus der Perspektive der politischen Steuerungsfähigkeit als Ursachen des politischen Stillstands und der Reformunfähigkeit.

Gerd Andreas Strohmeier, Zwischen Gewaltenteilung und Reformstau, in: Aus Politik und Zeitgeschichte B 51/ 2003, S. 17 f.

Tomicek, 2012

Aufgaben

1. Wenden Sie die Vetospielertheorie auf den Gesetzgebungsprozess der Bundesrepublik Deutschland an. Bestimmen Sie institutionelle und parteipolitische Vetospieler und erläutern Sie, worin ihre Vetomacht besteht.
2. Bewerten Sie die Stellung der Vetospieler.

Vertrauen der Deutschen in (politische) Institutionen

Frage: „Ich nenne Ihnen jetzt eine Reihe von Einrichtungen und Organisationen.
Bitte sagen Sie mir für jede, wie viel Vertrauen Sie in sie haben."

Antworten auf „sehr großes Vertrauen" und „großes Vertrauen" zusammengefasst, Angaben in Prozent

Aus: www.gfk-verein.org, Infratest dimap, Februar 2013

Zustand und Zukunft der Demokratie

9

Überall in Deutschland protestieren Menschen gegen die Errichtung neuer Stromtrassen und Windräder, sie gehen gegen den Ausbau von Flughäfen und Bahnhöfen auf die Straßen oder errichten Zeltlager gegen Kapitalismus und Bankenmacht. Sie finden sich zusammen, um gegen neue Schulformen zu demonstrieren oder gegen Zensur im Internet. Gleichzeitig beteiligen sich immer weniger Menschen an Wahlen. Ist dies eine Herausforderung für die oder schon Ausdruck einer Krise der Demokratie? Oder zeugt das nicht eher von ihrer Lebendigkeit? Sollte die Demokratie verändert werden, um den Bürgerinnen und Bürgern auch innerhalb der Institutionen mehr Möglichkeiten zu verschaffen, sich in die Politik einzubringen?

KOMPETENZEN

Am Ende des Kapitels sollten Sie Folgendes wissen und können:

... unterschiedliche Erklärungen zum Grad der Beteiligung der Bürgerinnen und Bürger an der Demokratie kennen und bewerten.

... den Zusammenhang zwischen Bildung, Einkommen und den Chancen politischer Teilhabe erklären.

... Vorschläge zur Ausweitung der demokratischen Teilhabe kennen und bewerten.

Aufgaben

1. Führen Sie die Umfrage innerhalb Ihres Kurses / Ihrer Klasse durch. Begründen Sie Ihre Antwort in kurzen Sätzen.
2. Vergleichen Sie das Ergebnis mit dem der Umfrage.

	Sehr großes Vertrauen	Großes Vertrauen	Weniger Vertrauen	Gar kein Vertrauen
Bundesverfassungsgericht				
Bundespräsident				
Nichtregierungsorganisationen				
Ihr Gemeinde- oder Stadtrat				
Bürgerinitiativen				
Bundesregierung				
Medien				
EU-Parlament				
Politische Parteien				

9.1 Zum Zustand der Demokratie in Deutschland

M 1 Zur Stimmabgabe

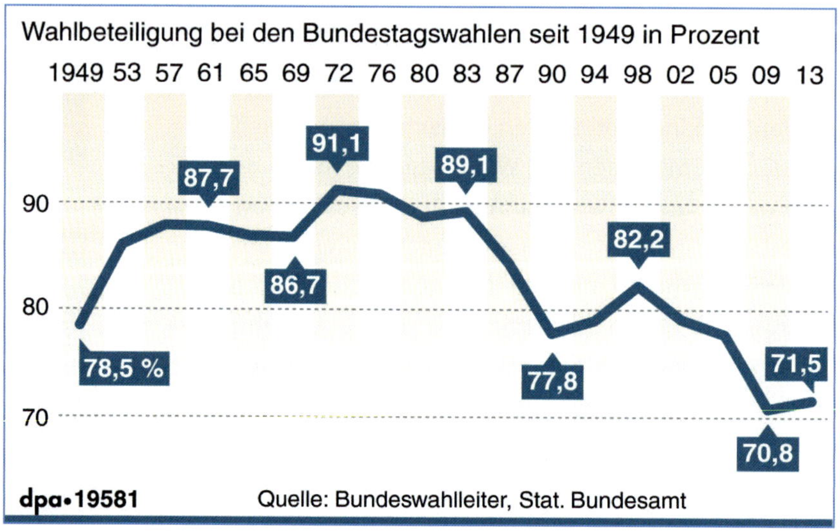

Exklusion
Ausschluss, Ausgrenzung von Personen

M 2 Herausforderungen für nationalstaatliche Demokratien?

[...] Das Problem ist nicht die Wahlbeteiligung an sich, sondern die mit ihr einhergehende soziale Selektivität. Denn als empirisch gesicherte Faustregel kann gelten, dass mit der sinkenden Wahlbeteiligung die soziale Exklusion steigt. Die unteren Schichten verschwinden, die Mittelschichten bleiben. Fragt man Angehörige der Unterschicht, ob das Wählen oder ihre politische Teilnahme einen Einfluss auf politische Entscheidungen hätten, antworten mehr als zwei Drittel resigniert mit Nein. Konfrontiert man Bürger aus den Mittelschichten mit derselben Frage, antworten mehr als zwei Drittel selbstbewusst: Ja, das mache einen Unterschied. [...]

Allerdings gilt es, die Abnahme der Wahlbeteiligung und vor allem der Parteimitgliedschaft mit neuen Formen nichtkonventioneller Partizipation zu verrechnen. Solche aktiven Formen der Beteiligung und Einmischung haben [...] erheblich zugenommen. Dabei verschärft sich jedoch das soziale Selektionsproblem. Aktivitäten in zivilgesellschaftlichen Organisationen wie Amnesty International, Greenpeace, Attac, Human Rights Watch oder Transparency International sind sozial hochgradig selektiv: Hier engagieren sich vor allem junge, gut ausgebildete Menschen für die Demokratie; Immigranten sowie bildungsferne untere Schichten trifft man kaum an. [...]

[D]ie Hochzeit der politischen Parteien gehört dem 20. Jahrhundert an; die unteren Schichten werden politisch marginalisiert; die Macht der Banken und globaler Unternehmen ist immens angestiegen; die Globalisierung der Märkte, der Probleme und der politischen Entscheidungen fordert die nationalstaatlichen Demokratien zu Beginn des 21. Jahrhunderts heraus.

Wolfgang Merkel, Gibt es eine Krise der Demokratie?, in: FAZ, 5.5.2013

Wolfgang Merkel ist Direktor der Abteilung Demokratie und Demokratisierung am Wissenschaftszentrum Berlin für Sozialforschung (WZB) und Professor für Vergleichende Politikwissenschaft und Demokratieforschung an der HU Berlin.

M 3 ● Krise des Parteiensystems als Krise der repräsentativen Demokratie?

Nicht nur, aber auch in Deutschland sind die Beziehungen zwischen politischen Eliten und der Bürgerschaft nachhaltig gestört, haben die klassischen Volks- und Großparteien Bindungskraft in die Gesellschaft verloren, sind Wahlbeteiligungsraten rückläufig und ist das Vertrauen in die Regelungskraft aller „etablierter“ Politik zurückgegangen.

Während viele Institutionen der repräsentativen Systeme an Bedeutung und Legitimationskraft verlieren, findet die Forderung nach „plebiszitären“ Elementen eine wachsende Anhängerschaft. Anlassbezogene Bürger- und Protestbewegungen vor allem gegen Großprojekte (wie „Stuttgart21“ oder den Ausbau von Flughäfen) sind zum selbstverständlichen Teil einer politischen Kultur des Protests geworden, in der inzwischen auch die bürgerliche Mitte der Gesellschaft stark vertreten ist. Anzeichen von politischer Abstinenz und Apathie stehen neben einer wachen Bereitschaft zum Protest. [...]

Besondere Aufmerksamkeit findet die Analyse von Transformationsprozessen der Parteiendemokratie. Im Mittelpunkt steht dabei die Beobachtung, dass die für die Ausübung der Volkssouveränität in Form von Willensbildungs- und Entscheidungsprozessen zentralen politischen Parteien einen Funktionswandel und einen Einflussverlust durchmachen. Der erosionsartige Mitgliederverlust namentlich der Großparteien, verbunden mit einer starken Überalterung der verbliebenen Mitglieder, schmälere folgenreich die Rekrutierungsbasis für geeignetes politisches Personal. Gleichzeitig sinke die Fähigkeit der Parteien zur Interessenaggregation und politischen Orientierung sowie, damit verbunden, auch ihre Fähigkeit zur politischen Integration. Die modernen professionalisierten Parteien agierten stärker selbstreferenziell denn als Artikulationsinstanz von gesellschaftlichen Interessen oder sozialen

Bertelsmann-Stiftung/Umfrage TNS-Emnid, Juni 2011

Milieus. Ihre innerparteiliche Demokratie schwinde. Ehrenamtliche Aktivisten seien zunehmend funktionslos und ihre Programmatik habe ihre Orientierung und sinnstiftende Wirkung in die Gesellschaft hinein verloren. [...]

Während die politische Integrationsleistung von Großorganisationen [z. B. Parteien, Gewerkschaften, Kirche] zurückging, veränderte sich das Politikbild der Gesell-

plebiszitär
auf einer Volksabstimmung / -befragung beruhend

schaft und verschoben sich Engagementmotive von der Fixierung auf Gesellschaftsbilder und weltanschauliche Fundamente auf anlassbezogene Projektorientierung einer kritischer und selbstbewusster gewordenen Bürgerschaft.

Hubert Kleinert, Krise der repräsentativen Demokratie?, in: APuZ 38-39 / 2012, S. 18 ff.

Hubert Kleinert ist Professor im Fachgebiet Sozialwissenschaften und Kommunikation an der Hessischen Hochschule für Polizei und Verwaltung in Gießen.

Thomas Plaßmann, Baaske Cartoons (September 2013)

M 4 ● „In verschlossenen Räumen“

Moderne Demokratien haben sich […] mehr und mehr zu Verhandlungsdemokratien in verschlossenen Räumen mit den informellen Strukturen einer Oligarchie entwickelt. Die Vereinbarungen der politischen Klassen mit anderen potenten Akteuren in Ökonomie und Gesellschaft ereignen sich zunehmend jenseits des parlamentarischen Ortes und seiner Kontrollmöglichkeiten. […]
Die aktive Teilhabe des Souveräns diesseits der Wahlsonntage gilt vielmehr als Störfaktor für die Effizienz der Regierungsadministration. Die Politik offeriert vollendete Tatsachen, kleidet sie sodann in das Autoritätsgewand unzweifelhafter Sachrationalität und versucht sich so der öffentlichen Debatte zu entziehen. […]
Doch selbst die Voraussetzungen und Ergebnisse der verhandlungsdemokratischen Aushandlungen werden seit einiger Zeit nicht mehr in einer [kämpferischen] Debatte der parlamentarischen Arena ausgetragen und dem Säurebad kontroverser Diskussionen ausgesetzt.
Überdies haben die zentralen Orte der repräsentativen Demokratie, die nationalen Parlamente, durch die Eurokrise ein weiteres Mal an Durchschlagskraft verloren. Die demokratische Souveränität ist teilsuspendiert. Die Nehmerländer im Eurodrama dieser Monate werden sozial ruiniert, stehen fiskalisch und in der Architektur der Sozialpolitik unter Aufsicht von Kontrolleuren der EU-Kommissionen. Aber auch die legislativen Institute in den Geberländern haben große Teile ihrer autonomen Entscheidungsräume abgeben müssen. Sie haben zu exekutieren, was transnationale Eliten präjudizieren […].

Franz Walter, Die Akzeptanz des Staates schwindet, in: Frankfurter Rundschau, 22.6.2012

Franz Walter ist Parteienforscher und seit 2010 Leiter des Instituts für Demokratieforschung.

präjudizieren
eine Vorentscheidung über etwas treffen

Aufgaben

1. a) Analysieren Sie die Grafik (M 1).
   b) Formulieren Sie Hypothesen, die den langfristigen Trend erklären könnten.
2. a) Arbeiten Sie arbeitsteilig heraus, wie der Zustand der Demokratie von den Wissenschaftlern beschrieben wird (M 2–M 4).
   b) Vergleichen und diskutieren Sie die Positionen.

F zu Aufgabe 1
Recherchieren Sie die jeweiligen historischen Situationen in den Wahljahren 1953, 1972 und 1998.

Zukunftswerkstatt

Die Zukunftswerkstatt ist eine Methode, die in den 1970er Jahren von Robert Jungk, einem Philosophen und Zukunftsforscher für die außerschulische Erwachsenenbildung entwickelt wurde.
Ziel einer Zukunftswerkstatt ist es, die Bürgerinnen und Bürger zu Wort kommen zu lassen und zu einem Demokratisierungsprozess beizutragen. Dabei geht man davon aus, dass Menschen über viel ungenutzte Kreativität bei der Lösung von Problemen verfügen. In der Zukunftswerkstatt soll dieses Potential aktiviert werden. Insbesondere von einem politischen Konflikt oder Problem betroffene Bürgerinnen und Bürger können in der Zukunftswerkstatt eine Methode erlernen, wie sie eigene Konzepte einer lebenswerten und menschenwürdigen Gesellschaft entwickeln können.
Zukunftswerkstätten können zu sehr vielen Themen eingerichtet werden: Besonders eignen sie sich für technische, soziale und ökologische Fragestellungen, aber auch für architektonische und städtebauliche Probleme.
Die Zukunftswerkstatt wird von einem Moderator angeleitet, der aber nicht „allwissend“ ist. Er organisiert, initiiert und vermittelt. Eine Zukunftswerkstatt hat klare Regeln. Die Arbeit durchläuft drei Phasen.

1 Kritikphase:

Hier wird zusammengetragen und dokumentiert (z. B. auf einer Wandzeitung),
- was die Teilnehmerinnen und Teilnehmer stört,
- was sie für verbesserungswürdig halten,
- jeder kann seine Kritikpunkte benennen, am Ende wird eine Festlegung auf bestimmte Aspekte vorgenommen.

2 Phantasie- und Utopiephase:

- Jeder darf seine Wünsche, Visionen, Phantasien zum Ausdruck bringen,
- alles ist möglich und erwünscht,
- ein Bezug zur Realität muss nicht gegeben sein,
- die Teilnehmerinnen und Teilnehmer sollen ganz bewusst aus der Normalität heraustreten.

3 Verwirklichungsphase:

- Die Ideen und Wünsche aus der 2. Phase werden wieder in die Normalität und den Alltag zurückgeholt.
- Welche Ideen sind besonders interessant und lohnen sich zu verfolgen?
- Die Sachlage wird untersucht und Chancen der Realisierung werden erörtert;
- Vielleicht gab es oder gibt es Ähnliches?
- Formulierungen von Forderungen zur Realisierung.
- Was muss konkret getan werden? Wie kann man damit anfangen?

9.2 Die Demokratie erneuern?

M 1 ● Fiktive Enquete-Kommission

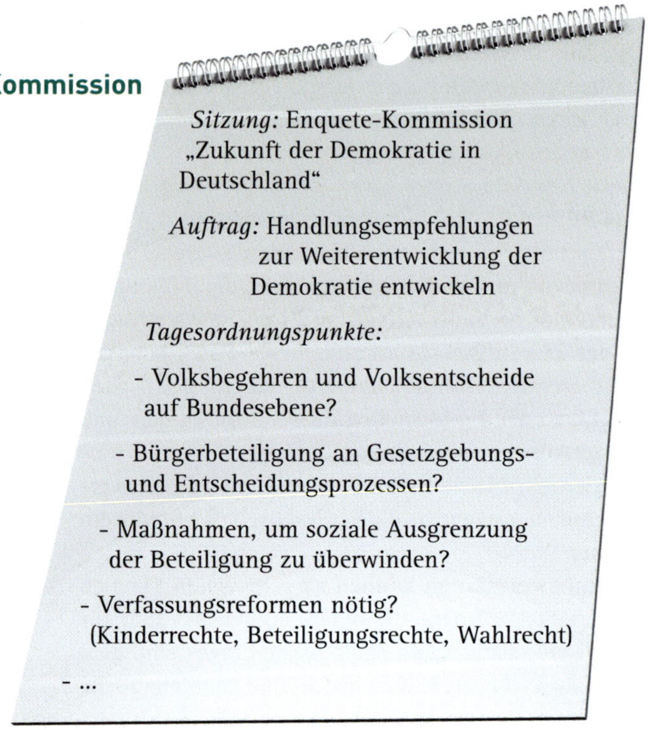

M 2 ● Allheilmittel direkte Demokratie?

a) Mehr repräsentative oder mehr direkte Demokratie?

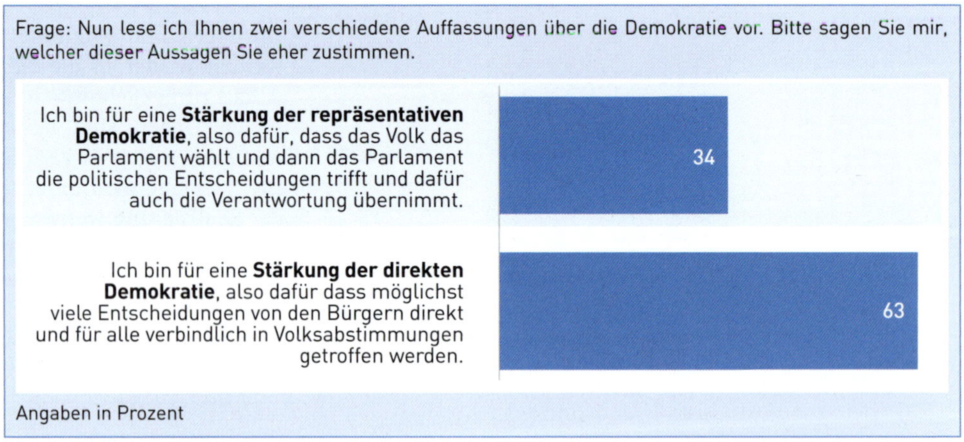

Infratest dimap, Februar 2013

b) Problem „aktivistischer Minderheiten“?

Ein Volksabstimmungsgesetz würde – je nach seiner Ausgestaltung – die Funktionsweise des politischen Systems mehr oder weniger verändern. Eine Partizipationsrevolution würde es kaum auslösen.

Plebiszite verschieben die Balance zwischen Volk, Parlament und Regierung. Bereits ihre Möglichkeit kann das Handeln von Parlamenten beeinflussen und die Spielregeln des parteipolitischen Wettbewerbs verändern. Je nachdem, wie stark sie genutzt werden, können sie eine Monopolstellung der Parteien im politischen Wettbewerb erschüttern. [...]

Zweifellos ermöglicht ein Plebiszit eine stärker an Sachfragen orientierte Opposition, mit der ein Gegenakzent zur wachsenden Personalisierung und Entpolitisierung der politischen Berichterstattung verbunden sein könnte. Hohe Zulassungshürden von 50 beziehungsweise 25 Prozent der Stimmberechtigten würden aber das Instrument eher zahnlos machen. Insofern steckt der Teufel buchstäblich im demokratischen Detail: Ohne ein Quorum, das die Unterstützung eines beträchtlichen Teils der Stimmbürgerschaft zur Zulassungsvoraussetzung eines Volksbegehrens und eine beachtliche Abstimmungsbeteiligung zur Voraussetzung für die Verbindlichkeit des Votums macht, besteht die Gefahr eines Übergewichts aktivistischer Minderheiten. Dies würde den überproportionalen Einfluss, den bürgerliche Mittelschichten in der „post-konventionellen" Demokratie von heute längst ausüben, noch vergrößern. Je höher aber das Quorum ausfiele, umso geringer wären die Chancen, diese Elemente der politischen Kultur auch mit Leben zu füllen.

Hubert Kleinert, Krise der repräsentativen Demokratie?, in: APuZ 38-39 / 2012, S. 18 ff.

M 3 ● Der Bürgerhaushalt – „Als Tiger losgesprungen, als Bettvorleger gelandet?"

a) Pro

Befürworter von Bürgerhaushalten nennen viele Gründe, die für einen Bürgerhaushalt sprechen:

- Bürgerhaushalte schaffen Transparenz über die Verwendung öffentlicher Mittel. Transparenz stärkt das Vertrauen der Bürger in die Politik.
- Bürger lernen die Komplexität kommunaler Finanzen kennen. Informierte Bürger können Entscheidungen der Politik so besser nachvollziehen und abwägen.
- Bürger, die per Bürgerhaushalt ihre Stadt aktiv mitgestalten können, identifizieren sich mehr mit ihrer Stadt. Das fördert das positive Image der Stadt auch nach außen hin.
- Durch die Beteiligung lernen Bürger mehr über demokratische Prozesse und warum ihre Stimme wichtig ist. Die Möglichkeit der Beteiligung fördert das politische Interesse und Engagement der Bürger.
- Bürgerwissen und -Ideen sind eine wertvolle Ergänzung zu den Fachkenntnissen der Verwaltung. Sie helfen der Verwaltung auch, Maßnahmen zu priorisieren.
- Bürgerhaushalte sind ein Mittel zur Verwaltungsmodernisierung. Die Verwaltung kann besser auf die Bedürfnisse der Bürger eingehen.
- Informierte und beteiligte Bürger verstehen, dass die Ressourcen begrenzt und die Wünsche in der Bevölkerung vielfältig sind.
- Bürgerhaushalte tragen zur Legitimation politischer Entscheidungen bei. Nur ein Politiker, der die Präferenzen der Bürger kennt, kann seine demokratische Funktion des Volksvertreters erfüllen. Bürgerhaushalte stärken dadurch die repräsentative Demokratie.

www.buergerhaushalt.org (6.11.2013)

Bürgerhaushalt

Instrument der Bürgerbeteiligung bei Fragen rund um die Verwendung von öffentlichen Geldern. [...] Immer mehr Städte und Gemeinden führen Beteiligungsverfahren zum kommunalen Haushalt ein. [...]
Die Einwohner werden hier zunächst durch Öffentlichkeitsarbeit über den Haushalt informiert und für den Bürgerhaushalt mobilisiert. [...]
Zentrales Element neben der Einbringung von eigenen Ideen ist der öffentliche Diskurs, zum Beispiel bei Versammlungen oder übers Internet. [...] Es wird schließlich kommuniziert und begründet, welche Ideen der Bürger umgesetzt oder nicht umgesetzt wurden.

www.buergerhaushalt.org (6.11.2013)

b) Kontra

In der derzeit geführten Diskussion um Sinn und Unsinn der Bürgerhaushalte treten drei wesentliche Kritikpunkte besonders hervor:

1. Die ursprüngliche Zielsetzung, die Bürgerinnen und Bürger in das komplexe Verfahren der kommunalen Haushaltsaufstellung einzubeziehen, wurde nicht erreicht und inzwischen aufgegeben. Unter der Bezeichnung „Bürgerhaushalt" firmieren inzwischen nur noch Vorschlagsammlungen für Maßnahmen und (Investitions-)Projekte, oder Abstimmungsverfahren über Vorschläge von Politik und Verwaltung.
2. Die Zahl der sich beteiligenden Bürgerinnen und Bürger ist gering. Der Teilnehmerkreis setzt sich überwiegend aus männlichen Personen mittleren Alters mit höherer Schulbildung und höherem Einkommen zusammen. Daher stellt sich die Frage, ob die im Rahmen von Bürgerhaushalten ermittelten Maßnahmen genügend Legitimation besitzen, dass demokratisch gewählte Stadt- und Gemeinderäte diese übernehmen.
3. In vielen Fällen ist festzustellen, dass Bürgerhaushalte bereits wieder eingestellt worden sind. Die Frage, ob das Projekt „Bürgerhaushalt" mit der Zeit leise einschläft scheint berechtigt. Denn [..] es gibt wohl auch für einen kommunalen Haushalt nicht jeden Tag neue Ideen – vielmehr drohen sich die Diskussionen um viele inhaltlich ähnliche oder gar gleiche Vorschläge im Kreis zu drehen.

Kai Masser, Bürgerhaushalte aus Sicht der Kritiker, auf: www.buergerhaushalt.org, 18.12.2012

M 4 ● Zukunftskammern als dritte Säule der Demokratie

Für die Zukunft entwerfen Sie ein Bild der „deliberativen Demokratie". Soll das eine Ergänzung der heutigen Verfahren sein oder schwebt Ihnen ein Umbau unseres politischen Systems vor?

Claus Leggewie Wir stellen uns neue Partizipationsmöglichkeiten nicht als marginale, sondern wesentliche Ergänzungen der heutigen Verfahren vor. „Deliberative Demokratie" meint „fundierte Erörterung der öffentlichen Angelegenheiten" und ist das Gegenteil von Demoskopie und Stimmungsdemokratie. Man fragt die Bürger nämlich nicht nur ein Mal nach ihrer Meinung, sondern häufiger. Experten und Entscheider müssen immer wieder auf die Argumente der Bürger eingehen, und diese durchlaufen ihrerseits einen Lernprozess.

Dauert das nicht furchtbar lange?

Es gibt politikwissenschaftliche Erkenntnisse, dass derart gründliche Erörterungen oftmals schnellere Entscheidungen, mehr Konsens und höhere Nachhaltigkeit bewirken. [...]

Eine Zukunftskammer stellen wir uns als dritte Säule der parlamentarischen Demokratie im Gesetzgebungsverfahren vor. Die Mitglieder dieses Gremiums würden nicht nach parteipolitischen Kriterien oder durch Lobbies benannt, sondern unter engagierten Bürgern und Bürgerinnen ausgelost.

Sollen diese Zukunftskammern dieselbe Macht haben wie die Parlamente?

Nein, wir wollen ja keinen Regimewechsel der repräsentativen Demokratie. Sie haben kein absolutes Vetorecht, sondern führen eine Art Nachhaltigkeitsverträglichkeitsprüfung durch, deren Ergebnis die Parlamente abwarten und in ihrer Entscheidung berücksichtigen müssten. [...]

Interview: Hannes Koch, in: die tageszeitung, 3.5.2011
Claus Leggewie ist seit 2007 Direktor des Kulturwissenschaftlichen Instituts Essen und seit 2008 Mitglied des Wissenschaftlichen Beirats der Bundesregierung Globale Umweltveränderungen.

M 5 ● Losverfahren – der Zufall entscheidet

Aleatorik [„nach einem Zufallsverfahren entstanden"] kann in der Politik prinzipiell ganz Verschiedenes leisten: Sie kann Partizipation erhöhen (wenn die Teilnehmer ausgelost werden), sie kann an anderen Stellen für Effizienz sorgen (wenn schnell per Los entschieden wird), sie kann als ein Antikorruptivum wirken (wenn der Zufall die Ämterpositionen neu mischt). [...]

[Ein] Vorschlag besteht in der Einführung einer gelosten Zweiten Kammer des Europäischen Parlaments. [...]

Sie sollte aus 200 Mitgliedern bestehen, die ganz genau wie bei der (dann) Ersten Parlamentskammer – also dem heutigen Europäischen Parlament – nach dem Prinzip der abnehmenden Proportionalität die Bürger der EU-Mitgliedsstaaten repräsentieren. Die Abgeordneten würden für jeweils zweieinhalb Jahre im Rhythmus der alle fünf Jahre stattfindenden Wahlen zur Ersten Kammer ausgelost, wobei jeder Bürger zeitlebens höchstens einmal ein Mandat erhalten dürfte. Die Teilnahme an der Lotterie sollte [...] zu den obligatorischen Pflichten der EU-Bürger gehören. Gegen ein reines Freiwilligenmodell, bei dem sich die Teilnehmer zur Loskammer-Lotterie erst anmelden müssten, spricht, dass dann politische Aktivisten überrepräsentiert wären und sich soziale Trennungseffekte möglicherweise erneut verstärken. Im Sinne des Zieles einer statistischen Repräsentanz der gesamten Bevölkerung wären daher alle Wahlberechtigten zur Teilnahme an der Lotterie verpflichtet und die Gründe für die Ablehnung eines Mandats wären eng gefasst. Ganz wichtig in diesem Zusammenhang: die Abgeordnetentätigkeit würde finanziell und organisatorisch so attraktiv ausgestaltet, dass die denkbaren Benachteiligungen für die ausgelosten Bürger weitgehend ausgeräumt wären.

Die Loskammer soll die sonstigen Institutionen im politischen System der EU nicht ersetzen, sondern lediglich ergänzen. [...]

Folgende Zuständigkeiten wären sinnvoll: Erstens sollte die Zweite Kammer in allen Gesetzgebungsfragen jederzeit Empfehlungen für die Erste Kammer, die Kommission und den Rat der EU beschließen können.

Zweitens erhielte die Loskammer ein absolutes Vetorecht. [...]

Drittens sollte man dem ‚House of Lots' ein umfassendes Initiativrecht zubilligen [...].

Nicht zuletzt sollten aber auch alle zukünftigen Änderungen der Europäischen Verträge sowie der Beitritt neuer Mitgliedsstaaten der Zustimmungspflicht der Loskammer unterliegen. Damit würden [...] alle Entscheidungen über die Grundlagen der Europäischen Integration erstmals wirksam demokratisiert und könnten nicht mehr ohne öffentliche Debatten getroffen werden.

Hubertus Buchstein, Repräsentative, partizipatorische und aleatorische Demokratie, auf: www.boell.de, 2.11.2011

Hubertus Buchstein ist seit 1999 Professor für Politische Theorie und Ideengeschichte am Institut für Politik- und Kommunikationswissenschaft der Universität Greifswald.

Aufgaben

1. Angenommen, der Bundestag hat eine Enquete-Kommission eingerichtet mit der Aufgabe, Handlungsempfehlungen für das demokratische System Deutschlands zu entwickeln. Möglichst alle Bürger sollen sich politisch beteiligen können. Entwickeln Sie selbst solche möglichst konkrete Handlungsoptionen.

2. a) Fassen Sie (arbeitsteilig) die unterschiedlichen Überlegungen zur neuen Gestaltung der Demokratie zusammen (M 2-M 5).

   b) Beurteilen Sie die Effizienz dieser Vorschläge. Formulieren Sie zunächst Urteilskriterien, an denen Sie diese messen können.

F Erkunden Sie, ob und welche Formen der direkten Bürgerbeteiligung in Ihrer Stadt / Gemeinde praktiziert werden.

Weniger Wähler, mehr Engagement?

Immer weniger Bürgerinnen und Bürger beteiligen sich an Wahlen oder sind Mitglieder in politischen Parteien, immer häufiger geht die „Partei der Nichtwähler" als vermeintliche Siegerin aus Wahlen hervor. Gleichzeitig ist zu beobachten, dass viele Bürgerinnen und Bürger in zivilgesellschaftlichen Organisationen mitarbeiten und sich an lokalen Protestveranstaltungen oder Aktivitäten beteiligen. Schaut man aber genau hin, wer sich engagiert oder beteiligt, stellt man schnell fest, dass dies vor allem die Angehörigen der gut ausgebildeten sozialen Mittelschicht der Gesellschaft sind.

Die Frage nach den Ursachen dieser Entwicklung beantworten die Wissenschaftler unterschiedlich: So wird auf ein Nachlassen der Bindewirkung und Integrationsleistung der etablierten Parteien und anderer Großorganisationen in der modernen Gesellschaft hingewiesen. Bürgerinnen und Bürger engagieren sich heute daher lieber anlassbezogen in einzelnen Projekten.
Weiterhin hätten die Bürgerinnen und Bürger das Vertrauen in politische Institutionen – vor allem die Parlamente – verloren, weil diese immer weniger der Ort des politischen Austausches und der Entscheidungsfindung seien. Vermeintliche Sachzwänge und fehlende inhaltliche Debatten lähmten eine aktive Teilhabe.

Demokratie reformieren?

Viele Menschen wünschen sich daher eine Stärkung der direkten Demokratie und eine größere Beteiligung an politischen Entscheidungsprozessen. In vielen Städten und Landkreisen wird dies bereits in Form von Bürger- oder Volksentscheiden oder Bürgerhaushalten praktiziert, auf Bundesebene ist davon noch wenig zu spüren.
Reformvorschläge zur Weiterentwicklung der Demokratie bringen u.a. „Zukunftskammern" oder „Loskammern" ins Gespräch, die mit einfachen Bürgerinnen und Bürgern besetzt sein sollen.
Experten warnen aber davor, die Ausweitung der direkten Demokratie als Allheilmittel zu betrachten. Sie befürchten, dass sich auf diese Weise die soziale Benachteiligung bestimmter Bevölkerungsschichten auf eine politische ausweiten könnte.

Wovon ist die politische Beteiligung abhängig?

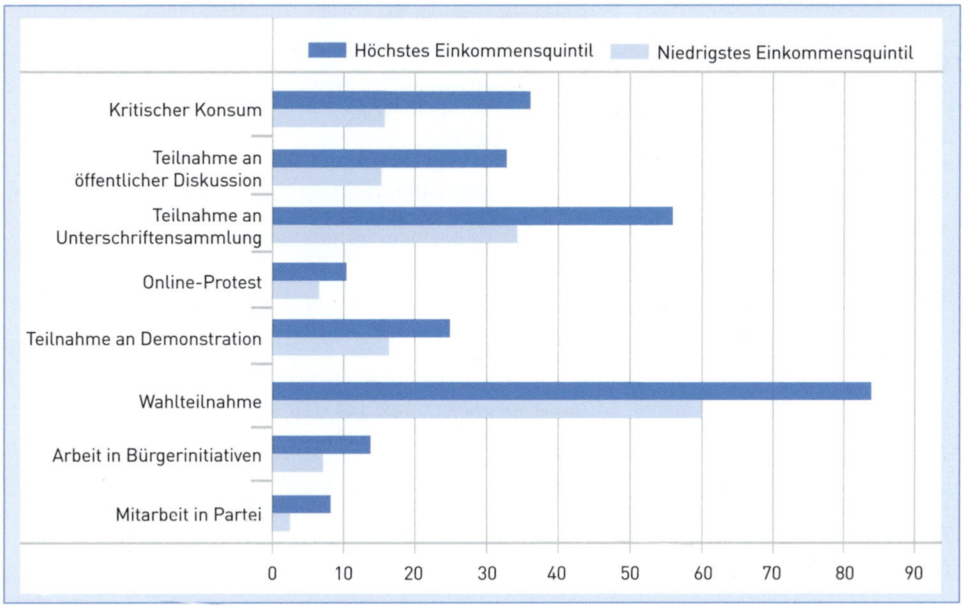

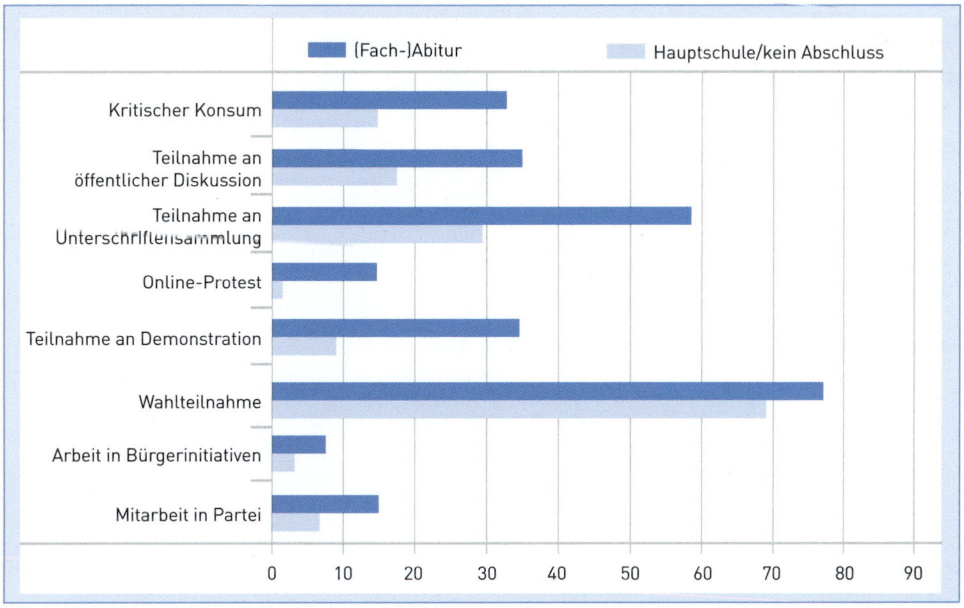

In: Sebastian Bödeker, Die soziale Frage der Demokratie, in: WZB-Mitteilungen Heft 134, Dezember 2011, S. 27

Aufgaben

1. Analysieren Sie die Diagramme.
2. Entwickeln und erklären Sie Vorschläge für Maßnahmen, um die in der Untersuchung aufgezeigten Missstände der Demokratie zu beseitigen.

KOMPETENZEN ANWENDEN

*Die zentrale Fundstelle eines Begriffes ist **fett** gedruckt.*

Baaske Cartoons / Gerhard Mester, Müllheim – S. 21; Baaske-Cartoons, Burkhard Mohr, Müllheim – S. 70; Baaske Cartoons / Thomas Plaßmann, Müllheim – S. 37, 62, 132, 182; Bergmoser + Höller Verlag, Aachen – S. 36, 129, 139, 173; Marco Bülow, Dortmund – S. 145; Bundesministerium für Familie, Senioren, Frauen und Jugend, Berlin – S. 9; Bundeszentrale für politische Bildung, Bonn – S. 30, 92

ddp-images GmbH / Clemens Bilan, Hamburg – S. 87; ddp-images GmbH / dapd – S. 8; Frank Decker / Universität, Bonn – S. 99; Otto Dettmer, Marshfield Screen Print, Marshfield-Wiltshire – S. 68; Deutscher Bundestag / Lichtblick, Achim Melde, Berlin – S. 136; Deutscher Bundestag / Werner Schüring – S. 138, 143; Diakonisches Werk Berlin-Brandenburg / Christopher Dehn, Berlin – S. 106; Diakonisches Werk Berlin-Brandenburg / Mario Jakob – S. 106; Diakonisches Werk Berlin-Brandenburg / Doro Zinke – S. 106; Die Welt, Berlin – S. 14; dpa Infografik, Frankfurt – S. 42, 71, 98, 109 (2), 110, 152, 180; dpa Picture-Alliance / Arno Burgi, Frankfurt – S. 126; dpa Picture-Alliance / Uli Deck – S. 126; dpa Picture-Alliance / EPA, Alexsey Druginin – S. 53; dpa Picture-Alliance / Andreas Gebert – S. 104; dpa Picture-Alliance / Heirler – S. 79; dpa Picture-Alliance / Bodo Marks – S. 8; dpa Picture-Alliance / Patrick Pleul – S. 41; dpa Picture-Alliance / Armin Roessler – S. 168; dpa Picture-Alliance / SVEN SIMON, Frank Hörmann – S. 53; dpa Picture-Alliance / Süddeutsche Zeitung, Photo Alessandra Schellnegger – S. 8; dpa Picture-Alliance / SZ Magazin, Alfred Steffen – S. 53; dpa Picture-Alliance / Zentralbild, Tom Maelsa – S. 126; dpa Picture-Alliance / Zentralbild, Robert Schlesinger – S. 48; dpa Picture-Alliance / Zentralbild, Martin Schutt – S. 25; dpa Picture-Alliance / Zentralbild, Jens Wolf – S. 8; dpa Picture-Alliance / Paul Zinken – S. 38

engagement-macht-stark.de / Plakat Melanie, Berlin – S. 8

Fotolia / Kim Schneider – S. 154; Fotolia / Marcito – Einband

GettyImages / AFP, München – S. 8; GettyImages / AFP, Uli Deck – S. 171; GettyImages / AFP, Thomas Kienzle – S. 8; GettyImages / AFP, John MacDougall – S. 160; GettyImages / AFP, Jean-Pierre Müller – S. 53; GettyImages / AFP, Daniel Roland – S. 8; GettyImages / Adam Berry – S. 97, 126; GettyImages / Sean Gallup – S. 51, 136 (2), 159; GettyImages / Andreas Rentz – S. 65; GettyImages / Universal Images Group Editorial UIG / PYMCA – S. 8; Greenpeace e.V. / Frederic Krieger, Hamburg – S. 8

http://www.lobbycontrol.de – S. 83; http://www.noexclusion.com – S. 80; http://www.wikimedia.org / ArtMechanic – S. 29; http://www.wikimedia.org / Bundesarchiv, Bild 146-1991-039-11 CC-BY-SA – S. 165; http://www.wikimedia.org / Martina Nolte – S. 165; http://www.wikimedia.org / Roosevelt Pinheiro – S. 165; http://www.wikimedia.org / A. Savin – S. 126; http://www.wikimedia.org / Zeitblom – S. 39, 165

Institut für Demokopie Allensbach – S. 57, 59; Jürgen Janson, Landau – S. 86

Karl Rudolf Korte / Universität Duisburg-Essen, Institut für Politikwissenschaft, Essen – S. 101

Christian Mang - Photojournalism, Berlin – S. 78; Luis Murschetz, München – S. 73

Photothek.net / Thomas Koehler, Radevormwald – S. 112, 128; Piratenpartei Brandenburg, Potsdam – S. 90; politik & kommunikation, Helios Media GmbH, Berlin – S. 75

Heiko Sakurai, Köln – S. 111, 122, 164; Hans-Christian Ströbele, Berlin – S. 146; Klaus Stuttmann, Berlin – S. 31, 98, 108, 175; Süddeutsche Zeitung, München – S. 120

Thinkstock / Ilya Andriyanov – S. 154; Thinkstock / nicky39 – S. 154; Thinkstock / Tomasz Wyszolmirski – S. 154; Thomson Reuters / Bundesregierung, Guido Bergmann, Berlin – S. 128; toonpool.com / Erl, Berlin – S. 145; toonpool.com / Bernd Zeller, Berlin – S. 22; Jürgen Tomicek, Werl-Westönnen – S. 177